JN419392

태도가 관계를 살린다

TREATING PEOPLE WELL

Copyright © 2018 by Lea Berman and Jeremy Bernard

All rights reserved.
Korean translation rights arranged with Aevitas Creative Management,
New York through Danny Hong Agency, Seoul.

이 책의 한국어판 저작권은 대니홍 에이전시를 통한
저작권사와의 독점 계약으로 밀리언서재에 있습니다.
저작권법에 의해 한국 내에서 보호를 받는 저작물이므로 무단 전재와 복제를 금합니다.

태도가
관계를
살린다

능력, 지위, 대화술을 뛰어넘는
강력한 태도의 12가지 힘

리아 버먼, 제러미 버나드 지음
한미선 옮김

밀리언서재
Million Publisher

사람을 잘 대하는 법을 가르쳐준
모든 분들에게 이 책을 바칩니다.

● "단순히 예의범절에 관한 책이 아니라 인생 지침서다. 강렬하고 개인적인 이야기를 풀어내면서도 이렇게 많은 지혜와 더 나은 인간관계를 위한 유용한 조언까지 담은 책을 마지막으로 읽은 게 언제였는지 기억조차 나지 않는다."

– 앤절라 더크워스(《그릿》 저자)

● "사람들과 원만하게 지내고 성공하기 위해 꼭 필요한 책이다. 정치적 스펙트럼의 양극단에 있는 사람들과, 다양한 삶의 배경을 지닌 사람들까지 어떻게 관계를 맺고 신뢰를 쌓으며, 존중과 예의를 통해 성공할 수 있는지 보여준다. 시의적절하면서도 시대를 초월하는 교훈으로 가득한 이 책은 누구나 탐독하고, 밑줄 긋고, 반복해서 읽어야 한다."

– 존 매케인(미국 전 상원의원)

● "이 따뜻하고 품격 있는 작은 책은, 백악관을 꾸려가면서 생겨난 위기일발의 순간들, 기분을 상하게 한 사건들, 그리고 우스꽝스러운 오해들로 독자들을 즐겁게 한다."

– 페기 누난(〈월스트리트저널〉 칼럼니스트)

● "대화를 시작하는 법(그리고 더 중요한, 대화를 매끄럽게 끝내는 법)부터 절대 보내면 안 되는 이메일 타이밍, 자신감을 높이는 기술, 인스타그램 매너부터 문제 해결사로 자리매김하는 법까지 현실적인 조언을 제공한다. 이미 성공했다고 생각하지만 아직 갈 길이 남은 사람들에게는 훌륭한 길잡이가 되고, 사회에 첫발을 내딛는 젊은 세대에게는 큰 선물이 된다."

– 마이크 앨런(악시오스Axios 공동 창립자)

● "'사람을 잘 대하는 것'의 가치를 보여주고 전문가다운 조언을 건네지만, 그게 전부가 아니다. 백악관의 무대 뒤에서 벌어지는 흥미로운 에피소드를 재미있게 읽으면서 많은 것들을 배울 수 있다."

– 조앤 간즈 쿠니(〈세서미 스트리트〉 창시자)

● "백악관 이야기는 단순히 흥미로운 데서 그치지 않고, 사람들을 어떻게 대해야 하는지를 보여준다. 신념, 배경, 직업이 무엇이든 이 책을 읽고 나면 더 나은 사람이 될 것이다."

– 칼리 클로스(코드위드클로시Kode with Klossy 창립자)

● "압박 속에서도 품위를 유지하는 지혜가 책 전반에 가득하다. 우아함으로 무장한 '매력 공세'는 그 자체로도 가치 있지만, 인생에서 무언가를 성취하는 데도 유용하다는 것을 알려준다."

- 주디스 뉴먼(〈뉴욕타임스〉 칼럼니스트)

● "백악관을 실질적으로 돌아가게 만드는 사회활동 비서관의 경험을 토대로 현실적인 조언을 흥미로운 무대 뒷이야기와 교차해서 풀어낸 뛰어난 책이다."

- 〈퍼블리셔스 위클리〉

● "갈등을 외교적으로 다루는 법, 자신의 실수를 인정하는 법, 침착함을 유지하는 법 등 '시민적 품위'의 12가지 핵심을 제시하고 구체적으로 설명한다. 백악관의 '비하인드 스토리'를 읽는 동시에 다양한 사람을 대하는 방법까지 제공하는 탁월한 책이다."

- 〈라이브러리저널〉

● "각 장은 개인적, 직업적 관계 모두에서 성공하고, 사회적 상황을 우아하게 헤쳐나가기 위한 상식적인 지침을 제시한다. '사람을 잘 대하면 결국 나도 잘된다'는 주제는 지금 그 어느 때보다 필요한 메시지다."

- 〈북페이지〉

나에게
힘이 되어주는
관계

운이 좋게도 저는 살면서 수많은 곳을 다니며 여행했습니다. 그리고 어디를 가든 누구를 만나든 모든 사람을 친절하게 대하고 존중하는 것을 중요한 가치로 여겼습니다.

이 책은 상대가 무엇을 원하는지를 예측하고 감사함을 표현하는 작은 노력이 친구, 가족, 직장 동료를 비롯해 만나는 모든 사람들과 유대감을 쌓고 단단한 관계를 만드는 데 얼마나 놀라운 힘을 발휘하는지를 보여주는 멋진 사례들을 소개합니다.

8년간 백악관에서 생활하는 동안 부시 대통령과 저는 리아 버먼을 포함해서 3명의 훌륭한 사회활동 비서관과 일했습니다. 리아는 유능한 직원들과 함께 침착하고 품위 있게 아름다운 행사를 기획하고 진행했습니다. 그녀는 뛰어난 엔터테인먼트 감각으로 모든 행사를 기억에 남는 순간으로 만들었습니다.

오바마 행정부에서 제러미 버나드는 백악관을 찾는 방문객을 맞이하는 데 중요한 부분을 차지하는 훌륭한 서비스와 세심한 배려의 전통을 이어가는 데 기여했습니다.

이러한 리아와 제러미가 관대함, 인내심, 자제심을 기르는 것이 얼마나 큰 힘을 발휘하는지를 공유할 수 있게 되어서 정말 기쁩니다.

우리 모두는 크고 작은 방법으로 다른 사람의 삶을 환하게 밝혀줄 힘을 갖고 있습니다. 이 책은 우리가 노력할 때 모든 사람이 행복해진다는 것을 보여줍니다.

따뜻한 마음을 담아,
로라 부시

Contents • • • • • •

사람을 대하기 전에
알아야 할 12가지

백악관 사회활동 비서관[01]은 헤라클레스의 힘, 코뿔소 가죽 같은 단단
함, 강한 인내심과 유머 감각에 더해 예리한 통찰력과 섬세한 감수성을
갖춰야 한다.

-메리 랜돌프

우리는 완전히 다른 행정부(조지 W. 부시와 버락 오
바마 전 대통령)에서 사회활동 비서관으로 일했다. 비록 정당은 다르
지만 우리는 좋은 친구다. 우리가 이 책을 공동 집필한다고 했을 때
많은 이들이 놀라움을 표시했다. 정치적 견해가 전혀 다른 두 사람
이 어떻게 의견 일치를 볼 수 있을까, 하는 의문이었다.

우리는 비슷한 경험을 해온 일종의 여우 굴 속에 있는 친구다. 하
지만 무엇보다 나라를 위해 최선을 다하고, 서로 반목하기보다 협
력을 통해 목표에 도달할 수 있다는 근본적인 믿음을 가지고 관계
를 지속하고 있다.

자신이 몸담은 정당의 운명에 따라 경력과 성공이 좌우되는 위
싱턴에서 정치적 견해가 다른 사람들이 친구 관계를 유지하는 것

이 그렇게 쉽지는 않다. 워싱턴에서 정치는 삶이고 정체성이다. 우리는 의견이 다른 사람들을 최악으로 여기지 않는다. 그들은 허울만 그럴듯한 동기를 가진 나쁜 사람들이 아니라 다른 지역 출신이고 다른 관점을 가졌기에 세상을 다른 눈으로 보는 것뿐이라고 생각한다.

우리는 각각 부시 대통령 내외와 오바마 대통령 내외의 사회활동 비서관으로 일하는 동안 행사를 기획하면서, 기대감을 조절하고, 최악의 사고를 직전에 막고, 어색한 순간을 무마하고, 사람들을 소개하고 친구가 되도록 도왔다. 그리고 적대적 감정을 가진 사람들을 분리시키고, 불만이 많은 손님들(동료들)을 달래며, 상관의 지시뿐 아니라 때론 상관이 아닌 사람들의 지시도 받았다.

우리는 업무적 압박이 상당히 큰 환경에서 매일 굉장히 독특한 성격의 사람들과 마주했다. 우리는 여느 직장인들과 마찬가지로 일을 한다. 단지 다른 점이 있다면 사무실이 펜실베이니아 애비뉴 1600번지, 백악관이라는 것이다.

백악관은 역대 미국 대통령들의 관저이자 행정부의 중심지다. 하얀 기둥이 늘어선 신고전주의 양식의 이 저택은 대통령의 집이자 사무실이며, 사교 행사가 열리고 은밀한 대화가 오가며 세계적으로 중요한 회의가 열리는 공간이기도 하다. 이곳에서는 매일같이 미국 정치의 거대한 지각판이 충돌한다. 대통령과 영부인의 방향에 따라, 특별보좌관 겸 사회활동 비서관의 임무는 백악관의 전통을 지키면서 예의와 품격, 세련된 태도와 행동으로 민주주의를 실현하는 진짜 통치가 원활히 이루어지도록 하는 것이다. 우리의 일은 한마디로 사람들을 예의 바르게 응대하는 것이다.

이 책에서는 더 유능한 직장인으로, 그리고 인생에서 더 행복한 사람으로 만들어줄 지혜를 공유하고자 한다.

백악관에서 우리는 굉장히 예리한 관찰자다. 방 안의 분위기를 끊임없이 읽어내고, 뭔가 문제가 없는지를 파악한다. 예를 들어 이스트룸(연회장으로 사용하는 가장 큰 방)에서 공연하기 전에 의자가 충분히 마련되어 있지 않은 경우는 큰 문제가 아니다. 하지만 외국 대통령의 통역사가 미국 국무부 통역사를 밀쳐내고 그 자리에 앉아 대통령이 중요한 대화 내용을 명확하게 통역받지 못한다면 심각한 상황이다. 우리는 마치 순찰을 도는 경찰과 같다. 어떤 크고 작은 일도 우리의 눈을 피할 수 없다.

우리는 관찰을 하면서 뭔가 배우고 있었다. 모든 것이 순조롭게 흘러가도록 만드는 행동과 불쾌감, 어려움, 심지어 재난으로 이어지는 행동들이 무엇인지 분명하게 구분할 수 있게 되었다.

성공이란 결국 다양한 계층의 사람을 어떻게 대하느냐에 달려 있다. 우리는 이 사실을 매일 현장에서 지켜봤다. 백악관 리셉션에 참석하고 싶어 하는 고위급 인사가 있다고 하자. 직접 전화를 걸어 참석 가능한지 정중하게 물어본 사람과 말단 보좌관을 시켜 참석하겠다고 통보하는 사람은 전혀 다른 대우를 받는다. 자신의 중요성만을 내세운다면 좋은 결과를 얻기 어렵다. 모든 사람들이 중요한 존재이며, 누구나 존중받을 자격이 있기 때문이다.

이 교훈을 대통령과 영부인들에게 배웠다. 그들은 정치적으로 반대편에 있는 사람들까지 포함해서 모든 손님들을 친절하게 대했다. 사실 그들은 공통점을 찾기 위해서 자신들에게 적대적인 사람들을 더 환대할 때가 많았다. 그들은 지지자가 아닌 사람을 대화에 참여시키기 위해 다양한 화제를 찾아서 대화를 이끌어나가려고 노력했다. 스포츠 이야기부터 좋아하는 영화에 얽힌 추억에 이르기까지 편안하고 자연스러운 대화로 이어질 수 있는 '마법 같은 주제'를 찾을 때까지 최선의 노력을 기울였다.

그들의 배려심은 손님들에게 한정된 것이 아니었다. 자신의 말과 행동이 특별한 무게와 영향력을 지닌다는 것을 잘 알고 있었던 그들은, 내각의 일원, 자문관, 관저 도우미에 이르기까지 모든 사람들을 존중했다. 대통령 내외는 또한 따뜻하고 편안한 유대감으로 서로를 예의 바르게 대했다. 그들의 결혼은 우정, 사랑, 상호 존중, 공통의 삶의 목표 위에 세워진 것이 분명해 보였다. 그들은 지극히 이성적이고 신뢰할 만한 태도를 보였기에, 어떤 상황에서 어떻게 할지 예상할 수 있었다.

부시 대통령 내외와 오바마 대통령 내외는 비슷한 점이 많았다. 정치적 반대자들이 가혹하고 부당하게 비판할 때조차 이들은 항상 품위를 지켰다. 이는 대통령이 미국이라는 나라의 기조를 정하고, 침착함과 절제, 그리고 품위 있는 태도를 잃지 않을 때 위기를 극복할 수 있다는 것을 알기 때문이었다. 타인을 존중하는 태도는 하나의 원칙일 뿐 아니라 일상에서도 몸에 배어 있었다. 그로 인해 도덕적인 권위를 가지고 전 세계가 기대하는 미국 대통령의 위엄을 갖출 수 있었다. 우리는 수준 높은 공적인 품행에 익숙했다.

대통령 내외의 품행과 주변 환경을 매일 관찰하면서 우리 자신도 변했다. 우리는 헌신적이고 굉장히 정치적이며 포부가 큰 사람들 사이에서 생산적으로 일하는 법을 배웠다. 우리는 관계를 유지하고, 동지를 만들며, 동료에게 따뜻한 말을 건네고, 성난 손님들의 기분을 풀어주는 것이 얼마나 중요한지를 경험했다.

하지만 사회활동 비서관으로 일하기 훨씬 이전부터 우리는 호감 가는 사람이 되기 위해 의식적인 노력을 기울여왔다. 직장에서 우정을 쌓는 데 공을 들이면 삶이 훨씬 수월해진다는 것을 알기 때문이다. 신뢰하고 의지할 수 있는 사람이 주변에 있다는 것은 기대 이상의 성과를 이루는 데 큰 도움이 된다. 백악관에서 우리는 자신의 역량을 기르고, 불안을 줄이며, 질투나 권력 다툼에서 비롯된 부담감을 억제할 수 있는 구체적인 방법들을 터득했다. 이 책에서 공유하는 원칙들을 빠르게 익힐수록 우리 자신도 더욱 빠르게 성장했다.

타인을 친절하게 대하는 것에 대해 우리가 동일한 결론에 도달하게 된 이유 중 하나는 우리 둘 다 백악관의 전형적인 정치 마니아는 아니었기 때문이다. 우리는 평범하지 않은 일을 하게 된 그저 평범한 사람일 뿐이었다. 아주 능숙하고 최대한 문제를 일으키지 않는 방향으로 우리의 목표를 달성하기 위한 방법들을 자연스럽게 터득했다.

이러한 접근 방법이 정치적 교착 상태 속에서, 그리고 정치적인 계산이 일상적으로 드러나는 백악관에서 효과가 있었다면, 다른 업무 환경과 일상에서도 적용할 수 있을 것이라고 믿었다. 어떤 의미에서 정치적이지 않은 환경은 그 어디에도 없기 때문이다.

JEREMY

내가 태어나고 자란 텍사스주 샌안토니오는 자유민주주의 정치를 배우기에는 그리 적합한 장소가 아니었다. 나의 부모님은 모리 매버릭 주니어의 선거 캠페인에서 일하면서 만났다. 모리 매버릭 주니어는 텍사스 하원의원으로 일하면서 인권을 위해 끊임없이 투쟁한 까칠한 성격의 자유주의자였다.

나는 텍사스 성공회 학교에 다녔고, 뉴욕 헌터칼리지에 진학한 후, 잠시 배우가 되겠다는 꿈을 안고 로스앤젤레스로 이주했다. 고급 레스토랑에서 웨이터로 일했는데, 이 식당의 프라이빗룸에서 정치 모임이 자주 열렸다. 이곳에서 나는 데이비드 믹스너를 만났다. 데이비드는 당시에 아칸소 주지사였던 빌 클린턴의 친구였고, 빌 클린턴은 대통령 출마를 발표한 상태였다. 믹스너는 클린턴의 초기 '비선 자문단'의 일원이었으며, 우리는 정치에 대한 열정으로 곧 친구가 되었다. 그는 대선 캠프에 나를 고용했고, 그곳에서 나는 정치자금 모금에 대한 것을 직접 배웠다.

나는 1993년 대통령 인수위에서 일하게 되었고, 대통령 직속 예술자문위원회의 위원으로 임명됐다. 행정부에서 상근직으로 일하

게 된 것은 오바마 행정부 때였다. 처음에는 백악관과 국립인문재
단을 잇는 연락관으로 근무했다. 이후에는 프랑스 주재 미 대사관
의 수석보좌관으로 일하다가, 오바마 행정부 출범 2년 차에 백악관
사회활동 비서관이 되었다.

LEA

나는 오하이오주의 포도 농장에서 자랐고, 마이애미대학교를 졸
업한 후 수많은 젊은이처럼 국가 정치의 매력에 이끌려 워싱턴 D.
C.로 이주했다. 〈워싱턴포스트〉에 실린 구인 광고를 보고 연구 조교
직에 지원했고, 조지타운대학교의 전략국제문제연구소(CSIS)에서
일하게 되었다. 여기서 본격적으로 행사 기획과 기금 모금에 대한
실무 경험을 쌓았다. 낮에는 일하고, 밤에는 조지타운대학교에서
라틴아메리카학 대학원 과정을 들으며 외무직 공무원 준비를 했다.

나는 5년 동안 CSIS의 고문이었던 헨리 키신저의 프로그램과 관
련된 행사를 기획했고, 그와 동시에 워싱턴에서 행사기획 회사를
운영하며 결혼과 육아도 병행했다. 나에게는 공화당원 친구들이 많
았는데, 오랜 시간 함께 모임을 가지며 가까운 사이가 됐다. 그러다
2000년 대선 이후, 그 친구 중 한 명이 린 체니 여사를 소개해주면
서 부통령 관저의 사회활동 비서관 겸 관저 관리자로 일해보라고
제안했다. 부통령 관저는 딸들이 다니는 학교에서 가까웠고, 처음
에는 파트타임으로 일하면 된다고 생각했다. 하지만 그 자리가 특
별한 기회라는 것을 깨달았다. 그렇게 해서 2000년 딕 체니 부통령

의 사회활동 비서관이 되었고, 이후에는 린 체니 여사의 비서실장으로 일했다. 그리고 조지 W. 부시 대통령의 2기 행정부에서 사회활동 비서관으로 일했다.

백악관 사회활동 비서관은 단순히 웨일스 왕세자에게 차를 제대로 대접하는 법(찻잎으로 우린 차, 티백은 금지)이나, 공식 서열에서 누가 누구보다 위인지 파악하는 것 이상의 능력을 갖춰야 한다. 현대의 사회활동 비서관에게는 다양한 기술적 역량이 요구된다. 예를 들어 국빈 환영식에 참석하는 5천 명이 백악관 경내에 입장하는 데 걸리는 시간을 계산하거나, 이스트룸에서 기자단이 손님들을 방해하지 않고 촬영하려면 어떻게 배치해야 하는지도 결정해야 한다.

또한 갈수록 중요한 과제로 떠오른 일 중 하나는, 방문객들이 대통령 가족의 사적 공간인 관저에서 사진을 찍고 이를 소셜미디어에 올리는 것을 사전에 차단하는 일이다. 이는 사회활동 비서관의 새로운 도전 과제였다.

또한 문제가 발생했을 때 이를 즉시 인지하고 대응할 수 있어야 한다. 공연 전 리허설에서 2명의 연예인이 서로 불편한 관계에 있다면, 그들의 연습 시간을 서로 다르게 조정한다. 대통령의 친구가 예약이나 신분증도 없이 정문에 나타난다면, 서둘러 내려가 그 사람을 확인하고 아무 문제 없이 안으로 안내해야 한다.

사회활동 비서관은 대통령과 영부인의 친구들이 누구인지뿐만 아니라, 행정부의 정책 기조가 무엇인지도 숙지해야 한다. 정책 목표를 뒷받침할 수 있는 행사를 진행해야 하기 때문이다. 또한 절대 발설해서는 안 되지만, 대통령과 초대된 인사들이 식사 자리에서 주고받는 이야기나 소문에도 정통해야 한다. 누가 누구와 사이가 친밀하고 앙숙인지를 아는 것도 중요한 공식 행사에서 개인적 갈등이 불거지는 일을 막는 데 꼭 필요한 정보다.

원래 사회활동 비서관의 일은 대통령과 영부인을 대신해서 파티를 기획하고 초대에 답변하는 정도였다. 하지만 지금은 오벌 오피스(대통령 집무실)와 백악관 기자단실에서 진행되는 행사를 제외하고 백악관 관저와 정원에서 치러지는 모든 행사를 조율한다. 최초의 백악관 사회활동 비서관 이사벨라 해그너는 1901년 이디스 루스벨트 여사를 위해 일하기 시작했고, 백악관에서 없어서는 안 되는 존재가 됐다. 당시 신문은 해그너를 '백악관 사교 파티의 실세'라고 표현했다. 그녀의 임무 중 하나는 영부인 앞으로 오는 편지에 답장하는 일이었다. 편지에는 루스벨트 대통령 가족이 입지 않는 옷이나 사용하지 않는 피아노를 달라는 요청도 있었다. 해그너는 또한 대통령 가족 앞으로 보내오는 선물도 관리했다. 루스벨트 대통령이 키웠던 '로레타'라는 앵무새도 선물받은 것이다.

해그너가 사임한 이후, 미국의 영부인들은 의전이나 사교에 대한 지식, 신중함과 재량, 그리고 기분을 상하게 하지 않으면서 단호하게 거절하는 능력을 갖춘 사람들을 사회활동 비서관으로 고용했다.

그레이스 쿨리지 영부인을 보좌했던 사회활동 비서관 메리 랜돌프가 언급한 자질(강인함, 냉정함, 인내심, 그리고 유머 감각)은 오늘날 백악관 사회활동 비서관에게 꼭 필요한 덕목이다. 우리는 직원 네다섯 명을 데리고 밤낮없이 최선을 다해 일했다. 하루 12시간 근무는 그나마 편한 날이었다. 주중에는 대통령과 영부인이 때로는 함께, 때로는 따로 참석하는 행사들이 잡혀 있었다. 주말에도 티볼 경기, 영화 상영회, 비공식적인 친구 모임 등 연이은 행사로 일정이 꽉 차 있었다.

제러미는 백악관에서 일하기 시작한 첫해인 2011년 상이용사 프로그램인 '솔저 라이드(Soldier Ride)', '백악관 정원 수확 행사', 공식 국빈만찬 그리고 스포츠 우승팀을 위한 축하 행사들을 연이어 준비해야 했다. 리아는 부시 행정부 시절, 휴가 시즌 21일 동안 24개의 행사를 기획하고 1만 1천 명의 손님을 맞이했다. 모든 행정부가 연례행사로 부활절 달걀 굴리기, 의회 피크닉, 통합전투사령관 만찬, 상원의원 배우자 오찬, 싱코 데 마요(멕시코계 미국인의 문화축제), 주지사 무도회와 같은 전통적인 행사를 연다. 여기에 덧붙여 델로니어스 몽크 재즈 연구소나 스페셜 올림픽처럼 의미 있는 행사들도 개최했다.

사회활동 비서관이라는 자리는 실제로 화려할 때도 많다. 국빈환영식에서 발코니에 나가 군중들에게 손을 흔든 뒤 블루룸에 들어서는 외국 정상들을 맞이하거나, 케네디센터에서 수여하는 평생 공로상을 받은 스티븐 스필버그나 메릴 스트립을 외교 접견실로 안내하는 일, 혹은 취임 퍼레이드 이후 국기가 펄럭이고 밖에서는 필립

수자의 행진곡이 웅장하게 울려 퍼지는 가운데 들뜬 표정의 친구들과 가족들이 백악관으로 들어오는 장면을 지켜보는 것도 업무 중 하나다.

어느 날 오후 리셉션이 끝나고 손님들이 자리를 뜨기 시작하자 스티비 원더가 갑자기 노래를 부르기 시작했던 일, 찰스 왕세자와 콘월 공작부인이 만찬장에 도착하기 불과 몇 분 전에 세계적인 첼리스트 요요마가 갑자기 해병대 군악대 자리에 들어가 군악대원들과 즉석 연주를 선사했던 일도 있다. 제러미가 항상 따뜻한 기억으로 간직하고 있는 장면 중 하나는 국빈만찬을 앞두고 노스포티코(북쪽 현관)에서 귀빈을 기다리던 오바마 대통령 부부가 짓궂은 장난을 주고받던 모습이다. 그리고 리아는 부시 대통령 부부가 저녁 만찬장을 나와서 엘리베이터로 향하다 멈춰 서서 "오늘 만찬 정말 좋았어요"라고 말하던 장면이 가장 기억에 남는다.

이런 멋진 순간들을 직접 눈으로 볼 수 있어서 행운이었다. 하지만 모든 순간이 대통령의 도착을 환영하는 전통적인 팡파르와 같지는 않았다. 완벽과는 거리가 먼 순간들도 많았다. 어떤 손님은 연말 파티에서 과음한 끝에 화분에 토를 하기도 했고, 어떤 손님은 아무도 보지 않는 틈을 타서 만찬 테이블의 은식기나 이름표 꽂이를 몰래 훔쳐가기도 했다.

국회의원과 그 직계가족들을 백악관 사우스론(남쪽 잔디밭)에 초대해서 주제별 피크닉과 공연을 즐기는 의회 피크닉은 매년 가장 힘든 행사였다. 행사 당일은 몹시 덥고 습한 데다 의원들은 미리 통보한 숫자보다 수백 명이나 더 많은 친구를 대동하고 나타나기 일 쑤였다. 그러고는 비밀경호국 경비요원들에게 손님들을 명단에 올리지 않았다고 불평을 쏟아냈다. 사람들은 몇 시간 동안 대통령과 영부인 주변에 떼를 지어 모여 있다가, 땀에 흠뻑 젖어서 약간 취한 상태로 팔에 꽃장식을 꽂고 자리를 떴다.

행사가 없는 날에도 무슨 일이든 대비해야 했다. 미국 상원의원 중 한 명은 대통령과 회의하기 위해 노스포티코에 도착해서 차 문을 열고 가글을 한 모금 들이켠 뒤 그대로 백악관 계단에 뱉고 술에 취해서 비틀거리며 올라가기도 했다. 육상선수나 운동선수를 위한 행사도 힘들기는 마찬가지다. 스테이트 다이닝룸 테이블에 앉거나 제임스 매디슨 대통령 시대의 희귀한 안락의자 팔걸이에 다리를 뻗기도 했다. 그야말로 경악할 모습이었다.

행사가 끝난 후 한껏 흥분한 손님들을 돌려보내는 것도 만만치 않은 일이다. 이사벨라 해그너는 자신의 회고록에서 한 백악관 보좌관에 관한 이야기를 소개했다. 그 보좌관은 대규모 리셉션이 끝나고 방들을 돌아다니면서 반쯤 들리는 목소리로 "저 사람들 집이 없나? 집이 없어?"라고 투덜거렸다고 한다.

물론 백악관에 초대되는 것은 매우 특별한 일인 만큼 사람들은 그곳에서 모든 순간을 최대한 즐기려고 한다. 하지만 밴드의 연주가 멈추고 뷔페 테이블의 음식을 치우기 시작하면 파티는 끝난 것이다. 이미 그날의 세 번째 행사를 치렀고, 대통령과 영부인도 오래전 자리를 떴는데도 좀처럼 떠날 줄 모르는 손님들이 많다.

바로 그 순간 군사회활동 보좌관들이 군중 통제 기술인 치킨 워크(chicken walk)를 동원한다. 보좌관들은 방 가장자리부터 안쪽으로 이동하는데, 마치 닭처럼 발을 밖으로 향하고 사람들을 천천히 문 쪽으로 몰아간다. 모두 나가면 직원들이 문을 닫고, 군보좌관들은 다음 방에서 손님 몰이를 시작한다. 손님들에게 이제 나가달라고 직접적으로 말하지 않지만, 가까이 다가가는 비언어적 행동만으로도 손님들은 '이제 떠나야 할 시간'임을 눈치채곤 한다.

백악관은 멋지고 신성한 곳이지만 파티가 열리는 장소여서, 난처한 상황을 처리할 때도 많다. 누구나 어색한 순간을 겪게 마련이지만, 나 자신의 안녕을 위해서 그리고 함께 일하는 사람들을 위해 잘 대처하는 것이 중요하다. 우리는 대부분 상사를 모시고 있고, 그들이 우리를 어떻게 생각하는지 신경 쓰게 마련이다. 그 상사가 한 나라의 대통령이든, 동네 식당의 매니저이든 상관없다. 가족이나 친구도 마찬가지다. 내가 그들을 어떻게 대하느냐가 결국 그들이 나를 대하는 방식에 영향을 미친다.

어떤 상황에서든 통용되는 기본적인 행동 원칙이 하나 있다. 그것은 이 책의 원칙이기도 하다.

'온 세상이 지켜보고 있는 것처럼 행동하라.'

그러면 절대 옳지 않은 일을 할 수 없다. 우리는 자신이 좋은 사람으로 보여지기를 원한다. 그래서 사람들이 지켜보고 있다고 생각하면 좀 더 합리적으로 행동하는 경향이 있다(사실 디지털 세상이 점점 더 확대되면서 더 많은 사람들이 지켜보고 있기는 하다). 시간이 지나면서 우리는 좀 더 균형 잡히고, 차분하며, 자신감 넘치게 행동하게 됐고, 다른 사람들과 더욱 굳건하고 긍정적인 관계를 맺을 수 있었다.

이 사실을 몸소 깨닫게 됐는데, 우리 업무의 많은 부분이 대중에게 공개되었기 때문이다. 행사에서는 손님을 맞이하고, 공연자들이 설 수 있도록 기대에 찬 관중 앞까지 조심스럽게 걸어 나가는 것도 우리의 일이었다. 사람들이 당신의 모든 행동을 지켜보고 있다는 것을 알게 되면, 자세도 좀 더 바르게 하고, 조금 더 인내심을 가지고 미소 지으며, 모든 상황에서 최선의 결과를 내려고 계획한다.

지금의 정치 환경에서는 통하지 않을 거라고 생각할지 모르겠다. 자신의 의견에 반대하는 사람들에게는 노골적으로 무례하게 굴고, 분노를 자극해서 자신에게 유리하게 이용하며, 그것이 잘못된 행동이라고 전혀 느끼지 못하는 사람들이 많기 때문이다. 잘못된 행동이 전염성이 있다면, 우리는 지금 전염병의 시대에 살고 있다.

백악관에서 우리가 겪은 경험이 오늘날 의미가 있을까? 그렇다. 그 어느 때보다 서로를 품위 있게 대해야 하며, 자녀들에게 친절과 정직의 가치를 가르쳐줘야 하고, 타인의 이야기에 귀를 기울이고 협력할 의지가 있음을 보여줘야 한다. 링컨, 레이건, 루스벨트, 케네디 대통령이 오늘의 미국을 본다면 어떤 생각을 할까? 훌륭한 통치자였던 그들은 무엇보다 정부가 상호 협력으로 움직인다고 여겼다. 물론 그들이 자신의 원칙을 꺾거나 정적을 비판하지 않았다는 의미는 아니다. 다만 그들은 임무를 완수하고 국가의 발전을 위해 예의 바른 태도를 보여줬다.

정치는 늘 당파적이고 개인적 공격이 난무한다. 예를 들어 1852년 찰스 섬너는 노예제도를 반대한다는 이유로 상원 회의장에서 동료 하원의원에게 죽을 정도로 구타를 당했다. 하지만 성공적인 대통령들과 그들을 반대하는 정치인들조차 서로를 존중하는 태도가 헌법과 정부제도, 국가를 존중하는 표시라고 여겼다.

우리는 백악관에서 만난 모든 사람들, 즉 군식당의 해군 조리병, 지하층에 배치된 비밀경호국 요원들, 파트타임 집사들, 그리고 캘리그래퍼들(백악관은 여전히 캘리그래퍼를 고용한다)과 좋은 관계를 유지하기 위해 노력했다. 그들의 친절한 태도는 긴 오후의 유일한 빛과 같을 때가 있었다. 예의 바른 행동은 오늘날 대중 담론에서 사라진 것들을 조금씩 되찾게 도와준다. 버스 기사님께 인사하기, 누군가를 위해 문을 열어주기와 같은 일상에서의 작은 행동들이 모이면, 좀 더 건강한 하루가 되고 더 나은 생각을 할 수 있다. 이런 행동을 하면 나 스스로를 '괜찮은 사람'이라고 느끼게 된다. 불쾌한 상호작용이 그날의 기분을 망치는 것처럼, 모든 긍정적인 교류가 쌓이면서 긍정적인 자아의식이 강화된다.

사람들은 예절을 과거의 유물이라고 생각하기 때문에 사교의 기술이 사라지고 있다. 하지만 예절은 여전히 직업적, 개인적 성공에 지대한 영향을 미친다. 대인관계 기술을 모른다면 일과 삶에서 성공하기가 쉽지 않다. 매력, 유머 감각, 사교성은 타고나는 것이 아니라 후천적으로 배우는 것이다. 대인관계 기술을 갖고 태어나는 사람은 없다. 인간의 본성을 공부하고, 이 세상에서 다른 사람들과 좀 더 편안하게 어울려 사는 법을 배운다.

처음에는 낯선 사람에게 다가가 먼저 인사를 건네는 것이 자연스럽지 않았다. 하지만 백악관에서는 그렇게 해야 했고, 그럴 때 사람들이 편안해하고 호의적으로 반응한다는 것을 알게 되면서 긴장을 삼키고 행동으로 옮겼다. 이제는 그것이 제2의 천성이 되었다. 비판을 지나치게 신경 쓰지 않는 법을 배우는 것 또한 극복해야 하는 과제였다. 핑곗거리를 찾기보다 침착하게 해결책을 찾으려고 노력할 때 훨씬 더 좋은 결과가 나온다는 것을 깨달았다.

이 책에서는 사람들을 예의 바르게 대하기 위한 12가지 원칙들을 소개한다. 백악관에서 직원, 동료, 파트너, 손님, 상관들과의 힘든 상황, 뒷이야기, 그리고 시선이 집중된 공개 행사 등에서 경험한 것들을 통해서 설명한다.

12가지 원칙들이 상황을 개선하고 관계를 더 풍요롭게 만드는 데 어떻게 도움이 되는지를 보여줄 것이다. 실수를 통해 배운 교훈들도 솔직하게 공유하는데, 이 원칙들을 현실에 어떻게 적용해야 하는지를 알게 될 것이다.

이 책에 소개된 12가지 원칙은 특정한 순서로 나열했다. 하나의 기술이 다음 기술을 익히는 데 기초가 되기 때문이다. 예를 들어 자신감이 없다면 상사에게 농담을 건네기가 어렵고, 상대의 말을 참을성 있게 듣지 못하면 까다로운 동료를 다루기가 더더욱 어렵다.

이 방법들은 상사 및 동료들과 좀 더 효과적으로 협업하고 싶은 직장인, 인맥을 넓히고 싶은 자영업자나 창업자, 지속적인 우정과 관계를 원하는 사람들, 사회 초년생이 될 대학생이나 졸업생, 대면 소통 능력이 걱정되는 디지털 세대 자녀를 둔 부모에게 도움이 될 것이다. 친절, 신뢰, 정직을 갖추면 사람들이 당신을 돕고 싶어 하고, 친구가 되고 싶어 하며, 당신을 위해 수고스러운 일도 기꺼이 하고 싶어 한다. 단지 당신을 좋아하기 때문이다.

훌륭한 사교의 기술은 학교에서 가르쳐주지 않는다. 이러한 중요한 삶의 교훈은 가족이나 또래 친구들에게 배운다. 하지만 그것이 얼마나 중요한지를 모르기에 그것들을 배울 기회를 놓친다.

예의의 원칙은 단순한 에티켓이 아니다. 우리의 내면을 형성하고 겉으로 드러나는 행동의 틀이다. 예의 바른 태도는 다른 사람들을 얼마나 배려하는지를 보여주는 외적인 표현이다. 다른 사람을 예의 바르게 대하는 능력은 배경, 소득 혹은 사회적 지위로 결정되는 것이 아니다. 얼마나 부자인지, 얼마나 유명한지와도 상관없다. 물질적으로 성공했다고 해서 타인을 함부로 대해도 된다는 것은 아니라는 이야기다.

이러한 도구들을 익히면 정직과 요령, 경청과 반대, 존중과 표현의 자유를 조화롭게 활용할 수 있다. 침착함, 훌륭한 태도, 친절은 사람들의 호감을 산다. 그리고 호감은 접착제와 같아서 조직을 활기차게 만들고, 사업이 번창하게 하며, 단순한 지인을 절친한 친구로 변화시킨다. 빌 클린턴 1기 행정부 취임식에서 자신의 감동적인

시 〈아침의 맥박 위에서(On the Pulse of Morning)〉를 낭독한 미국의 시인 마야 안젤루는 말했다.

"사람들은 당신이 한 말, 당신의 행동은 잊을 수 있어도, 당신이 그들에게 어떤 감정을 느끼게 했는지는 결코 잊지 못할 것이다."

첫인상은 단 한 번뿐이다.

문을 열고 들어서는 순간,

당신이 내뿜는 자신감이

주변 사람들에게 신뢰와 호감을 결정짓는다.

깊게 숨을 들이마시고 눈을 맞추며

차분하지만 확신에 찬 태도는

사소한 만남에서조차

인생에서 중요한 관계를 여는 계기가 된다.

TREATING
PEOPLE
WELL

Part 1
자신감, 관계의 시작

할 수 있다고 믿으면 절반은 성공한 것이다.

- 시어도어 루스벨트

백악관은 그야말로 독보적인 아우라를 뿜어낸다. 우리는 눈물이 그렁한 채 백악관 1층 스테이트 플로어를 거니는 강인한 군사 전문가의 모습을 종종 보곤 했다. 미국인의 한 사람으로서 역사적인 공간을 거쳐간 모든 대통령과 공통의 유산을 공유한다는 것은 가슴 뭉클한 경험이다. 백악관 방문을 무덤덤하게 받아들이기는 어렵다. 어떤 이들은 기대감으로 들떠 있고, 또 어떤 이들은 목이 메는 감격을 느낀다.

우리 또한 마찬가지다. 이스트룸에 걸린 조지 워싱턴의 초상화를 응시할 때 밀려오는 존경심, 미국 4대 대통령 제임스 매디슨의 부인 돌리 매디슨이 영국 침략군이 훼손하지 못하도록 워싱턴의 초상화를 액자에서 잘라내라고 지시하는 모습, 해군군악대가 대통령 의전곡인 〈대통령 찬가(Hail to the Chief)〉를 연주하는 모습을 상상하면 전율이 밀려온다.

반면 백악관은 근무 공간으로서는 위압감이 드는 장소다. 매일 아침 정문에서 철저한 검문 절차가 이루어지는 것부터, 역사적인 공간의 무거운 분위기 때문이다. 토머스 제퍼슨은 그린룸에서 저녁 식사를 했고, 프랭클린 루스벨트는 맵룸에서 제2차세계대전의 과정을 지켜봤다. 역대 대통령들의 망령들이 머무는 공간에서 의욕 넘치는 사람들과 함께 일하다 보면 나 자신이 한없이 작게 느껴진다. 지구상의 모든 이에게 영향을 미칠 결정들이 매일매일 이루어지는 곳, 바로 미국 행정부의 심장부에 서 있으면 긴장하게 마련이고, 근무 첫날부터 내가 이곳에 적합한 사람인가라는 의구심이 든다.

때때로 자신의 능력이 턱없이 부족한 것 같은 기분이 드는 것은 지극히 정상이다. 철의 여인이라고 불렸던 마거릿 대처 영국 총리마저 간혹 불안감이 드는 순간을 경험했다. 조지 H. 부시 대통령과 바버라 부시 여사의 사회활동 비서관을 역임한 캐서린 펜톤은 업적을 치하하는 기념식에서 부시 대통령에게 자유훈장을 받은 대처 총리가 감동적인 연설을 했던 때를 기억한다. 대처는 이스트룸을 나오자마자 뒤돌아서서 캐서린에게 "제 연설 괜찮았어요?"라고 속삭이듯 물었다.

새로운 환경에 처하거나 수많은 대단한 전문가들과 마주하는 순간에는 깊게 숨을 들이마시고 자신에 대한 믿음을 놓아서는 안 된다. 설령 그럴 수 없는 상황이더라도 말이다. "좋은 첫인상을 남길 기회는 단 한 번뿐이다"라는 말처럼, 이것이 사람들을 잘 대하기 위해 배워야 할 첫 번째 교훈이다.

자신감을 가지면 직장이나 집에서 주변 환경을 획기적으로 바꿀 수 있고, 냉정한 태도로 (생각하는 것보다 발생 빈도가 높지 않은) 실질적인 문제들을 효율적으로 해결할 수 있다. 자신감이 충만한 사람은 모든 관계에서 가장 중요한 신뢰를 높인다. 자신감이 있어야 우연히 만나는 모든 사람을 친절하게 대할 수 있다. 예를 들어 엘리베이터 안에서 만난 사람에게 '좋은 아침입니다'라고 인사하거나 힘든 과업을 완수한 동료에게 칭찬의 말을 건네는 것처럼 말이다.

물론 자신감이 지나쳐도 괜찮다는 말은 아니다. 다른 이들보다 더 힘주어 강력하게 말하면 설득력 있다고 생각할 수 있지만, 호통치듯이 말하면 설득력도 없고 사실은 자신감도 없어 보인다. 진짜 자신감은 경험을 통해 얻을 수 있다. 존재감을 발휘하는 가장 좋은 방법은 어디를 가든 자신 있게 말하고 행동하는 것이다. 자신감 있는 사람은 스스로 타인과 차별화하며 분위기를 주도한다.

자신감은 태도에서 시작된다

• • •

일상에서 좀 더 자신감이 넘치는 사람이 되기 위한 3가지 도구가 있다. 하나의 도구가 자연스럽게 그다음 도구와 연결된다. 긍정적인 태도는 자신감을 갖추는 첫걸음이다. 그다음으로 필요한 것은 무엇을 하든 준비를 잘하는 것이다. 이때부터는 확신에 찬 행동이

다른 사람들에게 자신감을 심어주고, 당신의 팀도 상승 곡선을 타며 성장한다.

하루아침에 자신감 있는 사람으로 바뀔 수 있다고 착각해서는 안 된다. 자신감을 갖추는 데도 시간과 연습이 필요하다. 개학 첫날, 부모가 되는 것, 이직 등 새로운 일을 앞두고 긴장하는 것은 당연하다. 우리도 사회활동 비서관이라는 직책을 수행하는 일이 말도 안 되는 일종의 업보처럼 느껴졌고 불편하기만 했다. 전형적인 백악관 사회활동 비서관의 기준에는 맞지 않았기 때문이다. 그 자리는 유명 정치인 집안 출신이 차지했다.

재클린 케네디 여사의 사회활동 비서관을 역임한, 재치 있고, 매력적이며, 자신감 넘치는 레티시아 발드리지는 하원의원의 딸이고, 재클린 여사와는 미스포터스스쿨과 바사칼리지 동창이다. 발드리지는 프랑스 주재 미 대사관과 이탈리아 주재 미 대사관에서 근무했으며, 나중에는 에티켓과 스타일에 대한 교본과 같은 책을 집필했다. 린든 존슨 행정부에서 사회활동 비서관을 역임한 베스 아벨은 켄터키 주지사의 딸이고, 닉슨 행정부의 사회활동 비서관이었던 루시 브레시트는 나중에 켄터키 주지사의 부인이 됐다.

우리 두 사람은 정치 분야에서 일천한 경험이 있기는 했지만, 이전의 사회활동 비서관들과는 배경이 달랐으며, 자신감을 갖기에는 나름의 걸림돌이 있었다.

JEREMY

나는 굉장히 내성적인 아이였다. 유치원에 다닐 때 선생님은 나한테 쉬는 시간에는 계단에서 내려와 친구들과 어울려 놀라고 했다. 하지만 나는 애들하고 노는 것이 치과에 가는 것만큼이나 두려웠다. 초등학교와 중학교 때는 오후 시간 대부분을 학습장애 아동을 가르치는 선생님들에게 과외를 받으며 보냈다. 나는 중중 난독증을 앓고 있었기 때문에 질문에 답해도 선생님들이 내 말을 잘 이해하지 못했다.

다행히 부모님은 내가 학습장애가 있다는 것을 알아차리고, 학교생활을 하는 데 필요한 모든 교육과 훈련을 받게 해주셨다. 또한 정치적 성향도 내성적인 성격을 어느 정도 극복하는 데 모종의 역할을 했다. 나는 보수적인 성향을 보이는 학교 친구들과 달리 부모님이 나누는 정치적 대화와 활동에 상당히 매료되었다. 부모님은 선거운동을 하다가 만났고, 적극적인 정치 참여가 삶의 방식이었다. 그래서 나는 다른 영역에서는 내성적이었지만, 정치적 대화나 토론에는 늘 적극적인 태도를 보였다.

그렇지만 나 자신이 구축한 단단한 껍데기를 깨고 나올 만큼 자신감이 생긴 것은 대학생이 되어 비로소 나의 성정체성을 깨닫고 나서였다. 성정체성을 공개하면서 나 자신을 있는 그대로 받아들이게 되었고, 다른 사람들도 점차 내가 누구인지를 알게 되었다. 그리고 나의 내성적인 성격이 조금씩 바뀌기 시작했다.

LEA

나는 오하이오주의 외진 농장에서 자랐다. 어린 시절 다른 아이들 사이에서 나는 늘 자신감이 없었다. 등교할 때마다 너무나 긴장한 나머지 매 학기 개학일만 되면 몸이 아팠다. 이런 상황은 내가 열세 살이 될 때까지 계속됐다. 나는 대화를 시작하는 법이나 친구를 사귀는 법을 알지 못했다. 다른 친구들과 어떻게 놀아야 할지 몰라서 쉬는 시간이 너무나 두려웠다. 나의 사회불안은 고등학교 때 급속하게 악화됐고, 교실을 제외한 거의 모든 곳에서 비참한 시간을 보냈다. 나는 학교 가는 것을 좋아하면서도 점심시간에 카페테리아에 가는 것은 두려워하는 졸보였다.

하지만 대학에 입학하면서 모든 것이 바뀌었다. 새로운 곳에서 새롭게 시작하며 자유를 즐겼고, 내가 좋아하는 정치와 역사를 마음껏 탐닉하면서 인간관계를 쌓았다. 하지만 사회불안은 만성질환과 유사하다. 불안장애는 완치가 불가능해서 평생 관리하면서 살아갈 수밖에 없다.

수년 후 사회활동 비서관 자리를 수락하게 된 이유 중 하나는 일생의 실패라고 여겼던 것을 극복하고 싶었기 때문이다. 어릴 때 아웃사이더로서 느낀 감정이 타인에게 공감하는 데 도움이 된다는 것을 진작에 알았더라면 좋았을 것이다. 당신이 아웃사이더였다면, 다른 사람에게 훨씬 더 흔쾌히 도움의 손길을 내밀 수 있고, 당신이 느꼈던 고립감을 느끼지 않도록 해줄 것이다.

우리는 자신감을 배워서 터득할 수 있음을 보여준 산증인들이다. 처음에 우리는 자신감이란 눈을 씻고 찾아보려야 찾아볼 수 없었다. 어떤 사람들은 자신감을 타고난 것처럼 보인다. 하지만 누구나 이 세상에서 좀 더 수월하게 살아갈 정도의 충분한 자신감을 기를 수 있다.

우리 둘은 백악관에 첫 출근하던 날, 우리의 경력이 어떻게 끝날지에 대해 서로 비슷한 상상을 했다. 건장한 비밀경호국 직원 한 명이 펜실베이니아 대로에 우리를 내동댕이치고 손을 털면서 "다시는 얼씬도 하지 마"라고 말할 것 같다고 생각했다.

모두가 나름대로 최악의 시나리오를 상상한다. 우리 모두 나약한 인간이기 때문이다. 하지만 그런 상상이 머릿속에 떠오르면, 잠시 시간을 갖고 인정한 다음에, 그런 일은 일어나지 않을 것이라고 마음 한구석에 밀어둬라. 리아가 가장 두려워한 것은 부시 대통령이나 로라 부시 여사에게 호된 질책을 받는 것이었다. 항상 놀라운 자제력을 발휘하는 분들이라 화를 낸다는 것은 재난에 가까운 실수를 저질렀다는 의미였다. 제러미가 가장 두려워한 일은 초대받지 않은 손님들이 행사에 참석하는 것이었다.

새로운 상황에서 자신감이 떨어지는 건 정상적인 반응이지만, 겉으로 드러내지 않는 것이 좋다. 다른 사람들이 당신의 장점과 능력을 알고 있다는 사실을 믿어라. 당신이 현재의 위치에 오르기까지 분명 올바른 일들을 해왔을 것이다.

한결같이 자신감을 뿜어내는 사람

● ● ●

자신감은 밖으로 뿜어져 나와 사람들을 편안하게 만들고 긴장되고 민망한 분위기를 누그러뜨린다. 긍정적인 사람은 호감이 가고 위협적이지 않으며, 다른 사람들도 상냥하게 반응할 수 있도록 만든다. 그러한 태도는 출근 첫날에만 발휘하면 끝나는 것이 아니다. 매일 긍정적인 태도와 자신감을 발산하기 위해 노력해야 한다.

워싱턴 정계에는 최고의 참모는 대통령과 영부인에게 문제가 될 만한 일을 절대 일으키지 않는다는 말이 있다. 오히려 최고의 참모는 그들이 직면한 문제를 처리하는 해결사다. 대통령과 영부인은 우리가 헌신적이고 열정적인 태도로 문제를 해결할 것이라고 믿었다. 긍정적인 태도로 새로운 상황을 맞이하는 것은 꺾이지 않는 자신감을 갖추기 위한 첫걸음이다.

JEREMY

3월의 어느 청량한 아침, 첫 출근을 해서 백악관의 문들을 통과할 때 머리 위로 해가 밝게 빛나고 있었다. 나는 긴장하긴 했지만 잘 해내고 싶은 열의에 가득 차 있었다. 나는 어떤 소임을 부여받게 될까? 내가 그 일을 정말 잘할 수 있을까? 정치적 그리고 개인적 아젠다로 무장한 자신감 넘치는 유능한 사람들로 가득한 곳에서 잘 적응할 수 있을지 의문이었다.

사회활동 비서관으로서 나의 첫 일정은 웨스트윙, 대통령 집무실 맞은편 루스벨트실에서 아침에 진행되는 수석보좌관 회의에 참석하는 것이었다. 대통령이 회의에 참석했을 때 앉는 의자에 비서실장이 앉아 있었다. 근처에 위치한 내각실처럼 루스벨트실의 그 의자 등받이가 살짝 높은데, 이는 대통령의 권위를 은근슬쩍 상징하는 것이다. 대다수 고위 보좌관은 긴 직사각형 테이블에 둘러앉았고, 나머지 참석자들은 모두 서 있었다.

일정 담당 수석보좌관인 대니얼 크러치필드가 대통령의 일정을 낭독하고, 뒤이어 공보실 직원이 그날의 주요 안건과 이슈들을 논의했다. 참석자들은 필요에 따라 브리핑을 하고 정보를 업데이트했다. 나의 손이 떨렸다. 두려움이 아니라 내가 어디에 있는지를 분명하게 인지한 데서 오는 흥분이었다. 나는 백악관 루스벨트실에서 하루를 시작하면 행복을 쉽게 손에 넣을 수 있다고 생각했다.

회의가 끝나기 직전, 빌 데일리 비서실장이 참석자들에게 나를 소개하면서 이렇게 물었다. "제러미, 자네가 그만두고 온 그 자리에 내가 갈 방법은 없을까?" 나는 프랑스 주재 미 대사관에서 수석보좌관으로 일했다. 이것은 미 행정부의 일자리 중에서 사람들이 가장 부러워하는 보직 중 하나였다. 나는 다른 사람들과 함께 크게 웃었지만, 혹시 내가 백악관에서 일하기 위해서 대사관 보좌관 직을 버린 것을 후회하지는 않을까 하는 생각이 스쳤다. 그러나 나는 단 한순간도 이 결정을 의심해본 적이 없다.

나는 사회활동 비서관에 임명된 최초의 남성이자 커밍아웃한 게이였기에 유난히 언론의 관심을 많이 받았다. 회의가 끝나고 사람들이 서서히 흩어지자, 국가경제위원회 국장인 진 스퍼링이 내게 다가와서 이렇게 물었다. "제러미, 자네 홍보 담당자가 누구야?" 나는 소심하게 웃으면서 언론의 관심이 사그라들기를 바라며 앞으로 조용히 지내리라 마음먹었다.

수석보좌관 회의 후 상황실로 가자 너무나 행복했다. 문 앞에서 새로 받은 백악관 배지를 보여주고, 내 휴대전화기를 확인하고, 방을 가득 메운 모니터 스크린과 그 모니터를 확인하는 사람들을 지나쳐 걸어갔다. 나는 〈대통령의 데일리 브리핑(The President's Daily Briefing)〉이라는 책자를 집어 들었다. 그 안에는 앞으로 24시간 동안 대통령이 하게 될 활동들이 상세하게 기록돼 있었다. 내 이름이 맨 앞 장에 씌어 있었다. 내가 이곳에 있다는 것을 도저히 믿을 수 없었다.

내 사무실 창으로는 백악관 메인 빌딩과 사우스론이 내려다보였다. 나는 대통령 인장이 찍힌 재활용 컵으로 아이스티를 마시면서, 대통령 전용 헬리콥터가 뜨고 내리는 것을 보았다(나중에는 그 소리에 점점 무감각해졌다). 사무실 창은 사실상 문으로, 가든룸 위쪽, 백악관 지붕으로 나갈 수 있었다. 내 부비서관은 항상 내가 밖에 나가기 전, 총에 맞지 않도록 비밀경호국에 연락부터 하라고 걱정스럽게 말했다.

"그럼 창문에 경호국에 전화하라는 경고문이라도 붙어 있어야 하는 거 아닌가?"라고 내가 물었다.

줄줄이 회의가 이어지고, 나는 사회활동 비서실이 주관해야 하는 행사들에 대한 정보로 융단 폭격을 당했다. 그런 날 오후가 되면 힘에 부친다는 느낌이 들었지만, 내색하기보다는 이곳에 있다는 행복감에 더 집중하기로 마음먹었다. 처음부터 긍정적인 태도를 보이는 것이 매우 중요하다는 것을 알고 있었기에 '당당하게 행동하자'라고 상기시켰다. 직원들이 나를 믿고 따를 수 있도록 확신을 주어야 했다. 그들에게는 자신감 없고 주저하는 상사는 필요 없을 테니까.

첫날부터 따뜻하게 맞아주신 대통령과 영부인 덕택에 적응하는 데 많은 도움을 받았다. 대통령 보좌관이 앉아 있는 웨스트윙으로 걸어 들어갔을 때, 영부인께서 나를 따뜻하게 맞아주셨다. 잠시 후 대통령이 집무실에서 나와 내게 악수를 청하고 나서 집무실로 들어오라고 말했다. 대통령 집무실은 너무나 밝고 모든 게 완벽하게 정돈돼 있어서, 실제 공간이라기보다 영화 세트장 같았다.

불행하게도 나는 그날 무슨 대화를 나눴는지 기억이 나지 않는다. 하지만 백악관의 일원임을 느끼게 해준 대통령의 태도와 다정한 포옹에 금방 긴장이 풀렸다는 사실은 기억한다. 백악관 공식 사진작가 피트 수자가 사진을 찍는 동안, 우리는 웃으면서 잠시 이야기를 나눴다. 일주일 후, 내 책상에는 큼지막한 백악관 전용 봉투가 놓여 있었다. 그 속에는 사회활동 비서관의 자격으로 대통령 집무실을 처음 방문한 나의 모습을 담은 사진 한 장이 들어 있었다. 나는 이것이 새로운 일상임을 서서히 깨닫기 시작했다.

그날 오후, 고향 샌안토니오에 사는 친구에게서 이메일 하나를 받았다. 그는 부비서관과 내가 웨스트윙에서 걸어 나오는 모습을 찍은 AP통신의 사진 한 장을 첨부해서 보냈다. 거기엔 '근무 중'이라는 설명이 달려 있었다. 그 사진을 보는 순간 사회활동 비서관이라는 새로운 직책이 주는 부담감과 대중의 관심이 다시금 깊이 새겨졌다. 나의 작은 실수로 대통령 부부가 대중의 질타를 받을 수 있는 자리이기 때문이다.

나는 순찰을 돌면서 백악관의 공간 배치를 익히고 만나는 모든 사람과 눈 맞춤을 하면서 나의 자세에 상당히 많은 신경을 썼다. 등을 똑바르게 편 자세는 좀 더 자신감 있어 보이고 나 자신도 그렇게 느껴졌다. 나는 의식적으로 초소에서 근무 중인 비밀경호국 요원, 가정부, 정원사, 그리고 동료 직원들까지, 모든 사람에게 아는 척을 했다. 그들에게 인사하고 나를 소개하면서 간단하게 안부를 물었다.

나는 며칠 전 마지막 남은 유로화를 전부 써버릴 요량으로 파리 공항 면세점에서 구매한 에르메스 넥타이에 대한 농담을 건넸다. 약간 강렬한 오렌지색 넥타이가 너무 튄 나머지 사람들은 한마디씩 했다. 어떤 이는 긍정적인 평을, 또 어떤 이는 그저 그렇다는 평을 했다. 미셸 여사는 이스트윙 사무실에서 나를 반겨주면서 "맙소사, 넥타이가……"라고 말했다. 미셸 여사의 공보실 실장 크리스티나 사케가 그날 오전 나의 오렌지색 타이에 관해 오고 간 농담을 여사에게 이야기했다는 사실을 알기 전까지 나는 바짝 얼어 있었다. 그들은 모두 한바탕 웃었고, 미셸 여사는 따뜻한 포옹과 함께 나를 백악관 가족의 일원으로 환영해주었다.

몇 시간 후, 전투지휘관들을 위한 저녁 정찬 행사가 블루룸에서 시작됐다. 국방부 고위급 관료들과 그 배우자들을 위한 연례행사였다. 모든 세부 사항이 해결됐기 때문에 나는 손님들을 맞이하기만 하면 되었다. 나는 사우스론과 그 너머의 워싱턴 기념관과 제퍼슨 기념관이 내다보이는 역사적인 공간의 아름다움에 넋을 잃고 서 있었다.

그날 저녁, 나는 오바마 대통령 부부와 블루룸에서 나와, 관저로 연결된 엘리베이터가 있는 곳으로 걸어갔다. 이것은 행사 뒤에 이루어지는 굉장히 익숙한 루틴이었다. 나는 마치 역사의 터널을 통과하는 기분이었다. 대통령 부부가 내게 보여준 친절은 나의 자신감과 맡겨진 일을 수행할 수 있는 능력을 배가시켰다.

우리 모두는 일견 당연해 보이는 강점들을 갖고 있다. 백악관 근무를 시작했을 당시 내게는 상당히 큰 장점 하나가 있었다. 동료 몇 명과 자금 모금 컨설팅 회사를 시작했던 2007년 2월, 나는 선거운동 초반부터 오바마 부부와 함께 일해왔다는 것이었다. 자금을 모금하고 당시 지명도가 낮은 상원의원 오바마를 캘리포니아 유권자들에게 알리는 일을 하면서 친밀한 관계를 형성했다. 그들은 나의 유머에 익숙했고, 나는 그들에게 내가 충성도 높은 지원자임을 보여주었다. 이것은 내게 커다란 이점으로 작용했다. 대통령과 영부인을 대하는 것은 두려운 일이다. 그러나 백악관에 입성하기 전에 '인간'적으로 그들을 알고 지냈기에 그러한 두려움이 조금 누그러졌다. 첫 출근하는 날, 이 사실을 스스로에게 각인시킨 것이 나의 관점을 바꾸는 데 도움이 됐다. 내가 사회활동 비서관 직책을 수행할 자격이 있는지 의심한 사람은 나 자신밖에 없음을 깨달았다.

긍정적인 태도를 유지할 수 있는 몇 가지 팁이 있다.

<u>스스로에게 자신의 장점을 상기시킨다.</u> 새로운 환경이라는 불확실한 상황에서는 자신의 방식을 의심하고 모르는 부분에 집중하기 쉽다. 하지만 자신감을 가질 만한 충분한 이유가 있다는 사실을 기억해야 한다. 당신이 그 자리까지 오게 된 이유는 당신의 경험이나 좋은 태도, 혹은 근면함 때문이다. 당신의 장점이 무엇인지 생각해보고 그러한 장점에 자부심을 가져라.

<u>주변 사람들과 어울린다.</u> 누군가에게 오늘 기분이 어떤지 물어보고 농담을 건넨다. 당신이 열려 있는 긍정적인 사람이라는 것을 다른 사람들에게 보여준다. 누군가의 생일을 기억하고, 동료에게 편안한 저녁 시간을 보내라는 인사말을 건넨다. 그러면 당신은 기분 좋게 어울릴 줄 아는 사람이라는 인상을 줄 수 있다.

<u>긍정적인 면을 본다.</u> 하루 몇 시간 혹은 어느 특정한 날을 정해서 그 시간만큼은 의식적으로 유쾌한 기분을 유지하도록 노력한다. 삶의 문제가 발목을 잡을 때, 아끼는 셔츠에 얼룩이 묻었을 때, 차에

시동이 걸리지 않을 때, 행복한 기분을 유지하기는 어렵다. 그러나 부정적인 감정을 털어내고 잘될 것이라는 긍정적인 면에 초점을 맞춘다. 이는 일종의 순환 과정이다. 좋은 태도가 긍정적인 마음을 불러일으키고, 습관이 되면 긍정적인 태도가 제2의 성격이 된다.

JEREMY

내가 백악관에 들어갔을 때 사회활동 비서실은 이미 2명의 비서관이 거쳐갔고, 국민적 관심을 끈 국빈만찬 보안 사고로 인해 직원들의 사기는 바닥에 떨어져 있었다. 백악관 직원들은 비교적 적은 임금을 받으면서, 최고의 퍼포먼스를 보여줘야 한다는 극심한 부담감 속에서 장시간 근무해야 한다. 물론 그 대가로 가치 있는 경력을 쌓고, 국가에 봉사하는 영광스러운 기회를 얻는다. 백악관 직원의 평균 근무 기간은 18개월로 알려져 있다. 내가 백악관에 들어갔을 때 일부 직원들은 이미 대통령 선거운동 본부에서 거의 2년을 일하다 백악관에 입성한 상태라 상당히 지쳐 있었다.

하지만 나는 백악관의 일원이 되었다는 가슴 벅찬 기쁨을 숨길 수 없었다. 한번은 비밀경호국 직원이 웨스트윙을 나와 관저로 걸어가는 내 모습이 마치 춤을 추는 것 같았다고 말할 정도였다. 나는 걱정스러운 표정을 짓고 있는 직원들을 둘러보면서 말했다.

"자, 한 발짝 물러나서 우리가 어디 있는지 봅시다. 우리는 백악관에서 일하고 있고, 매일매일 대통령과 영부인을 보필하고 있습니다. 그렇다고 생사가 걸린 결정을 해야 하는 것도 아니에요. 다른 국가를 침략하거나 전쟁에 나갈 걱정도 없습니다. 디즈니랜드에 간 것만큼은 아니더라도, 나는 여러분이 지구상에서 가장 행복한 곳에 있다는 마음으로 즐겁게 일하면 좋겠습니다."

나는 우리가 그곳에 있다는 것이 얼마나 행운인지를 상기시켜 주고 싶었다. 하지만 사회활동 비서실을 좀 더 유쾌한 장소로 만들고 싶은 바람도 담겨 있었다. 나는 자조적인 이야기를 하며 특정 상황에서도 유머 감각을 잃지 않는 태도를 보여주려고 했다. 어떤 때는 직원들에게 내가 부임하기 전 사회활동 비서실에서 일어난 흥미로운 에피소드를 들려달라고 요청했다. 그것은 우리 일이 중요하기는 하지만 지나치게 심각할 필요는 없다는 점을 강조하는 데 효과적이었다. 곧바로 변화가 일어나지는 않았지만, 결국 직원들도 내가 바라던 대로 따뜻하고 끈끈하며 조화로운 팀이 되었다.

준비된 사람은 자신감이 있을 수밖에 없다

● ● ●

무엇보다 자신감이 중요하다. 그다음은 주어진 임무를 수행할 준비를 마치는 것이다.

사실 직원 수로 따지면 백악관은 상당히 작은 규모다. 1792년부터 1800년 사이에 지어진 근대적인 백악관에는 미국의 2대 대통령 존 애덤스와 영부인 아비가일 애덤스가 사용했던 것과 동일한 규모의 접대 공간이 있다. 오찬이나 만찬을 하는 스테이트 다이닝룸은

140명을 수용할 수 있으며, 이스트룸은 최대 200명까지 가능하다. 1942년에 지어진 이스트룸은 지하에 대통령 비상작전센터가 있고, 현재도 영부인 비서실, 방문객 안내실, 군사실, 의회 업무팀 직원들을 간신히 수용하고 있다. 주변 공간이 협소하기 때문에 모든 것이 어떻게 운영되고, 모두가 어떤 업무를 수행하고 있는지 파악하는 일이 더더욱 중요하다.

우리는 미셸 오바마 여사와 로라 부시 여사가 크고 작은 행사를 완벽하게 준비한다는 것을 분명하게 알 수 있었다. 부시 여사는 사회활동 비서실이 상세하게 작성한 행사 진행 보고서를 매우 꼼꼼하게 읽었고, 궁금한 것이 있으면 개인비서가 리아에게 전화를 걸어 해결했다. 모든 행사 전에, 미셸 여사는 어디를 통해 행사장으로 들어가야 하는지 혹은 텔레프롬프터가 있는지 등 세부적인 내용에 대해 사회활동 비서실의 브리핑을 받았다. 그녀는 차분하게 경청한 뒤, 특별히 신경 써야 하는 부분에 집중했다.

영부인들의 준비 작업은 행사에 참석하는 귀빈들에게까지 확대됐다. 그들은 귀빈과 관련된 아주 작은 정보까지 놓치지 않고 수집했다. 이를 통해 영부인들은 모든 참석자에게 친밀하고 굉장히 친절하게 다가갈 수 있었다. 준비는 배려의 또 다른 방식이다.

LEA

2004년 백악관 사회활동 비서관으로 근무하기 시작했을 때 처음 몇 주 동안 나는 굉장히 긴장했다. 내게는 친숙한 분야였기 때문에 그렇게까지 긴장할 필요 없었는데도 말이다. 나는 체니 부통령의 사회활동 비서관이자 린 체니 여사의 비서실장으로 일했다. 그러나 2004년 11월, 로라 부시 여사가 나를 사회활동 비서관으로 채용하면서 백악관 웨스트윙에서 반대편인 이스트윙으로 근무지를 옮겨야 했다. 이는 마치 외계 행성에 착륙하는 것이나 마찬가지였다.

매일 백악관 경내로 차를 몰고 들어가 출입증을 보여줄 때마다 긴장감이 몰려왔다. 연속 3개의 검문소를 통과하면 점점 더 백악관에 가까워졌고 이스트윙 게이트 앞에 주차했다. 이곳에서 나는 백악관 인근의 한 건물에서 근무하는 수천 명의 직원 중 한 명이 됐다. 주차장에서 이런 기분을 느끼는 것이 조금 이상하지만, 얼마나 많은 것이 바뀌었는지를 단적으로 보여준다. 주차장에서 비밀경호국 요원이 건네는 "영부인 비서관님, 좋은 아침입니다"와 같은 인사말을 듣는다거나 관저 직원이 상관을 존중하는 태도가 남다르기 때문이다. 이러한 작은 것들에 집중하면서 나의 자신감은 점점 더 커졌다.

새 직장이나 새로운 상황에 앞서 당신이 통제할 수 있는 적어도 한 가지에 대해 자신감을 가지는 것은 굉장히 큰 도움이 된다. 작은 비결 중 하나는 옷을 말쑥하고 편하게 차려입으면 낯선 환경에서 걱정거리 하나가 줄어든다는 것이다(옷차림과 관련해서 오바마 대통령과 마크 저커버그 역시 같은 생각을 하고 있다).

나는 근무 첫날 내가 가장 좋아하는 녹색 모직 정장을 선택했다.

일주일 전, 부시 여사와 면접하는 자리에서도 그 옷을 입었다. 내가 대통령 가족 공간에 도착했을 때, 부시 여사가 맨 먼저 건넨 말 중 하나는, "어, 나도 그 옷이 있는데"였다. 나중에 알게 된 사실이지만, 부시 여사와 나는 여러 부분에서 취향이 잘 맞았다. 좋아하는 꽃이나 음식도 같았다. 그녀는 적은 양의 음식을 탑처럼 쌓는 대신 건강한 제철 음식을 선호했다. 그리고 여사도 나처럼 접대할 때 세부적인 부분에 관심을 기울였다. 첫 만남부터 부시 여사는 다정하고 포용적이었으며, 녹색 정장은 행운을 불러오는 나의 부적이 됐다.

처음 몇 주 동안, 나는 로라 부시 여사의 제안으로 12월 한 달 동안 현 사회활동 비서관 캐서린 펜톤과 함께 근무했다. 굉장히 분주하고 바쁜 백악관 크리스마스 시즌을 경험하면서 사회활동 비서관이라는 직책이 어떤 일을 하는 자리인지 개략적으로 이해했다. 나는 그녀의 가르침에 진심으로 감사했다. 그러나 사회활동 비서관 2명이 한 공간에 있는 것은 쉽지 않은 일이었고 직원들에게는 약간 혼란스러운 상황이었다. 캐서린 펜톤의 입장에서는 정신없이 분주한 근무 마지막 주에 교육생을 받고 싶지는 않았을 것이다. 하지만 그녀는 더할 나위 없이 관대하고 친절하게 대해주었다. 그녀의 친절함은 든든한 동아줄 같은 것이었고, 그녀의 모범적인 태도를 결코 잊지 못할 것이다.

우리는 매일 함께 사무실을 순회하면서 수석수위장실, 주방, 초콜릿 공방을 방문했다. 초콜릿 공방은 작고 차갑고, 스테인리스스틸로 뒤덮인 공간이다. 페이스트리 전문 요리사가 방금 만든 사탕과 특별한 디저트를 준비하는 곳이라 늘 달콤한 향기가 감돌았다. 심지어 디저트를 만들지 않을 때도 말이다.

나는 긴밀한 공조가 필요한 2명을 만났다. 백악관에서 수십 년간 근무해온 전문 플로리스트 낸시 클라크와 수석수위장 게리 월터스였다. 나는 그들에게 질문 세례를 퍼부었다. 수석수위장은 행정관저에서 그날그날 일어나는 모든 일과 그곳에서 일하는 90명이 넘는 정규직 직원들을 관리하는 총괄운영책임자다. 끝없이 질문하는 내가 성가실 터였지만, 특히 그렇게 바쁜 시기에는 더더욱 질문을 멈출 수 없었다. 나는 모든 것을 알고 싶었고, 자신의 일을 사랑하는 낸시와 게리는 흔쾌히 답해주었다.

캐서린은 내게 웨스트윙의 빈 사무실을 하나 내어주면서 '서류철'을 보여주었다. 거기에는 지난 4년간 진행된 모든 백악관 행사의 세부 사항이 기록된 천 개가 넘는 폴더가 들어 있었다. 나는 임시 사무실에 틀어박혀 모든 것을 꼼꼼하게 읽었다. 부시 여사가 지시한 내 첫 번째 임무를 항목으로 만들고 궁금한 질문을 정리했다. 몇 가지는 내가 곧 만나게 될 사람들과 외교적 대화나 힘든 협상을 할 때 필요했다.

첫 근무가 끝나갈 무렵, 캐서린이 부시 대통령의 대가족이 담긴 사진 한 장을 들고 나타났다. 부시 일가족은 족히 백 명은 넘었다. 그녀는 사진을 건네면서 이렇게 말했다.

"이 사진에 있는 가족들의 이름과 얼굴을 모두 암기하면 좋아요. 부시 일가는 유대관계가 굉장히 긴밀한 가족이고, 그 가운데 몇 분은 백악관을 상당히 자주 방문하십니다. 그러니 그분들의 얼굴을 기억했다가 반갑게 맞이하세요."

그 말을 들었을 때는 불가능한 일 같았지만, 나중에 그녀의 조언이 굉장히 긴요한 것임을 확인했다. 부시 일가는 정기적으로 백악관을 찾았고, 그들을 반갑게 맞이하는 것은 그럴 만한 가치가 있었다. 왜냐하면 부시 가족들은 사려 깊은 행동을 높이 평가했기 때문이다. 바버라 부시나 조지 H. 부시가 이스트윙에 나타났다는 말이 돌면, 대통령 관저 직원들이 어디 숨어 있다가 나타난 것처럼 모두 나와서 그들을 기분 좋게 맞이했다.

그날 저녁 그 사진과 머릿속에 저장된 무수히 많은 생각, 질문거리, 다음 날 찾아봐야 할 사람들의 목록을 가지고 퇴근했다. 그리고 저녁에 갑자기 떠오르는 생각이나 질문을 메모하기 위해 침대 협탁 위에 메모지와 펜을 두었다. 앞으로 펼쳐질 일을 생각하니 흥분됐고 새로운 직무를 잘 해내고 싶은 의욕에 불타올랐다. 미 해병대의 모토처럼 "즉흥적으로 대응하고, 변화에 적응하며, 극복하라"는 말을 마음속에 새겼다.

근무 첫날, 그리고 나아가 일상에서, 자신감을 가지고 완벽하게 준비된 사람이 되기 위한 몇 가지 조언이 있다.

<u>주어진 과제를 한다.</u> 근무를 시작하기 전에 새로운 조직에 대해 공부하고, 동료와 그들의 성과를 파악한다. 특정 고객이나 분야의

담당자로 채용되었다면, 첫날 약간의 배경지식과 신선한 아이디어를 가지고 출근하면 좋다. 출근해서는 정보를 요청하는 일에 주저하지 않아야 한다. 정보가 많을수록 업무를 훌륭하게 해낼 가능성이 높다. 관련 정보를 제공할 정보원, 즉 당신의 업무를 수행했던 사람 혹은 비슷한 업무를 수행해본 사람을 찾아서 질문해라. 대부분 기쁜 마음으로 조언해줄 것이다. 당신은 정보를 얻어서 좋을 뿐 아니라 더 나아가 한 명의 협력자가 생기는 일이기도 하다.

역할에 어울리는 옷을 입는다. 단정하고 편안하면서 주변 환경에 어울리는 옷을 입는다. 전날 저녁에 다음 날 출근할 때 입을 옷을 미리 골라둔다. 지나친 강박으로 여겨질 수 있지만, 이렇게 준비하는 사람은 단추가 떨어져 있거나 얼룩이 묻은 바지를 입는 실수를 하지 않는다. 그리고 무엇보다 아침에 준비하는 시간을 줄일 수 있다. 다시 말해 걱정거리 하나가 사라지는 것이다. 외모에 대한 자신감을 얻기 위해서는 아주 작은 노력을 기울일 가치가 있다.

어떤 옷을 입는 것이 합당한지를 알려면 다른 사람들, 특히 당신의 상사가 어떻게 입고 있는지 살펴본다. 당신이 일하는 사무실 환경이 아무리 자유롭다고 하더라도, 말쑥하고 단정한 옷차림은 품위를 나타낸다. 파티에 초대받았는데 무엇을 입고 가야 할지 모른다면 주저하지 말고 주최자에게 물어봐라. 어울리지 않는 옷차림으로 나타나 바보가 된 기분이 드는 것보다 낫다.

<u>보기도 하고 보여주기도 하라.</u> 사무실이나 방에 숨어 지내서는 자신감을 드러낼 수 없다. 새로운 환경에서 돌아다니면서 업무가 어떻게 이루어지는지 살펴보고, 일하고, 공부하고, 함께 일해야 할 사람들을 파악한다. 낯선 환경에서 적응하는 데 도움을 줄 만한 사람을 찾고, 그들과 관계를 맺고 싶어 한다는 것을 보여준다. 역동적이고 흥미로운 동료가 된다면, 당신이 함께 일하는 데 진심이라는 것을 다른 사람들도 알게 될 것이다.

다른 사람에게도
자신감을 불어넣어 주는 태도

● ● ●

퍼스트레이디의 삶은 호위 차량 행렬, 《보그》 잡지 표지 장식, 이국적인 곳으로의 여행, 세계 지도자들 접대가 전부는 아니다. 우리는 영부인들이 열심히 일하고, 독자적으로 선거운동을 하고, 정책적 입장을 표현하고, 롤모델이 되어주기를 바란다. 일정과 질문거리를 가진 직원들, 부탁할 것이 있는 친구나 지인들, 인터뷰를 원하는 기자들, 그리고 그저 함께하고 싶어 하는 사람들, 무수히 많은 이들이 그들을 기다린다. 영부인들은 극도로 압박받는 삶을 살면서도 자신감을 발산하는데, 그들은 또한 다른 사람들에게 자신감을 불어넣는 일도 중요하다는 것을 잘 안다.

누구나 잘하고 있다는 말을 듣고 싶어 한다. 미셸 오바마 여사와 로라 부시 여사는 직원들을 가족 관저에 불러 오찬이나 생일 파티를 열어주고, 시내의 식당에 가고, 근처 박물관으로 그룹 투어를 가는 등, 그들의 노고를 위로하고 인정하는 데 탁월했다. 미셸 오바마 여사가 직원들의 기를 살려주기 위해 마련한 행사 중에서 가장 기억에 남는 것은 대통령 휴가지로 유명한 캠프 데이비드에서 가진 직원 수련회였다. 아침에는 팀워크 강화 프로그램과 초청 강사의 강연이 이루어졌고, 나머지 시간은 수영장 옆에서 휴식을 취하거나, 골프를 치고, 등산을 가고, 골프 카트를 타고 돌아다녔다. 그것은 직원들의 노력을 높이 평가하고 있음을 표현하는 그녀만의 방식이었다.

LEA

로라 부시 여사는 영부인이자 대통령의 며느리로서, 대통령 관저 직원들과 수년간 인연을 맺어왔다. 그뿐만 아니라 그녀는 인간의 본성을 꿰뚫어 볼 줄 안다. 그녀는 조용하고 효과적인 방법으로 직원들을 관리하면서, 명확한 위계질서를 수립하고, 상황이 원활하게 돌아갈 수 있도록 일상의 틀을 만들었다. 과거에 그녀는 백악관 행사에서 제공되는 모든 식사의 메뉴를 직접 승인했다. 나는 사회활동 비서관으로 근무한 지 몇 주 후부터 게리 월터스 수석수위장의 사무실을 정기적으로 방문했다. 그는 내게 다음 몇 주간의 메뉴를 건네며 이렇게 말했다.

"오늘 아침에 여사께서 이제부터는 메뉴를 확인할 필요 없다고 말씀하셨습니다. 그리고 메뉴를 확정하는 일은 이제 비서관님이 하실 거라고 하셨어요."

그는 잠시 멈추고 나를 보면서 덧붙였다.

"지금까지 메뉴 확정을 다른 사람에게 맡기신 적이 단 한 번도 없었습니다."

그 소식은 굉장히 빨리 백악관 직원들 사이에 퍼져나갔다. 부시 여사는 그녀만의 세심한 방법으로 나를 신뢰한다는 사실을 알렸다. 그 일로 직원들은 나를 존중하게 됐으며, 여사는 나를 높이 평가하고 있음을 내비쳤다. 그때 우리는 서로에 대해 잘 몰랐지만, 메뉴 확정을 맡긴 일 덕분에 나는 성공할 준비가 되었다고 느꼈다.

중요한 프로젝트를 진행하는 데는 무수히 많은 조율, 준비, 예측, 그리고 운이 필요하다. 백악관 사회활동 비서관에게 국빈 방문 행사는 일종의 통과의례 같은 것이다. 수백 명을 동원하고, 각자 역할에 대한 지침을 내려야 한다. 출입 게이트의 비밀정보국 요원부터 파이프와 드럼 군단, 요리사, 집사, 플로리스트, 국기를 흔드는 손님들, 그리고 군보좌관에 이르기까지. 국빈 방문 행사에는 유명 연예인들을 섭외해서 공연을 한다. 이들은 지각하거나 긴장하거나 혹은 불법 약물을 한 상태로 나타나기도 한다. 기술자나 도우미들이 실수를 저지를 수도 있다. 국가원수의 국가 이름을 잘못 발음하는 실수는 이후 모든 사람의 입에 오르내린다. 귀빈들은 대통령과 한 테이블에 앉지 못하는 것을 섭섭해한다. 연예인의 의상 불량, 가사 까

먹기, 마이크 불량, 대규모 보안 단속, 귀빈 도착 발표 실수도 있을 수 있다. 그러나 불가능은 없다는 굳건한 지지를 보내주는 영부인들 덕분에, 우리는 뭐든 해내는 초능력을 발휘했다.

그것을 경험할 기회가 국빈만찬뿐인 것은 아니다. 소속감은 자신이 더 큰 무언가에 속해 있다는 안도감을 준다. 동네 음식점에서 매주 직원들과 점심 한 끼를 함께하는 것일지라도 말이다. 소속감을 느끼게 하는 일은 강력하면서도 의외로 쉬운 일이다. 그러나 소속감을 느끼지 못하는 경험은 깊은 상처가 된다. 다른 사람들이 인정받고 환영받고 있다는 느낌이 들게 하라. 다른 사람들과 잘 지내는 것만큼 자신감을 북돋우는 방법은 없다.

JEREMY

신참이었던 나는 2011년 6월 초 독일 총리를 위한 첫 국빈만찬을 준비하면서 엄청난 부담감을 느꼈다. 나는 대형 벽보판에 미셸 여사가 들어와서 서야 하는 다양한 지점들을 표시했다. 거기에는 만찬장 도착부터 만찬이 끝나는 저녁 시간까지 상세한 타임라인이 담겨 있었다. 오바마 대통령 부부가 독일의 앙겔라 메르켈 총리와 부군 요아힘 자우어를 만찬이 열리는 로즈가든에서 불과 몇 발짝 떨어지지 않은 사우스 드라이브(남쪽 진입로)에 주차된 리무진까지 에스코트하는 시간까지 말이다.

오바마 행정부 출범부터 백악관에서 근무하면서 나보다 기능적인 부분을 더 잘 이해하고 있는 나의 부비서관도 참석해서 의전에 문제가 생기면 바로바로 답변할 수 있도록 준비했다. 나는 그날의 만찬 행사를 설명하면서 긴장하기 시작했다. 미셸 여사는 "생각하는 것보다 훨씬 쉬울 거예요. 그러니 걱정 말고 우리가 하는 대로 따라오면 됩니다"라고 나를 안심시켰다. 행사 전반에 대한 점검을 마치고, 그녀는 "오늘 만찬은 아주 멋질 거예요"라는 말과 함께 한쪽 눈을 찡긋했다. 우리에 대한 믿음을 보여주기라도 하듯이. 그녀의 여유로운 태도를 보는 순간 모든 일이 가능한 것처럼 여겨졌다. 우리는 숨을 깊게 들이마시고 편안한 마음으로 그날 행사를 진행했다. 그리고 독일 총리 내외를 위한 국빈만찬은 대성공이었다.

여기에 다른 사람을 효과적으로 안심시키는 몇 가지 지침이 있다.

전반적인 분위기를 확립한다. 먼저 친절하고, 포용적이며, 매력적인 사람이 되어야 한다. 지금 프로젝트를 이끌고 있다면, 팀 회의 때 팀원 모두에게 개별적으로 인사를 건넨다. 회의에서 할 말을 미리 계획하고, 예상되는 질문이나 불만 사항도 생각해본다. 앞으로의 일을 논의할 때는 팀원들이 진행 중인 해당 프로젝트에 기여할 부분들과 앞으로 달성되기를 바라는 것이 무엇인지를 구체적으로 언급한다. 이렇게 하면 당신은 주변에 있는 모든 이에게 신뢰와 존경을 받을 수 있다.

친절하게 말한다. 4연패 중인 축구팀의 코치라면 선수들의 노력과 스포츠맨 정신에 좀 더 집중한다. 취업을 준비 중인 친구가 첫 면접을 망치고 의기소침해 있다면, 아직 딱 맞는 직장을 못 만난 것일 뿐 곧 좋은 직장을 찾을 거라는 말로 자신감을 북돋워준다. 다른 사람이 당신에게 보여준 신뢰에서 용기를 얻었던 것처럼, 사람들에게 그들이 지닌 장점을 상기시켜줄 수 있는 아량이 넓은 사람이 되어라.

조용한 자신감 뿜어내기

• • •

자신감을 키워가면서도 겸손을 잃지 않아야 한다. 결국 탁월한 지도자는 자만심이 아닌 자신감을 발휘하는 사람이다. 조지 패튼 장군은 제2차세계대전에서 뛰어난 전술 감각과 오만함으로 유명했다. 그는 자신의 군인들, 다른 연합군 사령관, 그리고 러시아 군대에 불같이 화를 냈는데, 그로 인해 상관들이 더욱 곤경에 처했다. 급기야 사령관으로서 능력을 인정하면서도 그에게 징계를 내려 잠시 전쟁에서 배제시켰다.

단 한순간도 의심하지 않고, 자기 자신을 되돌아보지 않으며, 타인의 근심을 별것 아닌 것으로 치부한다면, 당신은 자신감이 지나친 사람이다. 잘못된 확신은 심각한 오판과 방종으로 이어지기도 한다. 허세와 타인의 관심을 받기 위한 과장된 행동으로 불안감을 감추고, 상황을 제대로 이해하기보다 칭찬받는 일에 급급할 수 있다.

미국의 38대 대통령 제럴드 포드[02]는 자신감이 넘치면서도 굉장히 겸손한 인물이었다. 동료 의원들이 그에게 칭찬의 말을 건네자, 그는 재빨리 이렇게 말했다. "난 포드지 링컨이 아니에요."

포드 대통령 부부가 백악관에 입성한 후, 수석수위장 게리 월터스(백악관에서 거의 40년간 근무했다)는 어느 일요일 아침 대통령에게 전화 한 통을 받았다. 포드는 "온수가 나오지 않는군요"라고 말했다. 게리는 즉시 기술자를 보내겠다고 말했지만, 대통령은 이렇게 답했다. "괜찮으니, 너무 소란 떨지 마세요. 2주 동안 온수가 안 나와도 아무 일도 없었으니까요. 아내의 욕실에서 샤워하면 됩니다."

월터스는 대통령이 백악관에 입성한 후 계속 온수를 사용하지 못했다는 사실에 당황했다. 그리고 자신이 모시게 될 새로운 상사가 그 일을 얼마나 대수롭지 않게 여기는지 알고 깊은 인상을 받았다.[03] 포드 대통령이 관저에 근무하는 직원들에게 많은 사랑을 받은 것은 놀랄 일이 아니다.

자신감을 북돋우는 것만큼이나 자만하지 않는 것도 중요하다. 오만함은 타인을 멀어지게 하지만, 자신감은 타인에게 용기를 불어넣는다.

타고난 감각이 아니라
연습으로 길러지는 유머는
자신감, 관찰력, 타이밍과 결합할 때
강력한 도구가 된다.
사소한 의견 차이를
불화로 번지지 않게 막고,
어려움 속에서도 긍정적이고
유연하게 상황을 이끌어가는 힘이다.

TREATING PEOPLE WELL

Part 2

유머 감각, 무장해제시키는 매력

유머는[04] 리더십의 일부이며,
다른 사람과 좋은 관계를 유지하면서
일을 완수하는 데 중요한 요소다.

—드와이트 아이젠하워

유머는 분위기를 편안하게 만들고, 소통의 길을 열어주며, 사람들을 하나로 묶어주는 역할을 한다. 유머는 종종 과소평가되지만 시의적절하게 유머를 던지면 풍선이 터지는 것처럼 어색한 순간을 단번에 해소할 수 있다. 그리고 대화의 분위기를 순식간에 바꾸어서 다시 시작할 기회를 만든다. 긴장된 상황에서 농담을 하는 것은 조금 위험할 수 있지만, 어느 정도 자신감이 붙었다면 유머를 충분히 활용해보는 것이 좋다.

많은 사람들이 자신은 원래 재미있는 사람이라거나 원래 재미없는 사람이라고 규정한다. 그런 성향은 마치 타고나는 것처럼 말이다. 하지만 그렇지 않다. 물론 유머 감각을 타고나는 사람도 있지만, 후천적으로 습득할 수 있는 능력이다. 자신감이나 일관성처럼 약간의 연습으로 유머를 익힐 수 있다.

여기서는 유머 감각을 개발하는 법을 소개하고, 부담감이 큰 상황에서 유머가 어떤 효과를 불러오는지 보여준다. 불가능해 보이는 일을 가능하게 해줄 정도로 유머는 일종의 '감옥 탈출' 카드라고 할 수 있다.

JEREMY

어느 날 오후, 나는 미셸 여사가 진행하는 아동비만 퇴치를 위한 '레츠 무브(Let's Move)!' 프로그램의 녹화에 앞서 코미디언 지미 팰런을 에스코트해 백악관을 돌아보고 있었다. 당시 지미 팰런은 NBC 〈레이트 나이트 위드 지미 팰런〉의 사회자였다. 디플로매틱 리셉션룸으로 걸어 들어갔을 때, 팰런은 생수, 사과, 몇 가지 간식을 놓아둔 간단한 뷔페 테이블을 둘러보고는 실망한 듯 "이게 다예요?"라고 말했다.

나는 역시 농담처럼 이렇게 말했다. "제이 리노가 온다면 이것보다는 좀 더 신경 쓰겠죠."

그는 나를 잠시 쳐다보다가 웃음을 터뜨렸다. 당연히 녹화도 잘됐다. 나의 농담은 긴장된 분위기를 누그러뜨리고 우리 사이에 유대감을 만들었다.

유머는 오프라 윈프리와 게일 킹이 사적인 만찬을 위해 대통령 관저에 도착했을 때도 유용했다. 게일은 〈CBS 디스 모닝〉의 앵커로서 인기 최정상에 있었고, 오프라는 몇 년 전 그녀의 TV쇼를 그만둔 상태였다.

나는 따뜻한 포옹으로 게일을 먼저 환영했다. 오프라는 마치 '난

왜 찬밥이지?'라는 듯한 표정으로 나를 뚫어지게 쳐다봤다. 나는 오 프라와 포옹하려고 다가가면서 이렇게 말했다. "게일은 매일 방송 에 나오잖아요." 두 사람 모두 활짝 웃었다.

내 안의 작은 목소리가 들렸다. "내가 이런 행동을 하다니. 이게 맞는 건가?" 하지만 내가 걸어가고 있을 때, 오프라가 특유의 스타 일로 "제러미이!"라고 부르면서 분위기가 확 띄워졌다. 유명세와 상 관없이 백악관을 찾는 손님들이 긴장을 풀고 편안한 분위기에서 온 전히 즐기게 해주는 것이 내가 해야 할 일이었다.

어색한 분위기를 순식간에 바꾸다

● ● ●

대부분의 대통령은 스스로를 웃음거리로 삼으면 사람들의 호감 을 살 수 있다는 것을 잘 안다. 버락 오바마는 뛰어난 유머 감각과 유머의 타이밍을 포착하는 능력이 뛰어나다. 또한 상황에 따라서는 일부러 과장된 행동으로 웃음을 주기도 한다. 추수감사절마다 칠면 조 사면식을 할 때면, 딸들이 그의 옆에 서 있었다. 그가 '아재 개그' 를 시도할 때마다 딸들은 몸을 움찔대며 질색했다. 2016년 그의 마 지막 칠면조 사면식에서 오바마는 아재 개그를 원 없이 들려주겠다 더니 이렇게 말했다.

"식탁에 같이 앉아 있던 누군가가 '이제껏 사이드 메뉴를 너 혼 자 다 먹어치웠으니 그만 먹어'라고 말한다면, '배고픈 사람의 정신을 여실히 보여주겠다는 신념을 가지고 이렇게 답하기를 바란다. '예스 위 크랜'이라고."(크랜베리 소스를 더 먹겠다는 뜻으로, 오바마의 선거 캠페인 구호인 'Yes We Can!'을 언어 유희한 농담-옮긴이)

로널드 레이건 대통령도 농담을 즐겼다. 그는 영국 여왕에게 농담을 건네는 것조차 두려워하지 않았다. 1982년 윈저궁 경내에서 여왕과 함께 승마를 하던 중에 여왕이 탄 말이 길게 방귀를 뀌었다고 한다. 여왕은 "이런, 죄송해요. 대통령 각하!"라고 말했다. 그러자 레이건은 이렇게 답했다. "정말 괜찮습니다. 전 말이 방귀를 뀐 줄 알았어요."05

지미 카터 대통령의 자조적인 농담은 퇴임 후에도 계속됐다.

"저에 대한 미국인들의 존경심이 크게 높아졌어요. 이제 사람들이 제게 손을 흔들 때 열 손가락을 모두 사용하는 걸 보면 아주 기분이 좋습니다."06(대통령 임기 때는 손가락 하나만 세워 욕을 했다는 농담-옮긴이)

'침묵의 칼'로 불린 미국의 30대 대통령 캘빈 쿨리지가 한번은 만찬에서 한 여성의 옆자리에 앉게 됐다. 그 여성은 대화 중 그에게서 최소 3개 단어를 끌어낼 수 있다고 장담했다. 그러자 그가 이렇게 답했다. "당신은 졌어요(You Lose)."

에이브러햄 링컨은 특히 청탁을 하는 사람들과 만나는 자리에서 자기비하적 유머와 정교한 스토리 메이킹을 즐기는 것으로 유명했다. "나의 가벼운 농담이 아니었다면, 나는 대통령이라는 직함의 무게를 견딜 수 없었을 겁니다"라고 그는 말하기도 했다. 링컨은 울타리에 쓸 장작을 패고 있을 때, 한 남자가 총을 든 채 다가온 이야기를 즐겨 했다. 남자는 링컨에게 자신의 눈을 똑바로 바라보라고 요구했다. 링컨은 하던 일을 멈추고 그를 쳐다보았고, 남자는 아무 말 없이 링컨을 응시했다. 마침내 남자는 수년 전에 자신보다 못생긴 남자를 만난다면, 그 남자에게 총을 쏘겠노라고 다짐했다고 말했다. 링컨은 셔츠를 활짝 열어젖히고 가슴을 앞으로 내밀면서 이렇게 소리쳤다고 한다. "내가 당신보다 못생겼다면, 난 더 이상 살고 싶지 않습니다. 그러니 어서 쏘세요."[07]

유머는 지극히 주관적이고 상황에 따라 달라진다. 어떤 사람에게는 기막힌 농담이 다른 사람에게는 굉장히 모욕적으로 받아들여질 수 있다. 코미디언의 농담에 웃음을 터뜨릴 수는 있어도, 그들의 유머를 상사에게 한다면 팬들만큼 열정적인 반응을 얻어내지 못할 수 있다. 빈정거리는 농담도 역효과가 나기 쉬우므로 신중함이 필요하다. 특히 온라인에서 그렇다. 블랙 유머는 친한 친구나 가족에게만 사용해야 한다.

농담할 때는 안전한 주제를 선택해야 한다. 예를 들어 인간적이고 보편적인 약점은 농담거리로 삼기에 아주 적절한 소재다. 성차별, 노인 차별, 인종차별에 관한 농담은 적절하지 않다. 농담을 하기에 앞서 이렇게 자문해보라. "이 농담이 상대방의 기분을 상하게 하지 않을까? 혹은 과연 상대가 인정하고 웃을까?" 상대의 감정을 상하게 하는 농담은 하지 않는 게 좋다.

유머는 우리가 어려운 상황에 좀 더 유연하고 능숙하게 대응하는 데 도움을 준다. 또한 사소한 의견 차이가 심각한 불화로 번지는 것을 막아준다. 유머는 실패나 상실감을 겪은 후 치유를 위한 첫걸음이 될 수 있다. 두 직장 동료가 격론을 펼치는 회의에서 자신감 넘치고 긍정적이며 의기양양한 태도를 보여주는 쪽은 농담하면서 긴장을 풀어주는 사람이다.

유머에서 가장 중요한 요소는 자신과 타인에 대한 예리한 관찰력, 그리고 뉘앙스, 맥락, 타이밍이다. 그리고 이 모든 것은 배워서 터득할 수 있다.

자조적인 농담이 존재감을 높이는 역설

• • •

우리는 모든 사람에게 곧바로 환영받을 수 있는 건 아니다. 어떤 사람은 당신이 믿을 만한 사람인지 지켜보거나, 그저 수줍음이 많아서 다가오지 못하거나, 단지 당신의 가르마 방향이 싫을 수 있다. 회의적인 사람이나 잠재적인 경쟁자를 무장해제시킬 가장 쉬운 방법은 자신을 깎아내리는 것이다. 이런 상황에서 부정적인 결과를 초래하지 않을 가장 안전한 농담거리는 당신 자신뿐이다.

자기비하적 농담은 당신도 다른 사람처럼 실수할 수 있다는 것을 보여준다. 더 나아가 당신은 그것을 인정하고 웃어넘길 만큼 충분한 자신감을 가진 사람이라는 것을 보여준다.

리아는 다양한 행사 진행 상황을 점검하기 위해서 백악관 사무실을 자주 순찰했다. 그때마다 그녀는 동료들에게 이렇게 외치곤 했다. "네, 또 접니다. 제가 보고 싶을 거 같아서 왔습니다."

36대 대통령 린든 존슨은 허풍을 잘 떠는 성격이었지만 자신의 단점을 풍자할 줄도 알았다. 그의 사회활동 비서관 베스 아벨은 그가 자신에게 격한 언어를 사용했던 일을 어떻게 사과했는지를 기억한다. 1967년 9월, 대통령과 영부인은 스테이트 다이닝룸에서 그리스의 콘스탄티노스 국왕과 아네마리 왕비를 위한 오찬 파티를 열고 있었다. 주요리가 제공됐을 때, 존슨 대통령이 "잠깐! 두 분 모두 포크 내려놓으세요! 그리고 베스 들어와요"라고 소리쳤다. 다이닝룸 바로 밖에서 대기 중이던 베스는 재빨리 들어왔다. 국왕 내외는 두려움에 얼어 있었고 모든 눈이 존슨을 쳐다보고 있었다. 그는 주빈 테이블에 서서 베스에게 소리쳤다.

"고기가 상했어요. 고기를 잘랐더니 뭔가 웃긴 게 튀어나왔습니다. 냄새도 나고."

베스가 침착하게 답했다.

"대통령님, 오늘 식전 메뉴는 투르네도스 로시니입니다. 각하께서 보신 것은 푸아그라, 그러니까 거위 간입니다. 냄새는 거위 간의 냄새고요."

린든 존슨은 안심하고 다른 손님들에게 "어서들 드세요. 아무 이상 없답니다"라고 말하고는 아무 일 없었다는 듯 자리에 앉았다. 베스는 조용히 나왔고, 사회활동 비서관의 자리에서 경질될 뻔한 아찔한 순간을 넘겼다.

며칠 뒤 어느 날 밤, 존슨이 베스에게 전화를 걸었다.

"얼마 전 오찬에서 내가 상했다고 말했던 고기 사건 기억나요?"

"네, 기억납니다, 대통령님. 걱정하지 마세요. 앞으로 그 스테이크 요리를 다시 식탁에 올리는 일은 없도록 하겠습니다."

"그 요리에 대해 말해줘서 정말 다행이었습니다. 안 그랬으면 오늘 밤 월도프에 모인 900명이나 되는 사람에게 뭔가 이상하니 저녁 식사를 하지 말라고 했을 거예요."

그것은 농담을 가장한 사과였다.

조지 W. 부시는 비슷한 발음의 다른 단어를 말하는 실수를 자주 저질러서 코미디언들의 웃음거리가 됐다. 하지만 유머를 잘 아는 부시 대통령은 전혀 신경 쓰지 않았다. 그를 유머 소재로 삼는 것을 백악관은 애정으로 받아들였다. 부시 행정부 시절 백악관에서 열리던 국가안보 고위 관계자들의 전략회의는 윌 퍼렐이 〈새터데이 나이트 라이브(SNL)〉에서 부시를 연기하며 사용한 단어를 따서 '스트레티저리 미팅(Strategery Meeting)'으로 변경되기까지 했다. 부시 대통령의 말실수인 미스언더에스티메이트(misunderestimate)와 아임 더 디사이더(I'm the decider)는 웨스트윙에서 사용하는 용어로 편입됐다.

부시 대통령은 자신을 희생한 수많은 농담으로 코미디언보다 더 많은 웃음을 선사했다. 일례로 2005년 기자단 정찬 모임 개회식에서 그는 "의도적으로 웃겨야 하는 이런 저녁 모임들을 학수고대했습니다"라는 말로 시작했다. 그는 자신을 소재로 웃겨야 할 때, 자신을 비판하는 사람들을 무장해제시켜야 할 때를 정확히 알고 있었다.

JEREMY

오바마 대통령 2기 행정부가 출범한 지 얼마 지나지 않아서 나는 백악관 공보실에서 제작하는 주간 온라인 비하인드 영상인 〈웨스트윙 위크〉의 녹화를 마친 후 그를 만났다. 우리는 며칠 전 열린 취임 연회에서는 대화를 나누지 않았다. 오바마 대통령은 블루룸을 나오면서 내 어깨에 손을 얹고 조용히 속삭였다. "무례한 말일수 있지만, 꼭 해야겠어요. 게이인 당신은 어떻게 그렇게 춤을 못 춥니까?"

그가 알고 있다는 사실에 잠시 당황하기는 했지만, 나의 감정이 상하지 않았다는 것을 알리기 위해서 이렇게 답했다.

"대통령님, 제가 이성애자 백인 남성이더라도 춤은 형편없었을 거예요."

농담을 받아서 이어가는 것은 당신이 기분 상하지 않았음을 상대에게 전달하면서 분위기를 가볍게 유지할 수 있는 가장 좋은 방법이다.

사실 형편없는 나의 춤 실력은 백악관에 근무하는 내내 놀림거리였다. 백악관 홀리데이 사진 촬영을 마치고 손님들이 모두 돌아간 후, 리셉션룸에서 나는 '제러미 댄스'를 추곤 했다. 이때 대통령도 합류해서 일부러 춤을 못 추는 시늉을 했다. 대통령은 스테이트 플로어에서 열린 나의 퇴임 파티에서도 내 춤을 언급했고, 우리는 마지막으로 '제러미 댄스'를 췄다. 피트 수자가 그 순간을 사진에 담았고, 그해의 '백악관 최고의 사진' 중 하나에 선정됐다.

오바마 대통령 부부는 백악관 직원들이 직장에서 일을 즐기기를 원했다. 우리가 능숙하게 일을 해내면서도 백악관 생활을 편안하고 온전하게 누리기를 바랐다.

LEA

조지 W. 부시 대통령은 자기비하적인 유머로 내 딸아이를 도와준 적이 있다. 백악관을 떠나는 나를 위해 대통령 내외가 열어준 송별연에서 나와 당시 열네 살이던 딸아이 엘리스는 대통령 옆자리에 앉았다. 부시 대통령은 딸에게 학교생활이 어떤지 물었고, 엘리스는 수학에서 낙제를 받았는데, 엄마에게 말할 용기가 없다고 속삭였다. 그는 이 말을 듣고 사람들에게 이야기를 잠시 멈추라고 하더니 나를 바라보며 말했다.

"엄마, 엘리스가 수학에서 낙제를 받았대요. 하지만 걱정하지 말아요. 나도 학교 다닐 때 공부를 못했지만 아무 문제 없었어요."

부시 대통령은 자신의 어깨를 으쓱 올리면서, 우리가 트루먼 발코니가 딸린 백악관 옐로 오벌룸, 그리고 워싱턴 기념관이 내다보이는 곳에 앉아 있다는 것을 상기시켰다. 사람들은 크게 웃음을 터뜨렸다. 그중에서도 내 딸 엘리스가 가장 크게 웃었다. 수년이 지난 후, 부시 대통령은 엘리스를 다시 만났을 때 "아직 졸업 안 했니?"라고 물었다. 딸은 신나서 "저 지금 대학에 다녀요!"라고 대답했다. 그는 웃으면서 엘리스의 등을 토닥이며 말했다.

"그러니까 우리 둘 다 해낸 거네."

때때로 자신을 비하하는 농담이 위험하다고 느껴질 수 있다. 자칫 약점을 노출할 수 있기 때문에 용기가 필요하다. 하지만 듣는 사람들은 어떤 것이든 자기비하적 농담을 할 줄 아는 사람의 용기를 인정하고 찬사를 보낸다.

극한의 상황에서 던지는 농담 한마디

● ● ●

유머는 '우리가 이곳에 함께 있다'는 유대감을 높여준다. 꼴찌를 달리는 야구 홈팀이든 당신 회사의 최대 경쟁사든, 안전하게 농담할 수 있는 대상은 연대감을 쌓는 데 유용하다. 워싱턴 D. C.의 미식 축구 팬들은 워싱턴 레드스킨스와 댈러스 카우보이 간의 경쟁의식을 아주 잘 알고 있다. 그곳에서 댈러스 카우보이에 대해 가볍게 놀리기만 해도 쉽게 친근감을 쌓으며 호감을 살 수 있다. 그러한 이야기는 누구에게도 상처 주지 않고 즐길 수 있는 공통의 주제다.

중요한 것은 한 개인, 집단, 혹은 국가를 비난하는 것이 아니라 우호적인 방식으로 연결고리를 찾는 것이다. 농담을 할 때는 신중하게 접근해야 한다. 유머는 무기보다는 도구로 사용할 때 훨씬 더 효과적이다.

LEA

백악관에서 홀리데이는 긴 줄을 선 방문객들과 악수하고 미소 짓는 일을 반복하는 마라톤과 같다. 지인이나 지지자들을 맞이하는 것이 아무리 즐거운 일이라 하더라도 몇 주 동안 하루 5시간씩 1,400명과 악수하는 것은 힘든 일이다. 부시 대통령 내외는 힘찬 포옹과 악수를 건넨 후 포즈를 취하고 미소 지으며 사진을 찍는다.

개인 보좌관들, 사진사, 사회활동 비서관들에게는 오랜 시간 사진을 찍는 것은 너무나 지루한 일이다. 이후 대통령의 개인 보좌관 블레이크와 재러드 와인스타인은 한 번 인사할 때 걸리는 시간을 측정하기 시작했다. 평균 소요 시간을 계산해보니 1인당 19초가 걸렸다.

부시 대통령 내외는 웃으면서 "이거 새로운 올림픽 종목인가요?"라고 말했다. 이후에는 방문객들이 좀 더 신속하게 인사하고 지나갈 수 있도록 했고, 각 행사에 소요되는 시간을 줄일 수 있었다.(파티가 끝날 때마다 블레이크는 방문객 1인당 평균 소요 시간을 큰 소리로 발표하고 박수 또는 야유를 받곤 했다.)

블레이크가 가장 짧게 걸린 시간을 발표하던 날 저녁, 부시 대통령 부부를 포함해서 모두가 환호성을 질렀다. 사진 촬영 1건당 10초를 줄여서, 그날 밤 행사가 끝날 때까지 약 20분을 절약할 수 있었다. 이후 우리는 누군가가 잠깐 시간 낼 수 있느냐고 물으면 "19초를 낼 수 있어"라고 우스갯소리로 답했다.

동료들끼리 주고받는 농담은 즉각적인 유대감을 형성한다. 그리고 유대감을 느끼는 직원은 분열되고 경쟁적인 환경에서 근무하는 직원보다 훨씬 더 많은 것을 성취할 수 있다.

중요한 것은 타이밍이다

● ● ●

유머는 뜻밖의 전개에서 가장 효과적이다. 이야기가 계획대로 흘러가더라도 예상치 못한 결말에서 재미를 준다. 오바마 대통령의 사회활동 비서관을 역임한 줄리아나 스무트는 국빈만찬에 앞서 비욘세와 제이지와 정감 있게 이야기를 나눴다. 비욘세는 공연을 앞두고 눈에 띄게 긴장하고 있었고, 줄리아나는 그녀를 안정시키기 위해 애쓰고 있었다. 그때 세상에서 가장 부유한 인사 중 한 명인 카를로스 슬림 엘루가 그들 옆으로 지나갔다. 세 사람은 조용히 그를 쳐다봤고 줄리아나가 이렇게 말했다. "저기 두 분보다 훨씬 돈 많은 사람이 오네요." 그들은 별거 아닌 농담에도 생각보다 훨씬 크게 웃음을 터뜨렸다. 줄리아나의 예상치 못한 유머가 딱딱한 분위기를 깨뜨렸다.

큰 웃음과 어색한 순간, 심할 경우 불쾌한 분위기를 가르는 것은 타이밍이다. 지나친 농담을 했을 때는 재빨리 수습하는 것이 중요하다.

JEREMY

나는 2013년 가을, 연방정부 셧다운(운영 중단) 기간에 농담을 했다가 위험천만한 상황에 빠질 뻔했다. 백악관 직원을 포함해서 대다수 정부 공무원은 16일 동안 휴가 중이었고, 어떤 이유로든 업무용 전화기를 사용하거나 사무실에 출근할 수 없었다. 셧다운이 끝난 바로 다음 날, 스테이트 플로어에서 행사가 있었다. 그린룸에서 오바마 대통령은 조 바이든 부통령과 함께 서서 군보좌관, 직원, 인턴들을 둘러보며 말했다.

"여러분 모두를 다시 만나게 되어 기쁩니다. 보고 싶었습니다. 여러분이 출근하지 않았을 때 제러미가 백악관 일을 도맡아서 처리했는데, 난 조금 무서웠습니다."

나를 포함해 모두 한바탕 웃었다. 농담을 이어가고 싶었던 나는 "정말이에요. 그리고 대통령께서 원하신다면 지금 그 웹사이트 이슈를 해결할 수 있습니다"라고 답했다. 나는 초창기에 엄청난 문제가 발생했던 건강보험 웹사이트(healthcare.gov)를 언급한 것이었고, 셧다운이 끝난 상태라서 더 많은 관심을 받고 있었다.

대통령 보좌관 중 한 사람이 숨을 못 쉴 지경으로 놀랐지만, 대통령은 내 말을 농담으로 받아들였다는 의미로 웃으면서 내 어깨에 손을 얹었다. 그러자 모두 웃음을 터뜨렸다.

"너무 이른가요? 대통령님?" 하고 내가 묻자, 그는 고개를 끄덕이면서 웃었다.

내가 백악관에서 근무한 지 4년째로 오바마 대통령 부부와 어느 정도 친숙하던 시기였다. 하지만 농담이었는데도 나는 "너무 이른 가요?"라는 말을 덧붙임으로써 내가 민감한 주제를 건드렸음을 인정했다.

농담을 던졌는데 분위기가 어색해진다면, 3가지 중 한 가지로 수습하면 된다. 큰 애정을 가지고 상대방에게 농담이었다는 것을 확인시켜주거나, 가벼운 농담으로 자신을 비하하는 농담을 한다. 아니면 주제를 바꿔라. 농담할 때는 안전한 대상과 가벼운 소재로 신중하게 접근하는 것이 가장 중요하다.

LEA

내 남편 웨인 버먼이 1988년 조지 H. 부시의 선거 캠프에서 일할 때였다. 하루는 그가 지지자들과의 만남을 위해 캠페인의 대리 수장인 조지 W. 부시를 태우고 의회로 가고 있었다. 이때 만료된 번호판 때문에 경찰의 제지를 받고 차를 세워야 했다. 당황한 웨인은 이렇게 부탁했다.

"죄송합니다. 번호판이 만료된 걸 몰랐어요. 제 친구가 의회에서 굉장히 중요한 회의가 있어서 가는 중인데, 그냥 보내주실 수 없을까요?"

이때 부시가 끼어들어 이렇게 말했다.

"경찰 양반, 저 친구가 나를 핑곗거리로 이용하는 걸 원치 않으니, 그를 원칙대로 처벌해주세요."

부시의 반응에 경찰은 웃음을 터뜨렸고 그들을 그냥 보내주었다.

유머는 설득의 힘을 지닌다

• • •

우리가 매일 누군가에게 제안을 하고 설득하는 데 얼마나 많은 시간을 쓰는지 생각해보라. 배우자에게 새 차를 사자고 말하든, 아니면 상사에게 대형 프로젝트를 맡겨달라고 하든 설득은 삶의 일부다. 약간의 유머를 섞으면 설득에 성공할 가능성이 높아질 것이다.

JEREMY

백악관을 방문한 손님 중에는 가끔 불만을 터뜨리는 사람도 있다. 그럴 때 우리는 모든 기술을 동원해서 그 사람을 달랜다.

대통령의 중요한 지지자가 백악관 공식 만찬에 참석해서 자리를 안내받은 후, 나를 찾아와서 "대통령 부부가 앉는 테이블에서 이렇게 먼 자리에 나를 앉히다니 도무지 이해가 안 가네요"라고 말했다. 나는 그녀를 보면서 이렇게 말했다.

"백악관에 나쁜 자리가 어디 있어요. 아시면서 왜 그러세요." 그러고는 대통령의 초대를 받아 백악관에 온다는 게 얼마나 이례적이고 흥분되는 일인지를 상기시켰다. 그녀는 웃으면서 자기 자리에 앉았다.

정신없이 바쁜 독립기념일 행사 계획을 전달할 때도 나는 유머를 던졌다. 전해에는 발코니에서 연설이 끝난 후 대통령이 의장대를 따라 너무 빨리 계단을 내려왔다. 그래서 해군군악대가 연주를 마쳤을 때 약간의 혼란이 발생했다. 해군 보좌관이 내게 "뭔가 딱

안 맞는 느낌이에요"라고 말했다.

2012년 독립기념일 행사를 위한 브리핑을 위해 블루룸에 모두 모였다. 그날은 쾌청하지만 더운 날이었고, 내 주머니 속에는 선글라스가 들어 있었다. 나는 선글라스를 쓰고 약간 과장된 몸짓을 하면서 브리핑을 시작했다. 나는 심각한 표정을 지으면서 이렇게 말했다.

"이번 미션은 중요하고 세부적인 사항도 많으니 특히 여러분의 주의가 필요합니다."

오바마 대통령과 미셸 여사가 큰 소리로 웃었다. 나는 지난 행사에서 어떤 일이 있었는지 설명하고 의장대가 계단을 내려올 때까지 계단 위에서 그대로 기다려주시면 감사하겠다고 말했다. 대통령과 영부인이 편안한 상태였기 때문에 자칫 어색하고 가르치려는 듯한 이야기도 효과적으로 전달되었다.

나는 신경이 날카로워지고 압박이 심한 상황에도 적절히 대응하기 위해 노력한다. 적절한 타이밍에 던지는 가벼운 농담이나 자조적인 우스갯소리는 사기를 높이면서도 지나치게 들뜨지 않고 평정심을 되찾는 데 도움을 준다. 크리스마스 연휴에 오바마 행정부의 비서관들에게는 대통령이 직접 메모를 남긴 편람이 배포된다. 오바마 대통령은 나에게 이런 글을 썼다.

"제러미, 당신이 보여준 우정, 전염성 높은 유머, 그리고 백악관을 유쾌한 곳으로 만들기 위한 노력에 진심으로 감사합니다."

중요한 업무를 차질 없이 수행하면서도 편안하고 즐거운 마음가짐을 잃지 않으려고 노력한 것을 인정받았을 때 이루 말할 수 없이 기뻤다.

상사 앞에서 농담을 하려면 용기가 필요하다(그 상사가 대통령이 아니어도 마찬가지다). 그러나 효과적인 농담이 가장 필요한 순간도 상사를 대할 때다. 물론 백악관은 가벼운 마음으로 다닐 만한 직장은 아니지만, 다른 회사도 엄청난 압박을 느끼는 것은 마찬가지다. 유머와 그 매력을 어려운 순간에 당신을 탈출시켜줄 유용한 날개로 생각해라.

거부할 수 없는 매력

• • •

시어도어 루스벨트 대통령은 친구는 물론 경쟁자에게까지 거부할 수 없는 매력을 가진 인물이었다. 소설가 이디스 워튼은 그에게 깊은 감명을 받았다.

"아무리 친한 친구들도 오랜만에 만나면 어색한 기운이 흐를 때가 많은데 그는 그런 순간을 순식간에 누그러뜨리는 재주를 가지고 있었습니다. 그는 매 순간 활력이 넘쳤고, 모든 순간을 열정적으로 온전하게 살아가는 특별한 능력을 가졌죠. 그와 함께하는 순간이 내 안에서 마치 작은 라듐 조각처럼 빛이 납니다."[08]

위대한 자연주의 과학자 존 뮤어도 "나는 그와 사랑에 빠졌어요"[09]라고 말했다. 그리고 28대 대통령이자 그의 경쟁자 우드로 윌슨은

"그는 거부할 수 없는 사람입니다"[10]라고 칭송했다.

루스벨트는 어떤 청중 앞에서도 자신이 그들과 다름없는 평범한 사람인 것처럼 이야기하며 사람들을 설득할 수 있었다. 그가 있는 동안 백악관은 활기 넘치고 즐거운 곳이었다. 그의 여섯 자녀와 애완동물들(조랑말 한 마리, 여러 마리의 뱀, 조슈아라는 이름의 오소리)은 관저 안을 자유롭게 돌아다녔다. 그는 젊은 직원들과 스포츠를 즐겼고, (자신이 설치한) 코트에서 테니스를 쳤으며, 이스트룸에서 복싱 경기를 열기도 했다. 그는 자신의 카리스마를 활용해서 백악관을 따뜻하고 너그러운 분위기로 만들었고, 이는 그가 정치적 목표를 달성하는 데 도움이 되었다.

유머와 마찬가지로 매력은 의견 차이를 좁히고 서로를 이해하는 사교 기술 중 하나다. 매력적인 한 사람이 방 안 전체 혹은 조직 전체의 분위기를 단숨에 바꿀 수 있다. 사무실에서 새로 입사한 사람 혹은 가장 나이 어린 사람이 그런 역할을 하기도 한다. 여기에서 조직 내부의 서열은 중요하지 않다. 모든 사람의 기분을 좋게 만드는 매력적인 사람들을 보면 기꺼이 도와주고 싶은 것이 당연한 심리다.

당신이 만나는 모든 사람을 매료시킬 3가지 방법을 제안한다. 분위기를 파악하고, 친절함으로 마음을 사고, 창의성을 발휘하는 것이다.

내가 있는 공간의 온도를 파악하라

• • •

주변에서 벌어지는 일에 관심을 기울이는 것만으로 매력적인 사람이 되기 쉽다. 어떤 공간에 들어갈 때 그곳의 온도를 파악해라. 자유로운 분위기에서 농담을 주고받는다면, 이례적인 비즈니스 아이디어를 제안해도 충분히 받아들여질 수 있다. 약간 가벼운 태도를 보이거나 부드러운 격려를 곁들여도 좋다.

사교 모임에 가면 식사 테이블에서 오가는 대화에서 소외되는 사람이 없도록 배려하는 사람 혹은 그곳에 있는 모든 사람에게 케이크 한 조각씩 빠짐없이 제공되었는지를 확인할 줄 알아야 한다. 이런 작은 행동이 배려받는다는 기분이 들게 하고, 당신은 배려심이 깊은 사람으로 인정받는다.

LEA

부시 대통령의 개인 보좌관 블레이크 고테스만은 많은 이들에게 사랑을 받았다. 그는 20대 초반의 나이에도 과중한 임무와 꽤 힘든 일정을 멋지게 수행하면서 피곤해하거나 짜증스러운 모습을 한 번도 내비친 적이 없다.

스테이트 다이닝룸에서 공식 만찬이 진행될 때, 사회활동 비서관에게도 손님들과 동일한 식사가 제공된다. 비서관 사무실까지 아름다운 접시에 플레이팅된 식사를 가져다준다. 블레이크는 대통령 집무실을 나와서 종종 우리 사무실에 나타나곤 했다. 우리는 다른 사람의 험담을 하지 않으면서 재치 있는 농담을 건네는 그와 함께 있는 시간이 굉장히 즐거웠다. 그래서 그에게도 저녁 식사를 가져다달라고 요청해서 옹기종기 앉아 수다를 떨었다.

지도자들이 공식 임무를 수행하는 동안, 안보 미팅이 이루어지는 사무실 밖에서 오랜 시간을 대기할 때, 정치권에서는 진정한 우정이 싹튼다. 블레이크와 친분을 쌓으면서 우리는 각자 맡은 일을 좀 더 잘할 수 있게 됐다. 우리가 정보를 공유하면서 서로에게 도움을 주었기 때문이다. 그는 도전적으로 들리지 않게 질문하는 법을 알고 있었다. 또한 부드럽게 말하고 잘한 일을 칭찬하는 데 주저하지 않았다.

백악관에서 근무하는 모든 직원이 블레이크의 의견을 존중했고, 그를 돕는 일을 마다하지 않았으며, 그를 신뢰했기 때문에 돌아가는 상황에 대해 그에게 기꺼이 이야기할 수 있었다. 그가 가진 매력은 자신의 직무와 상관없는 주제에 대해서도 좋은 아이디어를 많이 가지고 있었다는 것이다.

블레이크는 컨트리 가수 케니 체스니에게 줄 선물과 관련해서 좋은 제안을 내놨다. 케니 체스니는 호주의 존 하워드 총리를 위한 국빈만찬에 공연 가수로 초대됐다. 감사의 의미로 대통령과 영부인이 공연한 연예인에게 개인적인 선물을 하는 것이 관례였다. 블레이크는 텍사스에 있는 부츠 제조사 로키 캐롤에 연락해서 체스니가 신을 장어 가죽으로 만든 고가의 부츠를 주문했다. 부츠에는 그의 이니셜과 미국과 호주의 국기가 새겨졌다. 체스니는 굉장히 기뻐하며 그날 저녁 공연 무대에 그 부츠를 신고 등장했다. 그리고 감격에 겨워 머리를 흔들면서 관객들에게 조용히 말했다. "대통령께서 선물을 고르는 감각이 남다르시네요."

매일 수백 명의 다양한 사람들과 교감해야 하는 블레이크는 늘 분위기를 파악했다. 그는 사람들의 마음을 살피고(화가 났나? 긴장해서 말문이 막힌 건가? 오만한 사람인가?), 온갖 방법을 동원해서 그들이 긴장을 풀고 편안함을 느낄 수 있도록 도움을 줬다.

간단히 말해 그는 다른 사람들을 기분 좋게 만들었다. 나보다 스물다섯 살이나 어린 그를 나는 존중하고 존경했다. 그는 뛰어난 관찰력으로 만나는 모든 사람을 매료시켰다. 그 결과 좋은 관계를 맺고 진정한 영향력을 발휘할 수 있었다.

훌륭한 대화 상대가 되어라

● ● ●

따뜻함은 매력의 중요한 요소다. 누군가를 따뜻하게 대할 때 필요한 것은 작지만 진실된 몸짓이다. 리아는 재클린 케네디 여사의 사회활동 비서관 레티시아 발드리지에게 감사의 편지를 받았다. 레티시아는 리아와 점심 식사를 하고 나서 불과 몇 시간 후에 감사의 편지를 썼다. 리아는 그녀의 진심 어린 표현에 깊이 감동했다.

다른 사람의 마음을 얻기를 원한다면, 우선 칭찬부터 시작해라. 누군가를 만날 때 생각해낼 수 있는 긍정적인 말이 적어도 하나 이상은 있다. 근면함이라든지 새로운 넥타이에 대해 언급할 수도 있다. 누구나 인정받기를 바라고, 긍정적인 면에 초점을 맞추는 데는 어떤 비용도 들지 않는다. 칭찬의 말을 건네면 사려 깊은 마음과 개방적인 태도를 보여줄 수 있고, 상대방도 비슷한 반응을 한다.

사람들에게 그들 자신에 관해 물어볼수록, 그들은 당신을 훌륭한 대화 상대라고 생각할 가능성이 더 높다. 왜냐하면 관대한 사람일수록 사람들에게 자신의 이야기를 할 기회를 주기 때문이다. 자기 이야기를 하는 것을 좋아하지 않는 사람이 어디 있겠는가?

새로 만나는 사람들에게만 따뜻함을 베풀지 마라. 중요한 프로젝트를 마칠 수 있게 도움을 준 동료에게 한달음에 달려가서 점심 식사를 대접하라. 하루를 즐겁게 해준 사람에게 감사의 메시지를 보내라. 여름철 정원 일을 도와준 나이 많은 이웃 어르신의 집 앞에 눈을 치워라. 친구가 존경하는 작가가 쓴 신간 도서를 그 친구에게 보내봐라. 이러한 것들은 당신의 삶에서 그 사람들이 얼마나 중요한지를 보여줄 수 있는 작지만 사려 깊은 몸짓이다.

JEREMY

캐롤 버넷은 2013년 케네디센터가 주관하는 '마크 트웨인 아메리칸 유머상'을 수상했으며, 그녀의 총괄 프로듀서는 그녀를 위해 대통령 집무실인 오벌 오피스 방문을 요청했다. 수상식 다음 날, 그녀는 루스벨트룸에 서서 긴장한 채로 립스틱, 머리, 복장을 점검하고 있었다. 여느 때와 마찬가지로 대통령은 제시간에 도착했다. 나는 오벌 오피스 바로 옆 비밀경호국 요원이 서 있는 작은 복도로 이어지는 문을 열었다. 그러자 대통령이 천천히 오벌 오피스의 문을 열면서 노래했다. "나는 우리가 이 시간을 함께할 수 있어서 너무나 기뻐요." 그것은 캐롤이 오랫동안 진행해온 쇼의 주제곡이었다.

대통령이 캐롤과 그녀의 가족을 오벌 오피스로 안내했을 때 모든 긴장이 순식간에 사라졌다. 얼마 안 있어서 대통령은 그들의 오랜 친구처럼 대화를 나누며 우스갯소리를 했다. 대통령은 그녀의 진짜 팬이었고, 진솔한 존경심을 그녀에게 기꺼이 표현했다. 그의 열정과 좋은 목소리 때문에 모든 사람들이 진정으로 환영받는다고 느꼈다.

나는 따뜻함이 어떻게 뻘쭘한 상황을 기억에 남는 순간으로 바꾸는지 또다시 목격했다. 대학을 졸업하고 캘리포니아로 이주했을 때, 나는 '어른이 되면' 뭘 해야 할지 고민하면서 케이터링 일을 시작했다.

내가 미국 코미디언 돈 리클스의 말리부 집에서 열린 파티에서 일할 때였다. 손님들이 막 도착했을 때, 나는 뜨거운 욕조 덮개 위에 올라섰다가 곧바로 온수 속에 빠졌고, 깜짝 놀란 동료들이 급하게 뛰어나왔다. 다행히 손님들은 그런 나를 보지 못했다. 나는 욕조 덮개가 웨이터들이 빠지지 않게 하려는 것이 아닌, 물이 식지 않게 하기 위한 것임을 몰랐다. 나는 물에 젖었다는 사실과 한 발짝 옮길 때마다 운동화에서 듣기 싫은 소리가 나는 것에 당혹감을 감출 수 없었다. 음료를 전달하려고 파티오에 나갔을 때, 귀빈 중 한 사람인

프랭크 시나트라가 소리쳤다. "아이쿠, 어찌 된 일입니까? 수영장에라도 빠진 겁니까?"

나는 "네, 뜨끈한 욕조 물에 빠졌어요"라고 최대한 솔직하게 답변했다.

그는 웃으면서 이렇게 말했다. "어이, 쩩쩩이 씨, 여기 올리브 하나만 가져다주시겠어요?" 그는 나를 놀리고 있었지만 굉장히 친절했다. 그는 음료를 가져다줄 때마다 나에게 고맙다고 말했다. 그는 내게 고향이 어딘지 물었고, 우리는 훨씬 오래전부터 알고 지낸 것처럼 즐겁게 이야기를 나눴다. 그는 나를 웨이터가 아닌 정찬에 초대받은 손님처럼 대하며 농담을 걸었다. 시나트라와 나는 아무런 친분이 없었고 다시 볼 일도 없었다. 그런데도 그는 매력적인 태도가 항상 의미 있는 것임을 보여줬다. 그의 태도는 내게 오랫동안 깊은 인상을 남겼다.

LEA

따뜻함은 여러 가지 방식으로 표현할 수 있다. 때때로 그것은 소속감과 연대감을 불어넣는다. 백악관에서 매년 열리는 유대인 축제인 하누카는 누구나 초대받고 싶은 행사였지만, 일부 손님들은 백악관 주방에서 만든 음식이 코셔, 즉 유대교 율법에 따른 것이 아니기에 파티 음식을 먹지 않았다. 나는 율법에 따라 음식을 제공하는 사람을 찾았다. 그는 백악관으로 랍비 한 명을 불러서 백악관 주방을 유대인 율법에 맞게 만들었다. 우리는 손님들에게 뷔페 음식이 모두 율법에 따라 만들어졌음을 알리는 표지판을 세웠다. 손님들은 너무나 고마워했고, 해군군악대가 유대교의 전통음악 '하바 나길라(Hava Nagila)'를 연주하자 박수를 치고 그랜드 포이어(중앙 현관)에서 큰 원을 그리며 호라 댄스를 신나게 췄다.

유머 감각도 창의성이다

• • •

일상적이고 격식 없는 자리에서 편안하게 매력을 활용할 수 있다면, 긴장되고 감정이 고조된 상황에서도 문제를 해결할 수 있다. 예상치 못한 방식으로 매력을 발산할 때 특히 그렇다.

리아가 백악관을 떠난 후, 조지 W. 부시 대통령과 로라 부시 여사의 사회활동 비서관으로 일한 에이미 잰츠징어는 다정하고 참신한 매력을 목격했다. 어느 날, 에이미는 대통령을 만난 후 웨스트윙을 나서는 달라이 라마를 수행하고 있었다. 이때 그는 뒤돌아서 웨스트윙 문에서 차려 자세로 서 있던 건장한 체격의 해병대원에게 다가갔다. 달라이 라마는 그의 아래턱을 부드럽게 만지면서 이렇게 말했다. "살짝 웃어보세요." 해병대원은 오렌지색 승복을 입고 평온한 표정을 짓고 있는 달라이 라마를 내려다보고 눈웃음을 짓지 않을 수 없었다. 백악관의 해병대원들은 영국 버킹엄궁의 근위병과 마찬가지로 웃어야 한다는 규정이 없다. 그 해병대원의 웃음은 달라이 라마의 요청만큼이나 인상적이었고, 두 사람 사이에 특별한 교감이 생겼다.

JEREMY

2기 행정부 출범을 며칠 앞두고, 오바마 대통령과 미셸 여사는 백악관에서 사진 촬영 행사를 포함해 여러 가지 행사를 개최했다. 어느 날 저녁 미셸 여사가 새로운 머리 스타일을 하고 등장하면서 언론의 뜨거운 관심을 받았다. 나도 여사에게 머리 스타일이 정말 멋지다고 말했다. 그녀는 고맙다는 말과 함께 "대통령께 제 머리 스타일을 어떻게 생각하는지 여쭤보세요"라고 말했다. 알고 보니 대통령은 온전한 칭찬이라고 하기 어려운, "젊어 보이고 좋네요"라고 말한 게 다였다고 한다.

그다음 날 또 다른 행사에서 나는 대통령, 영부인, 백악관 대변인 제이 카니와 이야기를 하고 있었다. 대통령이 어떤 말을 했을 때 나는 농담조로 답했다. "대통령께서 여사님 머리 스타일을 보고 하신 그 '칭찬' 비슷한 거 말씀하시는 거죠?" 그는 나를 쳐다보면서 진지한 목소리로 그것은 그냥 농담이었다고 말하며 덧붙였다.

"그런데 그 이야기를 왜 다시 거론하는 겁니까? 당신은 대통령 보좌관이지 영부인 보좌관은 아니잖소. 영부인 편을 드는 걸 보니 아무래도 해고해야겠네요."

나는 옆에 있던 여사의 손을 잡으며 이렇게 말했다. "그렇긴 하지만 집에서 진짜 권력자가 누구인지는 제가 잘 알거든요." 우리는 모두 웃었다. 조금 위험한 발언이었지만 농담으로 받아들여질 것임을 알았다.

　내 송별식에서 대통령 내외가 내게 선물로 준 사진은 바로 그날 내가 답한 직후 모두 한바탕 웃는 모습이 담긴 사진이었다. 그 사진에는 "이 거친 여정에 함께해줘서 고맙습니다"라는 글이 적혀 있었다.

　매력적인 사람은 상황에 자연스럽게 대처하는 법을 안다. 이는 우리가 매일같이 함께 일하고 살아가는 사람들과의 관계에서 더욱 그렇다. 야구 용어로 이야기하자면, 타석에 들어설 때마다 스윙할 필요는 없다. 가끔 공을 치지 않고 몇 개 그냥 보낼 수도 있다. 또한 예기치 못한 일이 일어나더라도 자신을 너무 심하게 책망하지 않아도 된다.

　카프리시아 마샬은 클린턴 행정부에서는 대통령의 사회활동 비서관을, 오바마 행정부에서는 미국의 의전 책임자로 근무했다. 그녀는 2010년 5월 멕시코 대통령의 국빈만찬에서 상황에 대처하는 것이 어떤 것인지를 전 세계에 보여줬다. 펠리페 칼데론 대통령과 영부인 마가리타 자발라를 태운 차량이 백악관 북쪽 현관인 노스포티코에 도착했을 때, 그곳에는 그들의 모습을 사진에 담기 위해 언론사 기자들이 모여 있었다. 카프리시아가 멕시코 대통령 부부를 맞이하기 위해 계단을 내려가기 시작했다. 어깨끈이 없는 분홍색 새틴 드레스를 입고 하이힐을 신은 그녀는 눈부시게 아름다웠지만, 그만 반짝이는 대리석 계단에서 미끄러져 엉덩방아를 찧고 말았다.

놀란 기자들이 흠칫하는 순간, 그녀가 거의 앞을 볼 수 없을 정도로 카메라 플래시가 사정없이 터졌다.

오바마 대통령은 서로 찍으려고 몸싸움하는 사진기자들에게 "사진 찍지 마세요!"라고 외쳤다. 하지만 해당 영상은 삽시간에 온라인에 퍼졌다. 카프리시아는 재빨리 일어나 계단 아래로 내려갔고, 때마침 도착한 멕시코 대통령이 탄 차량의 문이 열렸다. 그때 그곳에 모인 군중들이 엄지를 치켜세웠다. 그녀는 마치 자신이 계획했던 대로 상황이 진행된 것처럼 위풍당당하게 대처했다. 카프리시아가 보여준 대로 매력 있는 사람은 엄청난 압박 속에서도 품위를 잃지 않는다.

유머 감각에 카리스마가 더해진다면

● ● ●

자신만의 매력을 개발하는 방법을 모르겠다면 당신이 생각할 때 카리스마가 있고 만날 때마다 기분을 좋게 만드는 사람들을 신중하게 관찰해본다. 긴장되는 상황에서 그런 사람들이 어떻게 행동하는지 본다. 예를 들어 온통 낯선 사람들밖에 없는 자리에서 자기소개를 하기 위해 저벅저벅 걸어 나갈 때보다 더 긴장된 상황은 없을 것이다. 하지만 그것도 계속하다 보면 좀 더 수월해진다. 그다음 단계는 생전 처음 만난 사람과 대화를 시작하는 것이다. 새로 이사 간 동네에서 열린 여름 포트럭 파티에서든, 중요한 비즈니스 미팅을 앞두고 커피를 한잔하는 자리든 그것은 매우 귀중한 능력이다.

여기에 낯선 환경에서 다른 사람들과 교류하는 방법이 있다.

자연스럽게 접근한다. 많은 사람들이 모인 곳에 들어갈 때, 진지하게 대화하고 있는 사람들에게는 다가가지 않는다. 대신 가벼운 이야기를 나누고 있는 것처럼 보이는 소규모 그룹에 접근한다. 그들 중 한 사람에게 눈을 맞추고 악수를 청한다. 그런 다음에 "안녕하세요. 제 이름은 ○○○라고 합니다"라고 말한다.

바비큐 파티처럼 좀 더 가벼운 분위기라면, 이렇게 대화를 시작해도 된다. "처음 뵙겠습니다. 저는 ○○○예요." 그런 다음 해당 그룹의 다른 사람들과 악수하면서 그들의 대화에 자연스럽게 끼어든다. 당신이 다가갔을 때 그들이 하던 대화를 조금이라도 들었다면, 거기서부터 대화를 시작하는 것이 가장 좋다. "그 마지막 연사 말이죠? 정말 대단하죠, 그렇죠?" 아니면 약간의 유머를 곁들여서 자신을 가볍게 소개한다. "나는 톰이 가장 좋아하는 형이에요. 물론 형이 하나밖에 없지만요."

당당하게 퇴장한다. 대화를 중단하고 자리를 떠나는 것에 부담을 갖지 않는다. 한 사람과 짧게 이야기하다 보면 그 사람과 할 이야기가 별로 없게 된다. "만나서 반가웠어요. 다시 만나길 바랍니다." 혹은 "잠시 실례할게요. 저기 아는 사람이 있네요." 혹은 "목이 말라서 마실 것 가지러 갈 건데, 당신 것도 가져다드릴까요?" 아니면 "저기 제 친구가 있었는데, 금방 어딜 갔는지 모르겠네요. 잠시만요." 이런 말로 정중하게 그 자리에서 물러난다.

인맥을 만든다. 방금 만났던 사람의 이름이 기억나지 않을 때, 그 사람에게 이름을 다시 말해달라고 부탁한다. 이름이 기억나지 않는 사람을 소개해야 한다면, 아는 사람을 먼저 소개한 다음 이름이 기억나지 않는 사람을 돌아보면서, "두 사람 만난 적 있지 않아요?"라고 말한다. 두 사람이 직접 서로를 소개할 기회를 주면, 그 과정에서 서로의 이름을 밝히게 된다. 비슷한 관심사를 가진 사람들을 연결해준다. 사업, 친구, 고향, 열정 또는 중요하게 여기는 가치관 등 공통점을 강조해 서로 공감대를 이룰 수 있게 한다.

낙담하지 않는다. 다른 참석자들과 대화를 시작하는 데 별다른 진전이 없다고 해서 낙담할 필요는 없다. 생판 모르는 사람과 친해지기 위해서는 기술이 필요하다. 당신의 말에 반응하지 않는다면 상대도 어떻게 반응해야 할지 모르는 것일 수도 있다. 어쨌든 대화는 양방향이기 때문이다. 누군가가 당신에게 자신을 소개한다면 공손하게 환영한다는 의사를 밝히고, 가벼운 주제로 대화를 시작한다. 불과 몇 분밖에 되지 않더라도, 친절하게 대해야 한다는 것을 잊지 마라.

집중한다. 정찬 파티에서 모르는 사람 옆자리에 앉게 됐을 때,

그 사람과의 대화에 집중한다. 상대에게 주의를 기울이지 않으면 절대 매력적인 사람으로 비쳐질 수 없다. 휴대전화는 가방이나 주머니에 넣고 눈을 맞추면서 상대방의 말에 집중하고 있다는 몸짓을 한다. 몸을 앞으로 숙이고 웃으면서 듣는다. 딴청을 피우거나 말을 가로막는다면 기분이 상하게 마련이다. 진심으로 경청하지 않기 때문이다.

공손하고 정중하게 행동한다. 주제에서 벗어난 이야기를 하는 것은 상대방을 불편하게 만든다. 상대방의 어머니가 최근에 돌아가셨다고 말한다면, 상실감이 크겠다는 말로 위로한 다음에 주제를 바꿔라. 당신은 동의할 수 없는 정치적인 발언을 한다면, 그냥 단순하게 "전 그렇게 생각하지 않는데요"라고 말하고 이야기의 주제를 바꾼다. 상대방이 계속해서 그 이야기를 한다면, "아무래도 오늘은 당신의 의견을 관철하시기 어려울 것 같은데, 다른 이야기를 하면 어떨까요?"라고 말해보라.

경쟁적인 태도를 피한다. 정찬 모임에서 누군가가 얼마 전 다녀온 뉴욕 여행에 대해 열정적으로 이야기한다면, 당신도 뉴욕에 다녀왔다고 말할 수는 있다. 하지만 절대 상대방보다 훨씬 더 길게 머물렀다거나 뉴욕에 세 번이나 다녀왔다고 자랑하듯 이야기하지 않는 것이 좋다. 은근히 자랑하는 것은 더더욱 좋지 않다. 전형적인 사례로는 조지 W. 부시 대통령 때의 전 백악관 대변인 아리 플라이

셔가 2012년 트위터에 올린 한탄을 꼽을 수 있다. "라과디아 공항에서 비행기를 기다리는데, 대기 순서가 15번이라고 방송이 나오네요. 에어포스원이 그리울 따름입니다." 백악관 만찬에서 좌석 배치를 할 때, 우리는 약간의 경쟁심을 가지고 얼마나 자랑을 해댈지 상상하면서 승부욕이 굉장히 강한 사람들을 함께 앉히는 경우가 많다.

질문한다. 사람들과 이야기하면서 유용하고 흥미로운 것들을 배울 수 있고, 그것을 목표로 삼을 수도 있다. 그리고 다른 사람이 하는 말을 대신 마무리하지 마라. 상대가 당신도 같은 생각을 하고 있다고 받아들일 수 있지만, 대화를 공유한다기보다 대화의 주도권을 빼앗는 것이다.

LEA

매력을 발휘함으로써 인생을 바꿀 수 있다. 나는 이것을 남편을 만난 방식을 통해 깨달았다.

웨인을 처음 만났을 때, 나는 조지타운대학의 싱크탱크인 국제전략문제연구소(CSIS)의 사무실에 앉아서, 국제 석유 매장량을 전문으로 하는 연구자를 위해 잘 알지도 못하는 언어로 적힌 외국 신문 기사를 찾아 정리하고 있었다. 대학을 졸업하고 얻은 첫 일자리였고, 워싱턴으로 이주한 지 얼마 되지 않아 아는 사람이 한 명도 없었다.

어느 날 누군가가 벽에 부딪힐 만큼 세게 사무실 문을 열었다. 고개를 들어보니 통통한 몸집의 남자가 콧수염 밑으로 활짝 웃으면서 내 쪽으로 걸어왔다. 그는 지금까지 본 적 없는 매우 커다란 안경을 쓰고, 반소매 셔츠에 갈색 바지를 입고 스웨이드 허시파피 신발을 신고 있었다.

"안녕하세요, 저는 웨인 버먼입니다! 오늘부터 석탄 프로젝트를 시작했습니다. 당신이 우편물을 가져가는 것을 보고 당신을 만나고 싶었어요."

그는 내 손을 붙잡고 열정적으로 흔들었다.

나는 살짝 미소를 지으면서 대답했다. "만나서 반가워요. 제가 조금 바빠서요." 주저함이 없는 그는 내게 질문을 퍼부었다. "당신은 여기서 무슨 일을 하시나요? 당신도 이제 막 대학을 졸업한 건가요? 고향은 어디죠? 일 끝나고 술 한잔 어때요?" 그를 내보내기까지 시간이 조금 걸렸지만, 그날은 시작에 불과했다. 그는 매일 사무실에 들렀고, 다른 직원들과 이야기하다가도 나를 보면 따라다녔다.

그는 끈질기게 데이트 신청을 했고, 나는 번번이 거절했다. 한편 나는 그가 싱크탱크를 운영하는 사람들과 잘 지내고 있음을 깨닫기 시작했다. CSIS의 원장 데이비드 압셔는 그에게 매료된 것처럼 보였고, 기금 마련 출장에 그를 데리고 다니면서 연구소의 상위 기부자들을 만났다.

웨인이 출장에서 돌아와 이 석유회사에서 혹은 저 신문사에서 대규모 기부를 받을 것 같다고 말하면, 나는 믿을 수 없다는 듯 눈을 굴리곤 했다. 그러고 나서 실제로 기부금이 줄줄이 들어오기 시작했는데, 이는 전례 없는 일이었다. 나중에 알게 된 일이지만 버먼은 기부자들이 좋아하는 외교정책의 핵심 내용을 잘 이해하고 있었고, 믿을 수 없을 만큼 설득력도 뛰어났다. 까다롭고 인색한 기부자들일수록 웨인에게 매료됐다. 나는 여전히 그와 데이트할 마음은 없었지만, 그의 전문적인 기술을 존중했다.

이렇게 18개월이 흘렀다. 나는 그가 능력 있고 예의 바르며, 유머도 있고 모두에게 친절하다는 것을 충분히 알게 됐다. 사실 나는 그를 피하려고 애썼지만, 연구소 내의 다른 모든 사람은 그를 대단히 좋아했다. 결국 나도 그에게 끌리기 시작했다. 그는 계속해서 내게 데이트를 신청했고 마침내 나는 받아들였다. 우리는 11월에 데이트를 시작해서 4개월 후에 약혼했다.

대부분의 남자는 한두 번 데이트 신청을 해보다가 포기하는데, 웨인의 타고난 선함과 밝은 성격에 반한 나는 그와 사랑에 빠졌다. 내 삶에서 가장 큰 축복은 웨인과 결혼한 것이다. 사람들을 잘 대하는 법에 대해 내가 아는 것들은 대부분 그에게 배운 것이다. 35년이 지난 지금도 나는 여전히 어떻게 하면 매력적인 사람이 될 수 있는지에 대해 그에게 조언을 구한다. 약간의 매력을 키우는 것이 얼마나 도움이 되는지 당신은 상상도 할 수 없을 것이다.

일관된 루틴은 단순한 습관이 아니라,

인간관계의 신뢰를 만드는 힘이다.

당신이 말과 행동에서 일관성을 보일 때,

사람들은 당신을 예측할 수 있고

그만큼 편안함과 안정감을 느낀다.

TREATING
PEOPLE
WELL

Part 3
루틴, 예측하는 힘

성취로 가는 지름길은 없다.
인생은 철저한 준비를 필요로 하며,
겉치장은 아무런 가치가 없다.

-조지 워싱턴 카버

일관성을 유지해야 한다는 말이 그다지 흥미롭게 와 닿지 않을 것이다. 사람들은 확신, 정직, 친절함과 같은 자질이 성공과 행복을 달성하는 데 중요하다고 생각하기 때문이다. 그러나 어떤 일을 할 때 성공과 실패를 가르는 중요한 요소, 즉 고생 대신 번창할 수 있는 열쇠 중 하나가 바로 일관성이다.

리처드 닉슨 부통령과 드와이트 아이젠하워 대통령의 관계는 상호 불신과 오해로 점철되기는 했지만, 부인 팻 닉슨은 아이젠하워 부부의 사랑을 받았다. 매미 아이젠하워는 군인의 아내답게 강인한 성격을 가졌지만 남편이 재선에 성공한 후로는 건강이 좋지 않았다. 그래서 종종 팻 닉슨에게 백악관 행사에서 자신의 빈자리를 메워달라고 부탁했다.

때로는 한두 시간 전에 이런 요청을 한 적도 있다. 닉슨 부통령에게는 아직 어린 두 딸이 있었고 부통령 부인으로서 공식적인 임무가 있는데도 기꺼이 수락했다. 한번은 영부인이 팻 닉슨의 막내딸 줄리 아이젠하워(아이젠하워의 손자인 데이비드와 결혼했다)에게 이렇게 말했다.

"네 엄마는 나에게 최고의 협력자란다. 난 네 엄마를 믿고 망설임 없이 나를 대신해달라고 요청할 수 있었어. 그녀는 늘 당당하고 겸손해. 네 엄마는 지브롤터의 암벽처럼 아주 든든하고 걱정 없이 기댈 수 있는 그런 사람이었다."[11]

깊은 의무감에서 그런 것이지만 팻 닉슨은 남편 닉슨과 아이젠하워 대통령의 불편한 관계를 누그러뜨리는 데 도움을 주었을 뿐 아니라, 한결같은 태도로 아이젠하워 재임 동안 백악관에 없어서는 안 되는 인물로 자리 잡았다.

뭔가를 성취하려면 헌신이 필요하다. 운동선수가 특정 분야의 운동을 잘해야겠다고 마음먹는 것만으로는 챔피언이 될 수 없다. 그들은 일정한 루틴으로 수천 시간 동안 훈련해야 한다. 가수가 수년 혹은 수십 년 동안 연습하지 않고 무대에 오를 수는 없다.

말콤 글래드웰을 통해 널리 알려진 1만 시간의 법칙을 기억해라. 그는 특정 분야의 기술을 완벽하게 습득하기까지 굉장히 오랜 시간이 필요하다고 말했다. 한결같은 일관성을 유지하는 것은 성공하는 데 중요한 요소다. 가치 있는 것들을 이루기 위해서는 시간, 반복, 오랜 노력이 필요하다.

일관성은 단순히 전문적으로 뛰어난 것을 넘어선다. 사람들과의 관계를 단단하게 만들고 신뢰와 안정감을 준다. 우리의 상사들은 한결같이 따뜻하고 친절했다. 이런 태도는 모든 관계에 영향을 미치고 만나는 모든 이에게 깊은 감명을 주었다.

미셸 여사는 늘 단정하고 우아한 모습으로 나타났지만, 다가가기 어려운 분위기를 풍기지는 않았다. 특히 어린아이들은 그녀에게 달려가서 편안하게 포옹했다. 오바마 대통령의 전염성 강한 미소와 웃음은 손님들을 편안하게 만들었다. 로라 부시 여사는 손님들에게 그들의 일상을 묻는 것으로 긴장을 풀어주었다. 파티에서 소외된 사람들이 없는지 살피고 그런 사람이 있다면 직원을 보내서 그를 데려와 이야기에 동참시켰다.

부시 대통령은 사람들과 어울리는 것을 좋아했다. 그는 친구들에게 우스꽝스러운 별명을 붙여주고 놀리는 재주가 있었다. 특히 누군가에게 깊은 인상을 받으면, '좋은 사람'이라고 부르곤 했다. 그러한 한결같은 정중함은 사람들과의 거리를 좁히고 상대가 존중받고 있다는 인상을 준다.

일관성은 행복한 가정생활에도 꼭 필요하다. 당신이 아들이나 딸에게 그들이 참가하는 농구 경기나 연주회에 가겠다고 약속한다면, 간혹 참석하기 굉장히 힘든 상황에서도 참석한다면 당신이 믿을 만한 부모이고 자녀들을 최우선으로 생각한다는 메시지를 전달할 수 있다. 일관된 행동은 일종의 배려다. 당신이 가장 아끼는 사람들에게 특히 그렇다.

한 사람에 대한 평가도 일관된 행동에서 비롯된다. 당신의 행동이 당신의 말이나 약속과 일치할 때, 사람들은 당신이 어떻게 행동할지 예측할 수 있고, 그 점을 보면서 당신을 신뢰하고 고마워할 것이다. 반면 일관되지 않고 말과 행동이 일치하지 않는 것은 하나의 결점이다. 가끔 우리는 하기로 한 것을 하고 싶지 않거나 그럴 기분이 아닐 때가 있다. 그렇다고 해서 약속한 것을 하지 않는다면 상대방을 실망시키고 나에 대한 평가도 달라질 수 있다. 일관성 없이는 신뢰도 없다.

다른 사람들에게 내가 어떻게 보여지는지가 중요하다. 고객들은 아무리 좋아하는 가게라 하더라도 운영시간이 일정하지 않고 방문했을 때 종종 가게 문이 닫혀 있다면 다른 가게로 발길을 돌릴 것이다. 마감 시일을 번번이 어긴 직원에게는 더 이상 일을 맡길 수 없고, 승진의 기회도 없다. 수많은 유혹과 집중을 방해하는 것들에 둘러싸인 현대사회는 뭔가에 몰입하기가 쉽지 않다. 무언가를 놓칠지도 모른다는 두려움(Fearing of Missing out, FOMO, 포모 증후군) 때문에 지금 이 순간을 놓친다.

우리는 백악관으로의 초대조차 가볍게 여기는 사람들이 많다는 사실에 놀라울 따름이었다. 이럴 때는 우선순위가 무엇인지 생각해볼 가치가 있다. 좋은 친구와 점심 한 끼를 하는 것조차 힘겨운 의무처럼 느껴진다면, 스스로에게 물어봐야 한다. 당신이 필요할 때만 사람들과 어울린다는 평가를 받고, 좋을 때만 친구처럼 구는 사람이라는 평판이 굳어진다면, 당신의 의견이나 당신과 어울리는 것을 그리 중요하게 생각하지 않을 것이다.

일관성을 지키려면 하고 싶지 않은 일도 해야 한다. 그것은 의지와 꾸준한 연습이 필요한 일이다. 습관을 들이면 의식하지 않아도 자연스럽게 하게 된다. 일관성을 이루는 데 가장 중요한 4가지는 효율적인 루틴을 만들고, 결단력이 있어야 하며, 예기치 않은 상황에 대비하고, 끝까지 마무리하는 것이다.

성공하는 사람은 왜 루틴을 좋아하는가?

● ● ●

1974년 8월 닉슨 대통령이 물러난 그다음 주에 국빈만찬이 예정돼 있었다. 백악관을 최대한 빨리 정상으로 되돌려놓고 싶었던 제럴드 포드 대통령은 예정된 국빈만찬을 그대로 진행해야 한다고 판단했고, 귀빈 목록에 초대하고 싶은 손님들을 추가했다. 닉슨의 사회활동 비서관 루시 브레시트는 큰 혼란에도 불구하고 포드 대통령 내외가 첫 번째 중요한 공식 행사를 성공적으로 치를 수 있도록 백악관에 남았다. 그녀는 닉슨 대통령 부부에 대한 개인적인 슬픔을 뒤로하고 이 행사를 훌륭하게 마무리했다.

사회활동 비서관들은 자신들이 모시는 영부인들과 개인적으로 친밀한 관계를 맺는다. 루시는 백악관에서 마지막 며칠 동안 무거운 마음으로 임무를 수행했고, 국빈만찬 행사를 성공적으로 마무리했다. 백악관 국빈만찬은 대통령의 뜻하지 않은 사임에도 확고하게 전통을 이어가는 것임을 보여주었다.

사람들은 앞으로 무슨 일이 일어날지 알 수 있을 때 편안함을 느끈다. 루틴은 직원과 관리자가 신뢰를 가지고 함께 일하는 데 중요한 요소다. 이것은 단순히 업무 진행을 개선하거나 생산성을 확보하는 이야기가 아니다. 당신이 모든 사람들에게 똑같이 관심을 기울이고 존중한다면, 동료들은 잠재적인 어려움이나 기회를 더 쉽게 이야기할 것이다. 또한 회사의 목표를 이루기 위한 과정에서 신뢰를 바탕으로 협력을 구축할 수 있다.

루틴을 구축하면, 기본적인 일들은 이미 충족되기 때문에 정말 중요한 일에 집중할 수 있다. 학교를 마치고 집에 오면, 간식이 기다리고, 그다음에 숙제를 하고, 놀이를 하고, 저녁을 먹고, TV를 조금 보다가, 샤워하고, 책을 읽고, 잠자리에 드는 루틴이 정해져 있다면, 아이들은 믿고 따를 수 있는 일정한 틀 속에서 자라난다. 일관성이 자녀 양육에만 필요한 것은 아니다. 우리 모두는 본능적으로 체계적인 시스템 안에서 편안함을 느낀다.

LEA

백악관에서 첫 근무를 시작하던 날부터 관저 직원들은 모두 하나같이 친절하고 따뜻했다. 하지만 그들은 뿌리 깊은 관료주의 조직의 일원이었고 그들만의 방식으로 일을 처리하고 있었다. 예를 들어 나는 이스트룸 무대의 카펫을 세탁하고, 스테이트 플로어의 꽃장식은 꽃잎이 시들어서 떨어지기 전에 바꿔달라고 요청했다. 손님들이 백악관 행사에서 떨어진 꽃잎이나 더러운 카펫을 보리라고 생각하지는 않을 것이다. 하지만 나의 요청이나 의견에 건성으로 답하고 실천에 옮겨지지 않는 경우가 종종 있었다. 직원들은 실제로 변화를 도모하기보다 은근슬쩍 넘어가는 쪽이 더 편했던 것이다.

나는 백악관의 서비스 공간과 안쪽 사무실을 직접 순시하기로 마음먹었다. 그리고 부시 여사의 방침에 따라 직원들과 친근하고 긍정적으로 교류하기 위해 노력했다. 나는 새로운 방식으로 업무 처리를 요청하고 담당 직원을 매일 방문해서 공손하게 진척 상황을 물었다. 내가 요청한 사항이 이행될 때까지 계속 방문할 것임을 보여준 것이다.

사람들은 나의 루틴, 즉 진척 상황을 매일 점검한다는 것을 알게 되면서 상황은 변하기 시작했다. 누군가에게는 짜증 나는 일일 수 있고 내가 선호하는 일 처리 방식도 아니었지만, 어쨌든 직원들의 이목을 끌었다. 결국 직원들은 계속해서 핑계를 대기보다는 내가 요청한 일을 처리하는 것이 더 편하다고 느꼈다. 그런 루틴을 수립하고 나니 목표를 달성하는 데 도움이 됐다.

JEREMY

나 역시 새로운 절차를 실행했다. 사회활동 비서실은 직원회의를 열고는 있었지만 매일 하는 것도 아니었고, 그날 행사에 따라 회의 시간도 들쑥날쑥했다. 나는 일부 직원이 행사에 참여하고 있더라도 정해진 시간에 아침 회의를 여는 것이 중요하다는 것을 깨달았다. 일정한 시간에 정기적으로 회의를 해야 그날 아침에 있었던 수석보좌관 회의의 내용을 전달할 수 있고, 전날 있었던 행사들에서 무엇이 잘되었고 무엇을 보완해야 하는지를 논의할 수 있었다. 이것은 하루 업무를 시작하기 전에 우리 팀이 단결을 다질 수 있는 좋은 방법이었다.

여기에 생산적인 루틴을 만드는 좋은 방법을 제시한다.

시스템을 구축한다. 체계가 있어야 직원 모두가 원활하게 소통할 수 있다. 매주 정기적으로 회의를 열어서 모든 직원들이 현재 진행 중인 업무를 공유하고 이해하면 하나의 회의에서 다음 회의까지 진척 상황을 예측할 수 있다. 팀원들이 갖는 커피 브레이크도 업무 외적인 유대감을 다지는 데 효과적인 방법이다.

출근 시간을 지킨다. 아침 정해진 시간에 출근한다. 당신이 관리자라면, 정규 근무시간을 분명하게 알린다. 또한 회의나 행사가 시작되기 전에 얼마나 일찍 출근해야 하는지를 명확하게 알려야 한다.

상황을 확인한다. 동료들이 진행하고 있는 특별히 어려운 프로젝트에 대해 질문하고, 회의가 어떻게 진행됐는지 확인한다. 이렇게 해서 동료가 진행 중인 일에 관심을 가지고 있고 도움을 주고 싶다는 의사를 전달할 수 있다.

일관성과 결단력은 비례한다

● ● ●

오바마 대통령 내외는 행정부 출범부터 사교 활동에 다르게 접근할 것이라고 밝혔다. 전직 대통령과 달리 워싱턴 사교계 행사에 참여하지 않고, 그 대신 자녀와 다른 어린이들에게 좀 더 집중하기로 결심했다.

대체로 대통령은 저녁 6시 30분에 가족과 식사를 했다. 이는 두 딸에게 일상적 안정감과 정상적인 생활의 감각을 심어주기 위한 결정이었다. 오바마 대통령의 수석보좌관 발레리 자렛은 〈히스토리 채널〉에서 이렇게 말했다.

"오후 6시 30분쯤 시계를 올려다보면서 '오늘은 여기까지만 하시죠'라고 대통령께 말씀드렸습니다. 미셸 여사께서는 대통령을 기다리지 않고 저녁 식사를 하실 테니까요. 그녀는 두 딸이 식탁에 앉아서 그저 아버지가 오기만을 기다리는 것을 원치 않았어요. 그리고 그러한 점을 대통령도 존중했고요. 저는 그것이 아주 간단한 일이라고 생각하지만, 세상에서 가장 영향력 있는 대통령임에도 불구하고, 아이들을 인생에서 가장 중요한 존재로 여기는 것은 정말 중요하다고 생각합니다."

오바마 대통령 내외는 워싱턴 지역의 어린 학생들이 백악관을 방문하는 데도 상당한 노력을 기울였다. 핼러윈과 같은 날은 공식적인 단골 이벤트가 됐다. 이때 지역 학생들이 트릭 오어 트리팅 (Trick or Treat, 핼러윈에 아이들이 집집마다 다니면서 이 말을 외치면 집주인은 사탕을 준다)을 위해 백악관을 방문했다. 그것은 오바마 대통령 부부의 관심이 다른 행정부의 관심과는 다르다는 것을 보여주는 단호한 결정이었다.

결단력은 중요한 리더십 기술 중 하나이지만 실천에 옮기기는 상당히 어렵다. 우리는 어떤 결정을 할 때 곰곰이 생각할 여유가 없다. 백악에서만 그런 것은 아니다. 대부분 선택에 대해 깊은 고민을 할 시간 없이 바쁘게 살아간다.

결정해야 할 순간에는 모든 가능성을 철저하게 검토하고, 부정적인 영향들과 그것을 어떻게 처리할지도 고려한다. 하지만 무엇을 해야 할지 아는 순간 더 이상 주저하지 않아야 한다. 결정을 내리지 않는 것도 하나의 결정이다.

특히 윗사람들이 결정을 내리지 못하고 주저하면 상황이 더 복잡해지고 사람들이 그들의 결정에 의문을 품는다. 스스로도 확신이 없다는 것을 분명하게 드러냈기 때문이다. 우유부단함은 기존의 문제들을 더욱 악화시킬 뿐 아니라 새로운 문제들을 만든다. 사회활동 비서관들은 일을 신속하게 처리하는 법을 안다. 우리 중에는 일을 지연시키는 사람이 거의 없다. 시간 낭비는 우리가 누릴 수 없는 사치이기 때문이다.

단호하게 행동하기 위한 몇 가지 제안이 있다.

작은 결정부터 시작한다. 예를 들어 단체로 저녁 식사를 할 식당이나 침실을 꾸밀 색깔을 선택한다. 자신에게 시간제한을 주는데,

가령 10분 안에 결정을 내린다. 그런 다음에는 좀 더 큰 결정을 내려본다. 예를 들면 다음 휴가는 어디에서 보낼지, 배우자의 생일에 무엇을 선물할지를 결정한다. 결정을 내리지 못하고 머뭇거린다면, 처음에는 이러한 결정들을 작은 단위로 쪼개본다. 단호하게 결정을 내릴 때마다 자신감이 붙을 것이다. 이렇게 해서 당신은 인생에서 좀 더 중요하고 큰 결정을 좀 더 편안하게 내릴 수 있다.

의견 제출 마감 시한을 정한다. 동료들의 의견이나 우려를 정중하게 들어준다. 하지만 모든 선택지를 충분히 가늠해보기 전에는 절대 어떤 결정도 해서는 안 된다. 일단 하나의 선택지를 결정하면, 그 결정을 제고하는 일은 없을 것이라고 분명하게 밝힌다.

결론을 공유한다. 이렇게 하면 모든 사람이 당신과 같은 정보를 가지게 된다. 비록 당신의 결정이 좌절이나 실패를 초래해도 긍정적인 태도로 앞으로 어떻게 해야 할지 보여주는 것이 중요하다. 고객과의 거래를 앞두고 마음이 바뀌었다면, 상대에게 최대한 빨리 그 사실을 알려야 한다. 상대방을 불확실한 상황에 놓아두고 다음 결정을 미루는 것은 아마추어나 하는 짓이다.

결정한 것은 밀고 나간다. 변덕을 부리는 것은 경제적인 손실도 클 뿐 아니라 개인의 평판에도 부정적이다. 뭔가 잘못되고 있음을 알아차리고도 가만히 있어야 한다는 뜻이 아니다. 나는 큰 기대를 가지고 채용한 직원에게 실망했지만 그들을 포기하지 않았다. 그들에게 부족한 점을 지적하고, 어떤 것을 기대하는지를 상기시켰다. 좀 더 인내심을 가지고 관심을 기울이자 팀원들은 그에 보답하듯 훌륭하게 성장했다.

예상치 못한 것들을 예측한다

• • •

어떤 일이 어떻게 잘못될지 모든 가능성을 예측할 수는 없다. 하지만 루틴을 만들고 결단력을 기르는 것처럼, 가능한 시나리오들을 미리 생각해보고 좀 더 철저히 준비할 수 있다. 삶은 일관되게 흘러가지 않더라도 우리는 일관성을 유지해야 한다.

우리는 백악관에서 이루어진 모든 행사에서 일어날 수 있는 예상치 못한 일들을 대비해야만 했다. 2006년 4월, 리아는 중국 국가주석의 환영식에서 방해자가 난입했을 때, 계획을 미리 세우지 않았다면 무슨 일이 벌어질 수 있는지를 직접 목격했다.

LEA

그날 아침 외교 접견실에 서서 사우스론에서 열리는 행사를 잠깐 지켜보는 순간 머리가 터질 것만 같았다. 백악관 아나운서가 중국 국가주석을 중화민국 대통령이라고 소개했기 때문이다. 중화민국은 대만을 뜻하니 그것은 명백한 착오였고, 굉장히 당혹스러운 일이었다.

갑자기 국무부 의전 비서관이 달려와 나에게 짜증 섞인 말투로 소리를 질렀다. "저기 난입자가 들어왔어요. 중국인들은 우리가 고의로 그랬다고 생각할 거예요." 그녀가 내 옆으로 쌩하고 지나갔고 무슨 일인지 확인하기 위해 나도 문 쪽으로 달려갔다. 사우스론 저편에서 소동이 벌어지고 있었다.

비밀경호국 요원들이 한 남자를 서둘러 내보내고 있었다. 그 난입자는 기자단 통행증을 가지고 경내에 들어올 수 있었다. 처음에는 사우스론에서 미국기와 중국기를 흔드는 5천 명의 행복한 방문객 중 한 명으로 보였다. 비밀경호국이나 공보실도 난입자들에 대한 비상대책을 세워두지 않았다. 그 난입자를 경내에서 완전히 내보내기까지 몇 분이 걸렸고, 후진타오 주석과 중국 대표단은 점점 더 화가 나고 당혹감을 감추지 못했다. 두 번 연속해서 중국인들의 심기를 건드린 셈이었다.

환영식이 끝났을 때 모든 일이 한꺼번에 터졌다. 의전 비서관이 다시 나타나서 중국 대표단의 주요 인물들이 항의의 의미로 오찬에 참석하지 않을 것이라고 말했다. 상황이 이보다 더 나빠질 수 없다고 생각하던 바로 그 순간 중국 주석의 통역사가 주빈석 뒤에 앉아 있던 부시 대통령의 통역사를 밀쳤다. 나는 이런 일이 일어날 수 있으니 미연에 방지하라는 경고를 국무부로부터 들은 바 있었다.

부시 대통령은 사적인 대화를 위해 자신의 전담 통역사가 반드시 필요했다. 두 대통령이 이미 이스트룸에 도착해 있었고, 나는 공손하게 중국 통역사에게 말해봤지만 별 소득이 없었다. 나는 미국 통역사를 그 의자 가까이 당기면서 이렇게 말했다. "이 자리가 비게 되면 바로 앉으세요. 그리고 오찬이 끝날 때까지 절대 의자에서 일어나면 안 됩니다." 그러고 나서 중국 통역사의 의자가 앞으로 기울어지도록 밀자, 놀라서 일어난 그녀가 화가 나서 내 주변을 빙빙 돌았다. 나는 재빨리 중국 통역사의 의자를 옆으로 밀치고 미국 통역사를 그 자리에 앉혔다.

중국의 수석 의전 비서관이 나의 부적절한 행동에 화가 나서 달려왔지만, 그 순간 해군군악대가 '대통령 찬가' 연주를 시작한 덕택에 위기를 모면했다. 두 대통령 모두 자신들의 자리에 앉으면서 사건은 일단락됐다. 중국 통역사는 중국 주석 뒤쪽의 원래 배정된 자기 자리에 앉을 수밖에 없었다.

그날은 그동안 경험했던 그 어떤 것과도 비교할 수 없는 최악의 날이었다. 나는 그 환영식과 부시 대통령의 굳은 표정이 담긴 녹화 영상을 보면서 부끄러움을 느꼈다. 우리는 그를 실망시켰다. 그 사건으로 인해 그날의 협상은 순탄하지 않았다. 그날 이후 우리는 그런 상황이 다시 일어나지 않도록 미리 계획을 세웠다.

어떤 상황에서도 흔들리지 않는 문제 해결사로 자리매김하고 싶다면 다양한 가능성을 고려하고 플랜 B를 세우는 것이 좋다. 한낱 꿈같은 소리처럼 들리겠지만 조용히 앉아서 상황의 모든 측면을 곰곰이 생각해보고, 어떻게 진행될지 상상하는 것이 문제를 예방하는 좋은 방법이다. 회의 전에 장비를 이용해서 발표할 경우, 미리 장비를 점검해야 한다(놀랍게도 많은 사람들이 이 단계를 빼먹는 경우가 많다). 많은 사람들 앞에서 말을 해야 한다면, 스피치 시간을 측정해보고 더 길게 혹은 더 짧게 말해야 할지를 판단하고 조절한다.

회의를 시작하기 전에 당신이 말하고자 하는 내용을 미리 연습해보면, 당신의 메시지가 좀 더 명확하고 간결하게 전달될 수 있다. 그리고 잠재적으로 논란이 될 만한 문제를 다루는 경우, 믿을 만한 동료들과 사전회의를 해서 문제가 될 이슈들을 미리 검토한다.

물론 예기치 못한 상황을 모두 예측할 수는 없지만, 그러한 순간에 일관되고 타당성 있게 대처해야 한다. 백악관 행사 때 날씨 문제는 악몽과 같다. 로즈가든에서 열리는 국빈만찬부터, 1천 명이 참가하는 사우스론에서 열리는 의회 소풍 행사에 이르기까지, 궂은 날씨로 인해 행사를 취소할지 날씨가 좋아지길 바라면서 그대로 강행할지 결정하는 것은 우리의 몫이다. 하지만 어떤 상황이 발생하든 우리의 상사들은 우리가 해답과 대응 방안을 준비해두었을 것이라고 믿었다.

JEREMY

초여름에 예정된 국빈만찬을 준비하면서 캘리그래퍼들은 1982년 레이건 대통령 부부가 필리핀 대통령을 위해 로즈가든에서 주최한 국빈만찬 사진들을 찾아냈다. 미셸 여사와 논의한 끝에 우리도 로즈가든에서 만찬을 열기로 했다. 몇 달 동안 아름다운 여름 저녁 만찬을 위한 준비 작업이 차근차근 진행됐다. 그런데 행사를 며칠 앞두고 군사실에서 날씨를 추적하던 맥스 데이블러가 소나기가 몰려오고 있다는 정보를 알려주었다.

워싱턴에서 몇 마일 떨어진 곳에서 비구름이 소멸할 것으로 보였지만, 20퍼센트의 강수 확률은 여전히 남아 있었다. 행사 당일 오전 7시까지 결정을 내려야만 했다. 우리가 원한다고 하더라도 텐트를 준비할 예산이나 시간이 없었다. 그날 아침, 국무부 의전실, 비밀 경호국, 군사실, 무수히 많은 백악관 직원과 화상회의를 하면서 "확신이 서지 않으면 하지 말라"는 말을 계속 떠올렸지만 무슨 이유에서인지 확률을 한번 믿어보기로 했다.

일단 결정이 내려졌기 때문에 모든 계획을 그대로 밀고 나갔다. 나는 그날 사람들과 눈을 맞추고 인사를 하면서도 하늘을 쳐다보면서 비구름을 찾았다. 다행히 비는 손님들이 모두 떠나고 몇 시간이 지난 새벽 3시경에 내렸다.

LEA

곧 뇌우가 쏟아질 것이라는 기상예보 때문에 예정된 의회 소풍을 연기했을 때, 몇몇 의원들은 화를 내며 불평을 쏟아냈다. "우리 애들은 이 소풍에 참석하려고 학교도 결석했어요." "나는 치과의사와 이웃을 초대했는데, 내일은 못 온대요." 그러고 나서 최악의 상황이 펼쳐졌다. 무섭게 몰려오던 비구름은 물러갔고 예정된 폭우는 오리무중이었다. 나는 화창해진 날씨 덕택에 그날 오후 내내 사과

전화를 돌려야 했다. 날씨를 통제할 수는 없지만, 쏟아진 불평을 받아들이고 그로 인해 불편을 겪게 된 사람들에게 미안함과 안타까운 마음을 전해야 했다. 잘못된 판단을 내렸을 때는 책임을 받아들이고, 문제를 해결하기 위한 조치를 취한 뒤 그다음으로 넘어가는 것이 가장 좋다.

우리는 백악관에서 국빈 환영식을 할 때마다, 악천후에 대비해 행사 장소를 실내로 옮기는 비상 계획을 수립해뒀다. 우리는 환영식을 보기 위해 사우스론을 찾은 수천 명에게 실망을 안겨줄 수 있다는 두려움 속에서 살았다. 하지만 군의장대와 환영식을 진행하는 주요 멤버들은 만일을 대비해 그랜드 포이어에서 진행하는 실내 환영식도 연습했다. 2015년 5월 제러미의 후임으로 디샤 다이어가 사회활동 비서관으로 부임했을 때 그녀의 첫 번째 프로젝트 중 하나는 사우스론에서 걸스카우트 캠핑을 준비하는 것이었다. 그 행사는 미셸 여사의 '레츠 무브' 캠페인에서 영감을 얻은 것이었다.

백악관은 국립공원으로 간주되기 때문에 내무부 관할에 속하는 국립공원관리청에서 경내를 관리한다. 내무장관 샐리 주웰도 캠핑 아이디어를 적극 지지했다. 이러한 행사에는 영부인 부속실, 비밀 경호국, 군사실, 의료실, 관저 직원들 등 여러 부서의 협력이 절대적으로 필요하다.

디샤는 이 행사를 실행하겠다는 의지로 가득했다. 계획안에 따르면 50명의 소녀가 백악관에 초청받아, 게임을 하고, 보물찾기를 하고, 텐트를 설치하고, 저녁 식사를 하고, 사우스론에 설치된 자신들의 캠프에 들어가 잠을 자기 전 대통령 부부와 캠프파이어를 하면서 노래한다. 잔디 위에서 실제로 불을 피우는 것은 금지되어 있기에 캠프파이어는 랜턴으로 대체하기로 했다. 소녀들이 안전하고 재밌게 즐길 수 있도록 모든 것을 두 번 세 번 점검한 후 미셸 여사가 최종 승인을 했다.

드디어 그날이 왔고, 어느 시대에나 그랬듯이 모든 사회활동 비서관을 기겁하게 만들 사건이 터질 때까지는 모든 것이 계획대로 착착 진행됐다. 날씨의 신이 심술을 부렸기 때문이다. 디샤는 군사실과 긴밀하게 연락하며 날씨를 모니터링했다. 그리고 소녀들에게 비가 오면 어떻게 해야 하는지 예행연습까지 시켰다. 큰 호각 소리를 들으면 그들은 소지품을 자신들의 가방 속에 집어넣고 백악관 1층의 디플로매틱 리셉션룸으로 걸어가야 한다. 거기에서 여성 안내자들과 비밀경호국 요원들이 그들을 아이젠하워 오피스 빌딩으로 데려갈 것이다. 거기에는 임시 침실이 준비되어 있었다.

모든 일이 순조롭게 진행될 것 같다는 생각이 들 때, 마침 수 마일 떨어진 곳에서 번개가 친다는 보고가 들어왔지만 안심하기에는 너무 일렀다. 백악관의 모든 부서가 사우스론에서 철수하고 모든 사람들을 건물 내부로 이동시키자는 데 동의했다. 착실한 걸스카우트 소녀들은 지시 사항을 완벽하게 따랐다. 그들 중 아무도 불평하지 않았다. 오히려 이런 돌발 상황이 드라마 같아서 그날 저녁에 훨씬 흥미진진했는지 모른다. 다음 날 소녀들은 일찍 일어나 계획대로 아침 식사를 한 후 백악관을 떠났다. 그날 저녁은 디샤에게 긴장된 순간이었지만 가장 기억에 남는 추억 중 하나였다.

JEREMY

플랜 B를 갖는다는 것은 빠른 판단과 약간의 운이 필요하다. 어떤 사람들은 공부를 하나도 하지 않은 과목의 시험을 보러 가거나 차를 몰고 가는데 브레이크가 말을 듣지 않는 악몽을 반복해서 꾼다. 나에게 악몽은 백악관 행사에서 공연 일정이 마지막 순간에 취소되는 것이었다. 그리고 어느 날 그런 일이 정말로 일어났다.

처음에 공연할 연예인에게 전화를 거는 일은 흥미진진했다. 우리가 이전에 한 번도 연락해본 적 없는 사람일 경우, 매니저 혹은 에이전트는 믿을 수 없다는 듯 "정말로 백악관인가요?"라고 물을 때가 많았다. 그러면 우리는 해당 연예인이 공연에 참여할 수 있는지 스케줄을 확인하고, 예산이 풍족하지 않다는 점을 이야기한다. 이 단계에서 일종의 협상을 하게 된다. 거의 모든 연예인이 출연료가 많지 않아도 백악관에서 공연하는 것을 영광으로 여겼다. 백악관과 공연 계약에는 법적 구속력이 없다. 공연료가 지급되지 않고, 이동, 숙박, 장비 등 최소한의 수고료만 지급되기 때문이다.

레이건 대통령의 사회활동 비서관이었던 갈 호지스 버트는 나와 점심을 먹는 자리에서 공연하기로 한 연예인이 아무런 통지 없이 공연을 취소하는 경우가 있다고 경고했다. 실망스럽게도 미셸 여사가 가장 공을 들인 행사 중 하나인 '키즈 스테이트 디너'에서 호지스의 예측은 현실이 되었다. 이 행사는 '레츠 무브' 캠페인의 총책임자인 샘 카스가 처음 제안한 것이었다.

2012년 행사에서 백악관은 교육부와 농무부와 함께 8세에서 12세 아동들에게 '건강한 점심 챌린지'의 일환으로 참신한 레시피를 출품하도록 했다. 각 주에서 선발된 54명의 어린이 요리사들이 부모 혹은 보호자 한 명을 동반해서 미셸 여사와 점심을 먹는 행사에 초대됐다. 미셸 여사는 행사의 장식과 연예인 공연에 많은 공을 들였다. 이 행사는 실제로 그 어떤 공식 만찬만큼이나 그녀에게 중요한 일이었다.

2014년 행사에 초청할 연예인은 신나는 히트곡이 전국에서 끊임없이 흘러나오는 당시 상당히 인기 많은 가수이자 프로듀서였다. 우리는 그가 출연할 수 있는지 확인하기 위해 그의 팀에 전화를 걸었고, 그들은 우리의 초청을 수락했다. 우리는 예산에 대해 여러 차례 논의했고 특별히 문제는 없었다. 그러나 행사 일주일 전 담당자가 갑자기 전화해서 추가 요청이 있다고 말했다. 우리는 즉각 플랜 B를 떠올리기는 했지만, 그때까지도 문제가 금방 해결될 것이라고 믿었다.

최악의 시나리오에서는 무엇보다 운이 따라주어야 한다. 그리고 우리는 실제로 운이 정말 좋았다. 〈라이언 킹〉 뮤지컬이 당시 케네디센터에서 상연 중이었는데, 우리는 디즈니에 연락해서 배우들이 와서 공연해줄 수 있느냐고 물었다. 그날 저녁 우리는 실현 가능성 있는 플랜 B를 갖게 됐다. 시간이 겹치지도 않았고 케네디센터는 백악관에서 불과 몇 블록 떨어져 있었기 때문에 공연팀이 이동하는데도 문제없었다. 하지만 나는 아직 그 상황을 미셸 여사에게 보고하지 못했다. 나는 처음 연락했던 연예인의 불참이 확정되었을 때 새로운 계획을 이야기하고 싶었다. 그래서 그 연예인 팀에 여러 차례 전화했지만 실제로 통화가 이루어진 것은 일요일이었다.

행사는 금요일로 예정돼 있었다. 처음에 합의했던 비행기의 퍼스트클래스 대신 로스앤젤레스까지 왕복 전용기, 60명 이상의 댄서, 모든 계획을 불가능하게 만드는 추가 요구사항을 듣고 나는 충격에 빠졌다. 비용은 차치하더라도 그렇게 많은 공연단을 수용할 공간이 없었다. 그들은 요구 조건이 모두 받아들여지지 않는 한 공연할 수 없다고 했다. 나는 백악관에서 그 정도의 요구를 들어주는 것은 불가능하다고 설명했다. 우리는 이견을 좁힐 수 없었다. 나는 그 연예인도 이런 상황을 충분히 알고 있는지 알 수 없었다.

이제는 플랜 B를 마련해야 했다. 나는 미셸 여사의 비서실장 티나 첸에게 그 연예인이 공연하지 못할 수도 있다고 이미 알려둔 상태였다. 나는 미셸 여사에게 이메일로 상황을 최대한 정확하게 설명했다. 그녀는 실망하면서 나와 똑같은 질문을 했다. 어떻게 백악관에서 열리는 어린이들을 위한 행사에서 공연 약속을 갑자기 취소할 수 있지? 혹시 세부 사항이나 예산에 대해 명확하게 설명하지 않은 것은 아닌가? 나는 '이건 내 잘못이 아니라 그들의 잘못입니다'라는 말을 하지 않고 최대한 솔직하게 말하려고 노력했다(일이 잘못됐을 때 남의 탓을 하는 것은 결코 좋은 생각이 아니다). 몇 차례 이메일이

오고 간 후, 미셸 여사는 "아무래도 아침에 남편과 이야기를 해봐야 겠어요. 분명 묘수가 있을 거예요"라는 이메일을 보내왔다.

당시에 그 이야기를 전달하기가 몹시 두려웠던 기억이 난다. 평소처럼 아침에 대통령 집무실을 찾아갈 수 없는 상황이었다. 나는 대통령 비서관을 통해 대통령과 전화를 요청했다. 몇 분 후 전화가 연결되었을 때 오바마 대통령은 해당 연예인의 추가적인 요구사항을 전부 듣더니 플랜 B를 진행하고 그 사실을 미셸 여사에게 전달하라고 말했다.

그때 미셸 여사는 출장 중이었기에 행사와 관련된 업데이트를 이메일로 전달해야 했다. 미셸 여사와 동행하던 비서관 한 명이 어떻게 일을 이 지경으로 만들었는지, 그리고 얼마나 오랫동안 이 사실을 공유하지 않고 혼자만 알고 있었냐고 따져 물었다. 나는 내 입장을 변호하는 데 초점을 맞출 수 없었다. 대신 플랜 B를 성공시킬 수 있다고 미셸 여사를 설득해야 했다.

그러한 설득의 노력이 성공했는지는 잘 모르겠지만, 며칠 뒤 〈라이언 킹〉 팀이 멋진 공연을 선보이며 아이들을 사로잡았고, 미셸 여사도 만족했다. 나중에 미셸 여사와 함께 붉은색 카펫이 깔린 복도를 걸어갈 때, 이스트룸에 모인 모든 사람이 환호를 보냈다. 그날 이스트룸의 홀은 국빈만찬 행사처럼 꽃 대신 동물 모양의 풍선들이 장식됐다. 미셸 여사는 나를 돌아보면서 말했다. "너무 멋진 공연이었어요. 훨씬 좋은 선택이었네요."

예상치 못한 상황에 맞닥뜨리면 어렵고 절망스럽겠지만 준비되어 있다면 어떻게 해야 할지 몰라서 당황하는 일은 없다.

끝까지 해내고야 마는 사람

● ● ●

일관성을 유지하기 위해 루틴을 만들었고, 결단력을 기르는 훈련도 했으며, 어떤 상황에서도 대처할 수 있는 법을 배웠다. 이제 마무리 투수가 되어 프로젝트를 끝까지 책임지고 완수해야 한다.

일관성은 시간이 지나면서 쌓이지만, 약속한 것을 지키지 않으면 순식간에 무너지기도 한다. 다른 영역도 마찬가지지만 일관성을 유지하는 데 책임감은 강력한 동기가 된다. 영부인에게 초대장이 어느 날까지 발송되고, 언제까지 손님들이 이스트룸에 모일 것이라고 보고했다면, 우리는 실제로 그런 일들을 한 치의 오차도 없이 실천에 옮긴다.

한번 시작한 일을 마무리하는 것은 어렵다. 하지만 무언가를 마무리하는 것보다 훨씬 더 어려운 것은 계속해서 다시 시작하는 것이다. 하나의 프로젝트를 시작한다고 많은 일이 일어나지는 않는다. 지속적인 노력을 기울일 때 일이 진척된다. 자신에게 친절해야 하고, 천천히 앞으로 나아가며, 지속할 수 없는 극단적인 노력을 기울이는 것보다는 매일 조금씩 작은 일들을 해나가는 것이 효과적이다. 필요하다면 도움을 요청해야 한다. 지속적인 노력을 기울이는 과정에서 다른 사람의 도움을 받는 것을 주저하지 마라.

LEA

린 체니 여사의 사회활동 비서관이자 부통령 관저의 집사로 근무했을 때, 해군 전망대 부지에 지어진 거대한 흰색 빅토리아식 건물은 대대적인 개조 공사가 필요했다. 그래서 체니 부통령 부부는 취임식 이후 6주가 지나서야 입주할 수 있었다. 부통령 관저가 공사 중일 때, 나는 관저에 가구를 집어넣는 일을 린 체니 여사와 그녀의 인테리어 디자이너와 함께 의논했다. 체니 부통령 부부가 원래 소유하고 있던 가구 말고도 관저에 배정된 오래된 가구 몇 점이 있었지만, 그것만으로는 공용 공간을 채우기에 부족했다.

나는 국무부가 꽤 괜찮은 미국산 고가구들을 소장하고 있다는 것을 알고 몇 점을 빌려달라고 부탁했다. 그리고 관저 관련 비영리 재단에서 램프, 소파, 카펫 등을 구매할 기금을 모금했다. 체니 여사는 전략적으로 집 안 곳곳에 자신의 고가구를 배치했지만 벽은 그대로 뒀다. 나는 국립미술관 수장고에 보관된 그림들을 임대할 수 있는지 알아보았다. 백악관의 여러 사무실에 그림을 빌려주는 일은 일반적인 관행이었다. 하지만 임대를 허락받은 작품들은 제한적이었다. 우리가 요청한 작품들은 이런저런 이유로 손에 넣을 수 없었다.

그다음에 우리가 연락한 스미스소니언 국립미국역사박물관에서 조지 캐틀린의 멋진 그림 석 점을 빌려줬다. 조금씩 진척을 보였지만 여전히 휑한 벽면을 채우기에는 턱없이 부족했다. 나는 그물을 좀 더 멀리 던져보기로 했고 코코런 미술관과 필립스 컬렉션을 방문해 그림을 각 한 점씩 빌렸다.

가장 힘든 과제는 거대한 거실 벽면을 채우는 일이었다. 어느 날 체니 여사가 화가 헬렌 프랑켄탈러에 관한 책 한 권을 가지고 관저 뒤쪽 내 사무실로 찾아왔다. 그녀는 시원한 초록색으로 채워진 〈러시 스프링(Lush Spring)〉의 사진 한 장을 내밀면서 "관저 거실에는 이런 그림이 딱 어울릴 것 같아요"라고 말했다. 그림 설명을 보니 피닉스 미술관에 소장되어 있었다. 그 그림을 빌려올 가능성은 거의 없었지만 전화를 걸어볼 가치는 있었다. 이전에 안 됐다고 해서 이번에도 안 되는 건 아니었다.

나는 미술관장 제임스 벨린저에게 전화를 걸어서 부통령 관저에 헬렌 프랑켄탈러의 그림을 임대해줄 수 있는지를 물었다. 그는 그런 고가의 그림을 오랜 시간 임대할 수 있는지를 묻는 것 자체에 굉장히 놀라면서도 곧 다시 전화를 주겠다고 약속했다. 실제로 그는 프랑켄탈러의 그림을 관저로 보내주겠다고 했다.

체니 여사에게 이 소식을 전하자, 그녀는 놀라면서도 몹시 기뻐했다. 〈러시 스프링〉은 체니 부통령 부부가 관저에 머무는 동안 영예롭게 그 자리를 지켰다. 그들은 작품의 대여를 축하하기 위해 헬렌 프랑켄탈러를 위한 저녁 만찬을 준비하고, 이 훌륭한 미국 화가를 대중에게 널리 알렸다. 나는 미국 전역에 있는 미술관에 계속 연락해서, 부통령 관저에 뛰어난 미국 화가들의 작품을 전시할 수 있는지 타진했다. 부통령 관저에 필요한 그림을 전부 채워 넣는 데 무려 9개월이나 걸렸다. 하지만 한 점씩 훌륭한 그림을 찾는 데 지속적으로 노력을 기울일 가치는 충분히 있었다. 부통령 관저는[12] 2001년 건축 매거진 〈아키텍처럴 다이제스트(Architectural Digest)〉에 소개됐다. 이때 린 체니 여사가 보수 공사에 대한 기사를 직접 작성했다.

여기에 어떻게 하면 일을 훌륭하게 완수할 수 있는지 몇 가지 방법을 소개한다.

단순하게 시작한다. 가장 부담스럽지 않은 것들부터 억지로라도 시작해본다. 생각하는 것만큼 어렵지 않고, 해나가면서 추진력이 생길 것이다. 점차 가장 싫어하는 일까지 하게 되면 잘해냈다고 자신을 칭찬하게 될 것이다. 뭔가를 포기하지 않고 끝까지 해내면서 믿을 만한 사람이라는 평판을 쌓을 수 있다.

구체적으로 계획한다. 이루고자 하는 목표가 무엇인지 분명하게 안다면, 성공할 가능성이 훨씬 더 높다. 비즈니스 세계에서는 특히 더 그렇다. 이제까지 한 번도 달성하지 못한 매출 목표를 이루고 싶다면 꼭 해야 할 일을 명확하게 정하고 거기에 집중한다. 예를 들어 모든 고객의 전화에 제때 답한다, 단골손님들에게 소개를 부탁한다, 자주 찾아주는 고객에게 감사의 의미로 소정의 할인을 제공한다 등이다. 구체적인 해결책을 찾아서 일관되게 적용한다면 현상 유지에서 벗어나 한 단계 더 높은 성과를 달성할 수 있다.

<u>집중력을 잃지 않는다.</u> 직장에서 험담이나 비협조적인 동료 때문에 피로감을 느끼더라도 달성하고자 하는 목표가 무엇인지 머릿속에 되새기면서 방해 요소들을 극복하고 앞으로 나아간다. 중심을 잃지 않는다면, 그들과 함께이든 그들의 도움 없이도 결승선을 통과할 수 있다.

<u>시작한 일은 끝까지 마무리한다.</u> 마감 시한이 촉박한 프로젝트를 진행해야 하거나, 가장 싫어하는 가족 구성원과 오후 시간을 보내야 할 때처럼, 회피하고 싶지만 반드시 해야 하는 일들이 있다. 그럴 때는 피하고 싶은 충동을 억제한다. 파티 초대를 받아들여놓고 가지 않는다고 아무도 눈치채지 못할 거라고 생각하지 말라. 모두 그런 식으로 생각한다면 모든 파티에는 손님이 하나도 없을 것이다.

다채로운 행동은 삶의 양념이 될지 모르지만, 새로운 식당에 가보거나 익숙하지 않은 색의 옷을 입어보는 정도로 끝내라. 도무지 예측 불가능한 동료나 본인이 내킬 때만 가끔씩 신경 쓰는 친구를 좋아할 사람은 없다.

변덕과 예측 불가능성은 관계의 독이다

• • •

끊임없는 열정과 노력으로 놀라운 성과를 이룰 수 있다. 에이즈 퇴치를 위해 조지 W. 부시가 10년 넘게 보여준 끊임없는 노력은 그의 가장 위대한 업적으로 평가받는다. 2003년 조지 W. 부시 대통령은 150억 달러 규모의 5개년 긴급 에이즈 구호 계획을 발표했다. 아프리카의 에이즈 퇴치를 위한 치료제를 도입하기 위한 이 계획은 지금까지 단일 질병으로는 역대 최대 규모로 1,150만 명 이상에게 치료제가 전달됐다. 그의 부단한 노력은 퇴임 이후에도 멈추지 않았다. 그는 유방암과 자궁암 치료까지 관심을 확대했다.

부시 대통령 부부는 백악관을 떠난 이후에도 여러 차례 아프리카를 방문했으며, 2030년까지 아프리카에서 에이즈를 박멸하겠다는 목표를 달성하기 위해 지속적인 노력을 기울이고 있다. 그들의 인도주의적 노력은 지금까지 수많은 생명을 살렸다. 일관성의 힘은 세상을 바꿀 수 있다.

말콤 글래드웰을 통해 널리 알려진
1만 시간의 법칙을 기억해라.
그는 특정 분야의 기술을 완벽하게 습득하기까지
굉장히 오랜 시간이 필요하다고 말했다.
한결같은 일관성을 유지하는 것은
성공하는 데 중요한 요소다.
가치 있는 것들을 이루기 위해서는
시간, 반복, 오랜 노력이 필요하기 때문이다.

너무 많이 말해서 실수할 수는 있어도
너무 많이 들어서 관계를 망칠 일은 없다.
배려는 상대가 뭘 원하는지를
아는 것에서 시작되고
상대가 원하는 것을 찾기 위해서는
충분히 들어야 한다.

TREATING
PEOPLE
WELL

Part 4
듣는 만큼 답이 보인다

나는 다른 사람의 말을 듣고 배우는 것이
중요하다고 굳게 믿는다.

-루스 베이더 긴즈버그

온 정신을 집중해서 듣기는 쉽지 않은 일이다. 주
의를 산만하게 하는 장치들이 너무나 많은 상황에서는 특히 그렇
다. 전자기기를 손에서 놓고 나에게 오롯이 집중하는 사람을 본 게
언제였던가. 다른 사람의 말을 가만히 귀담아듣는다는 것은 상대의
말이 그 어떤 것보다 중요하다는 메시지를 전달하는 것과 같다. 귀
기울여 듣는 것은 존중과 존경의 표시다.

적극적인 경청은 국무부와 FBI 모두 권장하는 것으로 집중해서,
선입견 없이, 온 마음을 다해 듣는 것이다. 적극적 경청은 신뢰와 친
밀한 관계를 형성하는 데 도움을 주는 한편, 다른 사람도 당신의 말
을 들어줄 가능성이 크다. 잘 듣는 사람은 자신이 아닌 상대방을 우
선시한다. 듣는 것은 인내심과 겸손을 연습하는 것이고, 다른 기술
들과 마찬가지로 노력하면 누구나 습득할 수 있다.

우리는 끊임없이 소통하는 세상에서 살고 있지만 상대의 이야기

를 제대로 듣지 못한다. 한 번에 여러 가지 일을 할수록 다른 사람의 말을 제대로 듣지 못하는데도, 상대가 더 빨리 반응하기를 바란다. 진정한 경청이란 거의 불가능한 것처럼 보이지만 그렇지 않다. 이제부터는 경청해야 하는 이유를 이야기해보려고 한다.

카리스마는 단순히 한 사람의 매력이나 성격만으로 표현되는 것이 아니다. 경청하는 데 탁월한 사람은 다른 사람들을 끌어당기고, 친밀감, 충성심, 진정성을 끌어내는 조용한 힘을 갖고 있다. 그들의 공통점은 무엇일까? 그들은 자기 인식이 강하면서도 공감 능력이 뛰어나다. 그들은 상대의 눈을 통해 세상을 바라보기 때문에 상대방이 무슨 이야기를 하고 있는지 더 잘 이해할 수 있다. 그리고 상대의 말을 주의 깊게 듣기 때문에 적절한 표현을 찾아서 도움이 될 만한 반응을 할 수 있다.

일리노이주 공화당 하원의원 레이 러후드는 2009년 교통부 장관에 임명됐다. 정당의 대립이 극에 달하던 시기에, 그가 두각을 드러낼 수 있었던 것은 민주당이 집권한 시기에 공화당원이 내각에 참여했기 때문이 아니다. 그가 교통부의 사기를 어떻게 바꾸었는지가 주목을 받았다.

그가 장관에 임명됐을 당시, 교통부는 행정부 내에서 직업 만족도 및 헌신의 순위가 가장 낮은 부처였다. 러후드는 그 이유를 직접 알아보고 싶었다. 그는 미국 전역의 고속도로 및 대중교통 관련 부서와 항공관제 타워를 직접 방문했다. 직원들은 깜짝 놀랐다. 장관이 자신들을 직접 보러 온 적이 없었기 때문이다. 러후드는 직원들의 고충에 귀를 기울였다. 그가 맨 처음 한 조치는 정보를 수집하고 가장 시급한 문제가 무엇인지를 파악하는 것이었다.

그는 또한 후속 조치에도 집중했다. 그의 지시에 따라 교통부는 미국 전역에 있는 모든 직원이 참여할 수 있도록 생방송으로 시민 공청회를 열었다. 이를 통해 직원들의 문제점과 아이디어를 공유할 수 있었고, 관리자들은 의견을 들을 수 있었다. 2013년 러우드가 장관직에서 물러날 즈음, 〈워싱턴포스트〉에 따르면 교통부는 직원 만족도가 가장 크게 향상된 정부 부처, '연방정부에서 가장 일하기 좋은 곳'에 선정됐다.

상대의 말에 귀 기울일 때 얻을 수 있는 강력한 장점이 있다. 상대를 존중하고 있다는 것을 표시함으로써 우정과 공고한 협력 관계를 쌓을 수 있다는 것이다. 단 한 번의 진지한 대화가 상대의 행동을 완전히 바꾸고 협력을 이끌어낼 수 있다. 앞에서 우리는 신뢰와 일관성을 바탕으로 어떻게 사람들과 관계를 구축하는지, 그리고 약간의 매력과 훌륭한 유머 감각을 더하면 의미 있는 연대감을 끌어낼 수 있다는 것을 알게 되었다.

신중하게 듣는 것은 일상에서 사람들을 더 잘 대하기 위해서 꼭 필요한 요소다.

여기에서 듣는 기술을 향상할 6가지 방법을 제안한다. 신중하게 듣기, 공감 능력 기르기, 침묵을 받아들이기, 행간을 읽기, 민감한 문제에 집중하기, 포용적인 태도다.

상대의 말속에 99% 답이 있다

• • •

집중해서 듣는 태도는 상대의 말에 관심을 가지고, 더 나아가 그 사람 자체에 신경 쓴다는 것을 보여준다. 신중하게 듣고, 상대가 제안하는 중요한 아이디어에 주목하며, 상대의 말이 끝나기 전에 대답하고 싶은 충동을 억누르기 위해서는 집중력과 절제가 필요하다. 특히 메시지가 마음에 들지 않더라도 화를 내지 않는 것이 중요하다.

예를 들어 초대하지 않았는데도 만찬에 참석할 수 있냐고 묻는 전화 때문에 직원들이 몸살을 앓고 있다는 보고를 받을 때마다 불같이 화를 낸다면 문제를 결코 해결할 수 없다. 또한 직원들이 문제가 되는 사안을 보고할 때마다 비난한다면, 그들은 실제로 무슨 일이 일어나고 있는지 솔직하게 보고하지 못할 것이다.

타인을 존중한다는 이점 외에도, 잘 듣는 것은 생존 기술이 될 수 있다. 특히 경쟁적인 업무 환경에서 특히 그렇다. 백악관에서 근무할 때 우리는 계획한 모든 행사에 대해 더 많은 질문을 할수록 행사를 더 철저하게 준비할 수 있다는 사실을 금세 깨달았다. 우리는 대통령과 영부인이 손님들에게 무엇을 해주고 싶은지를 정확하게 파악하기 위해 주의 깊게 들었다.

대통령과 영부인의 일정상 모든 세부 사항을 공유하기 어려울 때조차 그들이 좋아하는 업무 처리 방식을 메모해두었다가 그대로 따랐다. 점차 그들이 선호하는 방식을 알게 되자 업무를 수행하기도 훨씬 수월해졌다.

리아는 부시 대통령 내외가 모든 행사에 정시보다 일찍 도착한다는 것을 알고, 15분 전에 모든 준비를 완료했다. 제러미와 그 직원들은 오바마 대통령 내외가 뭔가를 필요로 할 때를 대비해서 항상 그들의 눈에 띌 수 있는 곳에 대기했다. 제러미가 행사장을 떠나 있거나 참석할 수 없을 때는 다른 직원이 대통령 내외 가까이에 서 있었다.

우리는 상사의 요청을 다른 직원들에게 전달하는 중개자 역할을 할 때가 많다. 일부 직원들은 그것이 상사로서 요청하는 것이지 개인적인 요구가 아니라는 것을 이해하지 못할 때가 많다. 그래서 처음에는 우리의 권위에 도전하는 사람들이 있었다. 하지만 대통령과 영부인이 우리를 신뢰한다면 그들도 우리를 신뢰한다는 것을 깨달았다.

LEA

2005년 5월, 로라 부시 여사는 패션 디자이너 오스카 드 라 렌타를 위한 오찬을 열었다. 그 오찬 행사는 낸시 레이건의 방문 시기에 맞춰 진행됐다. 특히 세간의 이목을 끄는 이 행사를 앞두고 많이 긴장했는데 낸시 여사의 손님 목록에 《보그》 잡지의 편집장 안나 윈투어, 아네타 드 라 렌타, 그리고 바버라 월터스 같은 인물이 포함돼 있었기 때문이다.

나는 이 오찬 행사를 완벽하게 치르고 싶어서 요리책을 샅샅이

뒤졌고, 마침내 안성맞춤인 요리를 발견했다. 그것은 개인별로 제공되는 로브스터 스튜 위에 통발처럼 보이는 작고 고급스러운 페이스트리 바구니가 올라간 요리였다. 새로 부임한 수석 셰프 크리스테타 코머포드와 상의하자 상당히 긍정적인 반응을 보였다.

그런데 오찬 행사가 있는 날 크리스테타에게 보여줬던 사진과 전혀 다른 로브스터 요리가 제공됐다. 나는 맛은 훌륭했지만 평범한 비주얼에 완전히 절망했다. 사람들이 로라 부시 여사가 지극히 평범한 요리를 선택하고 승인했다고 생각할까 봐 두려웠다. 대통령 관저에서 전현직 영부인들이 함께 점심을 먹는다는 것은 정말 특별한 일이다. 하지만 큰 부담을 느끼면서 업무를 수행할 때는 수많은 잘된 일보다는 잘못된 한 가지 실수에 집착하기 쉽다.

실망한 나는 크리스테타를 찾아가서 최대한 절제된 톤으로 질문했다. "로브스터 위에 올리기로 한 페이스트리 바구니는 어떻게 된 거죠? 굉장히 특별하고 예쁜 바구니였는데." 크리스테타는 당황한 표정으로 말했다. "저는 장식이 아닌 레시피를 참고하라고 보여주신 줄 알았어요."

그것은 명백한 소통 오류였다. 크리스테타가 낙담하는 모습을 보니 마음이 더욱 무거웠다. 그다음부터 우리는 좀 더 구체적으로 설명하고 서로의 말을 신중하게 듣게 됐다. 물론 로라 부시 여사는 우리에게 그 주요리에 대해 이야기한 적이 없다. 나는 그녀가 뭔가 잘못됐다는 것을 알고도 그냥 넘어갔다고 생각한다. 매력적이고 유능한 인물들은 실수를 되돌릴 수 없을 때는 말을 아끼고 모른 척해야 한다는 것을 잘 알고 있다.

잘 듣는다는 것은 관심의 시작

● ● ●

경청하려면 주변에서 일어나는 일에 관심을 가져야 한다. 빌 클린턴 대통령은 자신의 회고록에 이렇게 썼다.

"누구나 꿈이나 악몽, 희망과 골칫거리, 사랑과 상실, 용기와 두려움, 희생과 이기심에 대한 저마다의 이야기를 가지고 있다. 평생나는 다른 사람의 이야기에 관심을 가져왔다. 그들을 알고 이해하고 느끼고 싶었다."[13]

그는 타인과 교감하는 능력으로 굉장히 직관적이고 성공적인 정치인이 되었다. 사람들은 그가 자신들의 삶에 영향을 미치는 일들에 진심으로 신경 쓰고 있다고 느꼈다.

동정은 자신이 우위에 서서 다른 사람의 문제를 내려다보는 것이지만, 공감은 같은 눈높이에서 바라보는 것이다. 공감은 상대방을 판단하는 대신 그의 감정을 이해하려고 노력하는 것이다. 무시를 당하거나 하대를 당한다고 느끼는 것과 사람들에게 인정받고 일원으로 받아들여지고 있다고 느끼는 것의 차이는 어마어마하다. 그러한 극명한 대비를 이루는 데 중요한 것이 바로 공감이다.

JEREMY

미셸 오바마 여사는 모든 아이디어를 우선 과제로 삼기 전에 신중하게 검토했다. 2011년 그녀는 질 바이든 여사와 함께 군인, 재향군인, 그들의 가족에게 취업, 교육 및 건강을 증진할 수 있도록 지원하는 '조이닝 포시스(Joining Forces)'라는 프로그램을 출범했다.

영부인은 군인과 재향군인들이 직면한 어려움과 그들의 가족들이 겪는 문제들을 누구보다 잘 알고 있었다. 그녀는 자신의 관점이 군에서 복무 중인 아들을 둔 바이든 여사의 관점과 상당히 다르다는 것을 인정했다. 하지만 미셸 여사는 군인 가족들과 오랜 시간을 함께 보내면서 그들이 어떤 문제를 겪는지 알게 됐다. 군인들은 새로운 군기지로 이동할 때마다 가족이 함께 이사를 하고 아이들은 전학을 가야 하는 어려움이 있었다.

미셸 여사는 미 전역을 다니면서 군인과 그 가족이 겪는 어려움을 더 폭넓게 이해했고, 그에 따라 이 프로그램도 발전했다. 결국 이 프로그램 안에는 정신건강 범시민 인식 제고 캠페인까지 포함됐다. 그녀는 직원들과 정기적으로 가진 회의에서 자신이 알게 된 사실을 논의했고, 그렇게 공감이 쌓이면서 목표를 달성하기 위한 로드맵을 만들 수 있었다.

10분은 침묵하고, 5분은 질문하라

• • •

잘 듣기 위해서는 첫째, 읽기 자료, 전화기, 태블릿 등과 같이 집중력을 방해하는 모든 요소를 제거해야 한다. 그러면 당신은 상대에게 초집중해서 듣고 있다는 것을 보여줄 것이다. 둘째, 연구에 따르면 말하는 속도보다 생각하는 속도가 훨씬 더 빠르다. 상대가 중요한 이야기를 하고 있는 동안 열심히 들으면서도 다른 생각을 할 수 있다는 것이다. 예를 들어 어떻게 답해야 할지, 상대의 제안을 어떻게 실행할지, 점심으로 뭘 먹을지와 같은 것들이다. 이 순간 필요한 것은 자기 절제다. 상대가 이야기를 끝내기 전까지 대답을 미리 준비하지 마라.

침묵은 강력하다. 잠시 시간을 가지고 어떻게 대답해야 할지 곰곰이 생각해보는 태도는 상대의 이야기를 진지하게 생각하고 있다는 것을 보여준다. 침묵이 어색하고 불편하더라도 상대의 말을 충분히 이해할 시간을 가져라.

경청과 리더십 사이에는 상관관계가 있다는 것이 입증되었다. 최고의 지도자들은 말하는 시간보다 남의 말을 듣는 시간을 더 많이 가진다. 적절한 질문을 던짐으로써 상대가 스스로 결론에 도달하도록 유도한다. 존 F. 케네디 대통령은 업무 관련 미팅을 할 때 거의 15분을 넘기지 않았다. 그는 처음 10분여 동안은 불만을 전혀 말하지 않고 상대의 이야기를 집중해서 들었다. 그러고는 마지막 5분을 남겨놓고 질문 세례를 퍼부은 후 예의 바르지만 단호하게 방문객을 문까지 안내했다.

경청은 유용한 영업 기술이기도 하다. 최고의 영업사원은 고객에게 그들이 원하는 것을 물어보고 그들의 답변을 귀담아듣는다. 우리는 늘 손님들에게 백악관 뷔페에서 어떤 메뉴가 특별히 좋았는지 물어봄으로써 계속해서 가장 인기 있는 음식을 제공할 수 있었다.(오랫동안 가장 사랑받은 메뉴는 칵테일 새우, 구운 햄, 크리스마스에만 제공되는 에그노그(맥주·포도주 등에 달걀과 우유를 섞은 술-옮긴이)였다.)

사람들의 이야기를 끝까지 들으려면 공감하면서 귀 기울여야 하는 동시에 자신의 감정을 잘 다스려야 한다. 개인적 신념이나 확신에 반하는 이야기를 들으면, 머릿속으로 반박할 말을 떠올리기 시작한다. 하지만 아무리 좋은 의도라 하더라도 지나친 감정은 논리적인 사고를 방해한다. 그 순간 집중해서 상대의 이야기를 제대로 들어야 진심으로 이해할 수 있다.

마침내 당신이 말할 차례가 오면, 구체적인 질문을 던져서 아주 열심히 들었다는 것을 보여주고, 이해하지 못한 부분이 있다면 명확하게 설명해달라고 요청한다. 상대방이 사용한 표현이나 단어를 활용해서 대답하는 것이 효과적이다.

누군가가 "여기에서 무슨 일이 일어나고 있는지 말해주는 사람이 아무도 없었어요"와 같이 모호한 표현을 사용할 때는 "정확히 어떤 것을 전달받지 못했다는 겁니까?" "이런 일이 몇 번이나 있었죠?"와 같이 구체적인 예를 들어서 물어본다. 상황의 전반적인 개요를 알면 좀 더 효과적으로 문제를 해결할 수 있다.

의견이 일치하는 부분들을 정리해두면 합의를 도출하는 데 도움이 된다. 상대방이 당신도 자신과 같은 생각을 하고 있다고 느끼면, 그다음에는 상대와 다르게 생각하는 부분을 이야기하라. 의견이 갈릴 때는 이유를 명확하게 설명해야 한다. 그러고 나서 다시 시작하면 좀 더 수월하고 생산적인 대화를 나눌 수 있다.

당신이 상대의 말을 차분하게 이해하려고 노력하듯이 상대방도 당신의 말을 이해할 수 있도록 인내심을 가지고 배려해야 한다. 다시 말해 어렵고 민감한 정보를 공유할 때, 상대가 받아들일 시간을 충분히 줘라. 즉각적인 반응이 올 것이라고 기대해서는 안 된다. 대답하기 전에 약간의 여유와 침묵이 필요한 사람들도 있다.

JEREMY

수년 전 민감하거나 중요한 정보를 공유할 때, 사람들에게 정보를 이해하고 받아들일 시간을 주는 것이 얼마나 중요한지 뼈저리게 느꼈다. 바로 가족과 친구들에게 커밍아웃했을 때였다. 10대 시절 나의 성정체성을 외면하려고 무던히도 애썼다. 내가 동성애자라는 것이 밝혀질까 봐 두려웠고, 가족들이 어떻게 나올지도 몰랐다.

몇 년이 흘러 대학에 입학했을 때 서서히 동성애자임을 드러냈지만 극소수의 사람에게만 밝혔다. 그때 한 친구가 심리학자이자 《커밍아웃 : 사랑의 행위(Coming Out : An Act of Love)》의 저자 로버트 아이크버그를 소개해주었다. 그의 책은 1990년대 초반 성정체성을 드러내지 못해 힘겨워했던 많은 이들의 바이블과 같았다.

그는 내게 성정체성을 밝히라고 권고했지만, 내가 곧바로 행동에 옮기지 않았다고 해서 책망하지 않았다. 나는 빌 클린턴의 대선 캠프에서 데이비드 믹스너와 함께 일하기 시작했다. 뜻밖에도 나는 믹스너의 인맥 내에 있는 성소수자들로부터 선거운동 자금으로 '게이 달러'를 모금하고 있었다. 이전에 그러한 기부금은 그다지 환영받지 못했기에, 문화적으로 놀라운 변화였다. 무명의 아칸소 주지사가 예비선거에서 승리하고 신문 헤드라인을 장식하기 시작하면서, 클린턴의 일명 게이 머니 흐름에 대한 이야기가 나돌았다. 나는 나의 성정체성을 분명하게 밝혀야 할 때가 왔다는 것을 깨달았다. 특히 내 가족에게.

로버트는 많은 이들에게 정보를 제공하는 가장 좋은 수단은 편지라고 조언했다. 그는 사람들 앞에 서서 반응을 기다리는 것보다 편지를 쓰는 것이 조금 더 낫다고 믿었다. 그의 말을 빌리면 이렇다.

"당신이 자신의 성정체성을 하루아침에 받아들이지 못한 것처럼, 그들도 그럴 것이라고 생각하는 것이 공평합니다. 그러니 가족들에게 생각할 시간을 주는 것이 좋아요."

그것은 이제까지 가장 쓰기 어려운 편지였다. 나는 그 편지를 읽을 때마다 울었다. 몇 달 동안 고민한 끝에 편지를 부모님께 보냈다. 내 인생에서 가장 두려운 시간이었다. 그들이 나를 사랑하지 않거나 받아들이지 않을까 봐 두려워한 것은 아니었다. 그들이 내 곁을 떠나지 않으리라는 것을 알고 있었다. 하지만 내가 그들을 실망시켰다는 기분은 어쩔 수 없었다. 믹스너는 답을 받았느냐고 정기적으로 물었다. 그는 이미 수년 전에 똑같은 경험을 치렀기 때문에 나의 마음을 누구보다 잘 알았다.

가족들은 편지를 받자마자 내게 전화를 걸어왔다. 어머니는 나를 사랑한다고, 그러니 걱정하지 말라고 말씀해주셨다. 어머니는 내가 학창 시절 내내 성정체성이 밝혀질까 봐 걱정하면서, 혹은 성정체성을 부인하느라 얼마나 힘들었냐고 물었다. 아버지는 무덤덤하게 이렇게 말씀하셨다. "괜찮아. 지금이 암흑기도 아니고."

나는 내가 얼마나 행운아인지 잘 안다. 수치심을 가득 안은 채 겁에 질려 있던 어린 소년을 회상하면서 이런 생각을 할 때가 많다.

"그 아이가 언젠가 커밍아웃을 하고, 대통령의 특별보좌관이자 사회활동 비서관으로 임명되어, 긍정적으로 언론에 보도될 거라는 사실을 알았다면 얼마나 좋았을까."

중요한 메시지를 전하고 싶을 때는 가장 좋은 방법이 어떤 것인지 신중하게 생각해보아야 한다.

행간을 읽어내는 센스

● ● ●

감성지능이 높은 사람들은 다른 사람의 기분을 직관적으로 알아차리고 어떤 마음인지를 읽을 줄 안다. 그에 따라 자신의 감정과 행동을 조절하는 방식으로 현명하게 인간관계를 맺는다. 그것은 형사의 작업과 비슷하다. 비언어적 실마리를 찾아서 그에 따라 행동하기 때문이다. 우리는 어느 정도 사람의 마음을 읽을 수 있지만 훈련을 통해 좀 더 집중적으로 관찰하고 공감하면 친구나 직장 동료와 훨씬 좋은 관계를 맺을 수 있다.

점심 식사를 같이 하는 동료가 계속해서 식탁을 치고 식기를 만지작거린다면, 아마도 사무실에 할 일이 잔뜩 밀려 조급해서 그런지도 모른다. 혹은 배우자와 싸워서 불안한 상태일 수 있다. 아니면 그냥 카페인을 과다 섭취했기 때문인지도 모른다. 감성지능이 높은 사람들은 상대에게 무슨 일이 있는지 조심스럽게 물어보거나 사생활을 캐묻는 대신 점심을 빨리 끝내고 사무실에 돌아가자고 제안할 것이다.

대화가 잠시 멈춘 순간에도 상대의 자세, 시선 처리, 손으로 무엇을 하는지 혹은 얼굴 표정은 어떤지와 같은 비언어적 신호를 관찰해야 한다. 이런 비언어적인 부분에 집중할 때 가장 효과적으로 경청할 수 있다.

LEA

국빈만찬을 어떻게 치를지를 결정하는 것은 굉장히 어려운 과정이다. 인도 대통령이나 오스트레일리아 총리를 위한 만찬으로 무엇이 적절한지에 대한 의견이 모두 다르기 때문이다(물론 영부인의 의견이 가장 중요하다). 플로리스트 낸시 클라크는 좀 더 전통적인 꽃장식을 선호했지만 나는 언제나 독특한 꽃으로 특별하게 장식하는 것을 좋아했다.

손님들이 다이닝룸에 입장할 때 꽃을 보고 감탄한다면, 우리가 제대로 해냈다는 의미였다. 나와 낸시는 3가지 각기 다른 꽃장식에 대해 의견을 나누고, 도자기에 어울리는 테이블보를 선정한 다음, 만찬이 이루어질 룸에서 3가지 형태의 테이블을 세팅했다.

견본 선정을 위한 미팅은 로라 부시 여사의 보디랭귀지를 읽어 내야 하는 시간이었다. 낸시의 꽃장식이 마음에 들지 않는다고 말 하면 기분이 상할까 봐 아무도 직접적으로 말하지 못하고 있었다. 매우 조용한 회의실에서 나는 부시 여사의 얼굴 표정을 살피곤 했 다. 그녀가 하나의 테이블을 보고 눈썹을 즉각적으로 치켜올린다면 좋다는 뜻이었다. 그녀가 목덜미를 손으로 만지면 마음에 들지 않 다는 표시였다. 그녀가 접시를 바꾸거나 꽃을 다른 테이블로 옮긴 다면 그 테이블보와 어울리는지 자신의 의견을 확인해보는 것이다. 그러면 나는 부시 여사가 맘에 들어 했던 테이블에 대해 긍정적인 반응을 보이고, 낸시에게는 부시 여사가 원하는 방향이 무엇인지를 알려주었다. 그러한 비언어적 실마리를 읽어내서 낸시가 힘들게 구 상한 아이디어를 거절하지 않고 수월하게 함께 일할 수 있었다.

사람들은 당신이 행간을 읽어주기를 기대할 때도 있다. 그들이 말하는 내용과 실제로 의미하는 것이 전혀 다를 수가 있다는 뜻이 다. 한 유명 기관의 대표가 백악관에 자신들의 단체를 치하하는 의 미로 만찬을 열어달라고 요청한 적이 있다. 그는 이렇게 대화를 시 작했다. "요즘 백악관에서 하는 파티들은 너무 지루합니다. 우리가 좀 덜 지루한 파티를 열어보면 어떨까요?" 뭔가를 요청하는 방식치고는 이상해 보였지만 그 말속에는 숨은 메시지가 있었다. 그는 마치 신부가 화려한 연회장으로 하객을 놀라게 해주고 싶은 것처럼 백악관에서 파티를 열고 싶었던 것이다. 그는 우리 부시 행정부를 좋아하지 않는다는 것을 우리가 알아채기를 바랐다. 그러나 그가 이끌던 기관은 가치 있는 곳이었기 때문에 그의 노골적인 메시지는 무시하고 좋은 의도만 받아들이기로 했다.

우리는 정치적으로 반대편에 있는 사람들과 협력할 기회를 놓치지 않았다. 자선 목적이라면 특히 그랬다. 사람들과 유대감을 쌓고, 우리가 그들이 생각하는 것보다 훨씬 더 많은 공통점을 가지고 있다는 것을 보여줄 기회였기 때문이다.

사소한 이야기부터 시작해
민감한 주제로 좁혀가라

• • •

민감한 주제를 꺼내는 가장 좋은 방법은 덜 어렵고 덜 민감한 주제를 가지고 대화를 시작하는 것이다. 이른바 깔때기 접근법이라고 할 수 있다. 안전하고 일반적인 주제로 시작한 다음, 진짜 이야기하고 싶은 주제로 신중하고 세련되게 접근한다.

동료에게 결근이 너무 잦다는 이야기를 하고 싶다면, 우선 그의 자녀들이 잘 지내는지 물어보는 것으로 시작한다. 말 못 할 이유가 있을지 모른다. 그가 모두 잘 지낸다고 말한다면, 요즘 결근이 잦아서 집안에 문제가 있는 게 아닌가 생각했다고 넌지시 말한다. 이를 통해서 동료를 공개적으로 비판하거나 대립하기보다는 결근할 수밖에 없는 이유가 있는지 생각하고 있음을 보여준다. 이러한 간접적인 접근법은 동등한 협력관계를 구축하는 데 유용하다.

백악관의 그래픽/캘리그래피 사무실에서는 사회활동 비서관들의 깔때기 접근법이 필요할 때가 많다. 이 사무실의 하루는 대개 기말시험 전날 저녁의 대학 도서관과 같다. 모두 조용하고 일사불란하게 일하는데, 초대장을 작성하거나, 메뉴와 자리표를 쓰고, 혹은 대통령의 공식 선언문을 손 글씨로 옮기고 있다. 캘리그래퍼들은 일이 너무 많아서 늘 시간에 쫓긴다. 하지만 그들은 무한한 상상력을 지닌 예술가들이다. 그들은 사우스론에서 열리는 피크닉 초대장에는 회전목마를 서정적인 수채화로 그려 넣고, 셰익스피어의 생일을 기념하는 만찬의 양피지 메뉴 카드에는 그의 필체를 흉내 낸 서체로 글씨를 써 넣는다.

캘리그래퍼들의 디자인이 늘 성공적인 것은 아니었지만 워낙 창의적이고 성실한 사람들이었기에 그들의 아이디어가 마음에 들지 않는다고 직접적으로 이야기할 수는 없다. 우선 지난 프로젝트를 얼마나 성공적으로 마무리했는지를 상기시킨 다음에, 현재 진행하고 있는 작업에서 마음에 드는 부분을 짚어주고 약간 수정할 부분을 조심스럽게 제안한다. 감정을 상하게 하지 않으면서 상대를 존중하고 변화를 요청할 수 있는 유일한 방법이다. 그들이 얼마나 열심히 일하고 있는지를 잘 알기 때문에 불친절하게 대할 수 없다. 깔때기 접근법은 긍정적인 결과를 얻을 수 있는 효과적이면서 부드러운 방법이다.

호의적이지 않은 사람과의 대화

● ● ●

잘 들으려면 열린 사고가 필요하다. 대통령은 호의적이고 지지를 아끼지 않는 군중들 앞에서 연설할 때가 많다. 하지만 덜 우호적인 사람들도 마주해야 한다. 정치적 노선과 상관없이 대통령은 자신과 생각이 다른 사람들의 말도 경청한다는 인상을 심어주는 것이 중요하다. 대통령은 자신의 지지자뿐 아니라 모든 국민에게 봉사하는 자리다. 서로 공감하는 부분이 무엇인지를 알기 위해 적들과 교류하는 것은 대통령에게 꼭 필요한 부분이다.

2006년 조지 W. 부시는 처음으로 전미유색인종지위향상협회(NAACP)에서 연설했다. 그는 협회 회장이 자신에게 비판적이라는 이유로 이전의 초대를 모두 거절했다. 그러나 흑인과 소수민족의 선거권 보장을 위한 투표권법의 개정을 앞두고, 협회와 관계를 변화시킬 절호의 기회라고 판단했다. 그는 비우호적인 청중을 앞에 두고 연설해야 했다. 연설 도중 야유와 항의를 받기는 했지만 전반적인 분위기는 친절했다. 당신을 비판해온 사람들과 소통하기 위해 손을 뻗을 때마다 당신은 올바른 방향으로 한 걸음씩 나아가고 있는 것이다.

인터넷을 통해 전 세계로 엄청난 양의 정보가 즉각적으로 확산된다. 그러나 아이러니하게도 우리는 몇몇 온라인에서 채널을 통해서만 정보를 받는다. 오늘날 모두가 그렇듯이 당신이 특정 정치적 견해를 갖고 있다면 반대쪽의 이야기에 진심으로 귀 기울여본 적이 있는가? 대부분 없을 것이다. 서로 다른 의견에 좀 더 귀를 기울이는 자세가 필요하다.

윤리·공공정책센터의 수석연구원인 칼럼니스트 피터 웨너는 미국 사회의 양극화가 심화되고 있다는 글을 자주 쓰면서, 우리 모두 아리스토텔레스가 말한 '덕의 우정'을 추구해야 한다고 제안한다. 자신의 정치적 신념과 무관하게 다른 사람의 원칙을 상호 존중하는, 덕을 기반으로 하는 우정을 말한다.

워싱턴 정가에서는 이런 우정이 점차 줄어들고 있다. 가족을 워싱턴으로 이주시키지 않고 원래 살던 지역에 남겨두기 때문에 의원들이나 그 배우자들이 워싱턴을 삶의 터전으로 삼아 다른 의원들과 교류하지 않는다. 그리고 한때 활발하게 형성되었던 당을 초월한 인간관계가 점점 사라지고 있다. 자신의 의견을 강화하기 위해 우정을 맺는 것이 아니다. 피터 웨너에 따르면 "진정한 친구란 상대의 감정을 북돋우고, 때때로 우리가 다른 관점에서 상황을 바라볼 수 있게 해준다."[14]

이러한 우정을 유지하기 위해서는 노력이 필요하다. 정치적 차이가 관계를 해치지 않으려면 애초에 우리를 하나로 묶어줬던 가족, 공동체, 국가에 대한 사랑을 상기시켜야 한다.

부정적 피드백을 받아들이는 것은 가장 어려운 일 중에 하나다. 당신이 싫어하는 사람의 피드백이라면 특히 그렇다. 처음에는 듣고 싶지 않은 사람이나 내용을 무시한다. 그러나 연습을 통해 불쾌하거나 논쟁적인 대화에서 열린 마음을 유지하면, 다른 관점에서 사안을 바라볼 수 있다. 감정적인 반응은 제쳐두고 상대방의 말에 집중하는 것이 성숙한 태도다.

그럼 어떻게 해야 할까? 일단 말을 아낀다(때론 혀를 깨물 정도로). 무슨 말을 할지 미리 생각하고, 정면으로 충돌하지 않기 위해 단어를 신중하게 선택한다. 무엇보다 다른 사람의 생각을 이해하려고 노력한다. 다른 사람의 관점을 수용하는 것이야말로 시민사회의 척도다.

우리와 의견이 같은 사람들의 말만 듣는다면 성장할 수도, 오래된 문제들을 바로잡을 수도 없다. 사실에 귀 기울이고 스스로 판단하고 결론을 내릴 줄 알아야 한다. 영화나 사회적 이슈, 혹은 어떤 사람에 대해 판단할 때 다른 사람의 말에 휘둘리지 마라. 그것은 당신의 권리이자 의무다. 경청한다는 것은 곧 좋은 시민이 되는 것이다.

우리는 자신의 마음과 생각에도 귀를 기울여야 한다. 이 책을 함께 쓰기 시작했을 때 우리 둘 다 우스울 정도로 공손하게 굴면서, 백악관에 대해 어떤 것을 쓰고 싶은지 에둘러 말했다. 우리는 상대방이 모신 영부인에 대한 칭찬을 쏟아냈다. 제러미는 공화당 출신 대통령에 대해 칭찬하고, 리아는 민주당 출신 대통령에 대해서 좋은 이야기를 했다. 사회활동 비서관으로서 지극히 예의 바른 태도가 몸에 배어서 우리는 공동의 목표를 이해할 만큼 신뢰가 쌓이기 전까지, 상대의 말에서 숨은 의미를 읽으려고 노력했다.

우리의 공동 목표는 세상을 좀 더 수월하게 살아가는 데 도움이 되는 것들을 다른 사람들과 나누는 것이다. 그러면 우리는 온전히 정직해질 수 있고 서로에게 도움이 되는 비판을 할 수 있다. 다른 모든 사교 기술과 마찬가지로 잘 듣기 위해서는 평생 노력을 기울여야 하며, 시작하기에 절대 늦은 때는 없다.

흔들림 없는 태도는
단순한 침착함이 아니다.
상황을 통제하고 있으며,
걱정할 필요 없다는 확신의 표현이다.
평정심을 유지하는 사람은
적대적인 분위기를 무력화하고
결국 해내고야 만다는 믿음을 준다.

TREATING
PEOPLE
WELL

Part 5

침착함, 흔들림 없는 태도

냉정을 유지하라. 분노는 논쟁이 아니다.

-앤드루 잭슨

차분함을 유지하는 것은 확신에 차 있다는 뜻이다. 평정심을 유지한다면 상황을 통제하고 있으니 걱정할 일이 아무것도 없다는 것이다(걱정한다고 상황이 바뀌지 않는다). 서로 대립할 때는 감정을 주체하지 못하고 화를 내기 쉽지만, 위기의 상황에서는 선의와 질서를 되찾는 것이 훨씬 더 이롭다. 긴장된 상황에서도 평정심을 유지하면 적대적인 사람들을 무력화하고, 신뢰를 구축하며, 관련자 모두를 당면한 문제에 감정적이기보다는 논리적으로 집중하게 만들어서 더 신속하고 더 나은 해결책을 찾을 수 있다.

대부분의 사람들은 위기의 상황에서 동물적 본능으로 투쟁 혹은 도피를 택한다. 멈춰 서서 더 이상 앞으로 나아가지 못하거나, 아니면 흥분해서 과잉 반응을 하며 허둥지둥 닥치는 대로 행동한다. 위기가 발생했을 때 처음 몇 초 안에 해야 하는 최선의 일은 흔들림 없는 태도로 차분함을 유지하는 것이다. 도망치거나 아니면 발끈해서 반격하는 대신 몸과 마음을 차분히 가라앉히고 침착하고 당당한 태도를 유지하는 데 집중한다.

당연한 말처럼 들리겠지만 사람들은 당신의 반응을 보고 판단하므로 선택지를 고민할 시간이 있다. 상황을 최대한 정확하게 이해할 수 있도록 질문을 하고 충분히 생각한 후에 행동 방침을 결정한다. 평정심을 잃지 않는 사람이라는 평가를 받으면 동료들 사이에서 보다 견고한 지지 기반을 구축할 수 있다. 무엇보다 당신의 합리적인 대처와 문제를 해결하는 능력에 의존하게 된다.

어떤 상황에서도 차분함을 유지할 수 있는 4가지 방법이 있다. 우선 냉정함을 유지하고, 극적인 행동을 피하고, 합의점을 찾고, 객관적인 시각을 유지하는 것이다.

단 5초의 냉정함

• • •

조지 워싱턴은 자신의 불같은 성격을 절제하기 위해 평생에 걸쳐 노력을 기울였다. 백악관 이스트룸에 걸려 있는 가장 유명한 조지 워싱턴의 〈랜스다운 초상화〉를 그린 화가 길버트 스튜어트는 이렇게 말한 적이 있다. "워싱턴의 이목구비는 가장 강력하고 통제 불가능한 성격을 보여준다."

워싱턴은 열여섯 살 때 인격 형성을 위한 예수회 교리에서 비롯된 〈사교와 대화에서 예의와 품위 있는 행동에 관한 규칙들〉을 필사했다.[15] 110가지 규칙들은 주로 절제, 인내심, 자존감에 대해 깊은 성찰을 강조한다. 어린 시절 이러한 배움은 미국 독립전쟁 기간에 귀중한 자산이 되었다. 훈련받지 않은 군사들을 이끌어야 했고, 군인들을 먹이고 무장시켜야 할 자금이 대륙회의에서 지원되지 않을 때도 있었고, 연이은 패배로 인해서 최고사령관의 자리를 두고 경쟁자들과 끊임없이 다퉈야 했다. 침착함을 유지하기 위한 평생의 노력은 워싱턴이 미국 역사에서 중요한 역할을 하는 데 큰 도움이 되었다.

표정이나 몸짓으로 침착함을 전달하기 위해서는 자기 절제가 필요한데, 시간을 두고 꾸준히 연습하면 제2의 천성이 될 수 있다. 제러미의 가장 천부적인 소질 중 하나는 예리한 기지다. 리아의 장점은 동요하지 않는 침착함이다. 누군가 스테이트 다이닝룸의 붉은 카펫에 레드와인이 담긴 잔을 떨어뜨린다면, 그녀는 "소금을 가져다드리죠"라고 웃으면서 일을 처리할 것이다(비록 속으로는 '다시는 이러지 마세요!'라고 말할지라도). 성 패트릭의 날, 열성적인 수녀가 부시 대통령과 악수하기 위해 여성 군보좌관을 몸으로 밀쳤을 때, 리아는 보좌관이 다치지 않았는지 확인하고 약간 멍해진 수녀를 정중하게 식당으로 데리고 가서 뭘 좀 먹자고 제안했다. 거의 모두가 그 사건을 금세 잊어버렸지만 리아는 나이 든 수녀가 군 장교를 바닥에 넘어뜨리는 장면이 쉽게 지워지지 않았다.

진짜 위기의 순간에는 감정을 조절하는 것이 무엇보다 중요하다. 두려움과 똑같이 침착함도 전염성이 있다. 2015년 백악관 기자단 중 한 명이 심장마비로 쓰러졌다. 곧바로 백악관 당직 의사를 불렀다(백악관 의료부는 대통령과 그의 가족을 담당하지만, 부서에 근무 중인 5명의 의사는 긴급 상황에서 귀빈이나 직원을 치료하는 데 투입된다). 한편 비밀경호국 요원이 뛰어 들어와 효율적으로 심폐소생술(CPR)를 실시했다.

당시 처음 얼마 동안은 혼란스럽고 무서웠지만 비밀경호국, 사회활동 비서실, 군사실, 안내원들의 신속하고 절도 있는 일 처리 덕분에 아무도 극도의 혼란 상태에 빠지지 않았다. 쓰러진 기자를 위해 가능한 모든 조치를 하고 있다는 것을 기자단과 손님들에게 알리는 것이 얼마나 중요한지 우리 모두 알고 있었다. 다음 날 그가 회복 중이라는 소식을 병원 의료진에게 전해 들었을 때 우리 모두 안도의 한숨을 쉬었다. 비밀경호국 요원이 그의 생명을 구했다.

우리가 모신 영부인들 모두 침착함을 유지하는 데 일가견이 있는 분들이었다. 바버라 부시 여사는 이렇게 말한 적이 있다. "로라는 조지 부시가 불같이 화를 내도 절대 흥분하는 법이 없어요."[16] 그들은 모든 영부인이 필연적으로 마주하게 되는 힘든 순간에도 절대 여유를 잃지 않았다. 이스트윙 사무실로 이동할 때 방문객들이 떼로 몰려들어도, 공식 방문 기간에 더딘 통역 때문에 다른 나라 영부인과 힘들게 담소를 이어갈 때도, 그들은 상대방이 불편함을 느끼지 않도록 침착하고 여유로운 태도를 잃지 않았다.

LEA

감정이 극도로 고조될 때야말로 냉정함이 가장 필요한 순간이다. 미국 문화에 평생 공헌한 5명의 예술가를 기리는 케네디센터 아너스(Kennedy Center Honors) 리셉션에 처음 참석했을 때 나는 굉장히 흥분한 상태였다. 백악관에서 정장 차림에 모두 서서 참여하는 리셉션은 본행사에 앞서 진행되는데, 백악관에서 개최되는 그 어떤 행사보다 최상위 유명인들이 참여한다. 백악관 기자협회의 연례 만찬이 워싱턴 '괴짜들의 무도회'라면, 케네디센터 아너스 리셉션은 오스카 시상식에 좀 더 가깝다.

리셉션이 막 시작되려고 할 때 나는 스테이트 플로어로 향하는 인파를 피하기 위해 이스트룸 계단을 급히 달려 내려가 옆문을 지나 주방으로 향했다. 폭이 넓은 검은색의 끈 없는 벨벳 드레스에 세 겹의 진주 목걸이를 착용한 나는 마당으로 이어진 문을 열기 위해, 이전에도 수백 번 그랬듯이 손잡이를 누르고 밖으로 서둘러 나갔다. 그런데 치마가 문에 걸리고 말았다. 나는 전속력으로 달려갔고, 문이 힘껏 닫히면서 드레스가 허리까지 내려가버렸다. 나는 백악관 주방으로 이어진 문 한가운데서 상반신을 드러낸 채 끼어 있었다.

다행히 그 광경을 지켜보는 사람이 아무도 없었다. 그런데 나는 움직일 수도 없었고, 드레스를 다시 치켜올리려고 아무리 애를 써도 문의 무게 때문에 드레스가 다시 흘러 내려갔다. 당황한 나는 보안 카메라가 생각났지만, 그것이 좋은 일인지 나쁜 일인지 판단이 서지 않았다. 이곳을 관찰하는 비밀경호국 요원이 나를 본다면, 분명히 달려와서 나를 도와줄 것이다. 하지만 나는 '이런 내 모습을 봤다면?' 하는 생각에 미쳤다.

나는 깊은 한숨을 들이쉰 다음 몸을 웅크리고 미쳐 날뛰는 동물처럼 문을 향해 몸을 던졌다. 그러자 마침내 문이 열렸다. 나는 드레스를 다시 끄집어 올려 제대로 입고 머리를 매만지고 숨을 한껏 들이마신 다음 스테이트 플로어로 걸어갔다. 나는 다시 냉정을 되찾았다.

파티장에 한 걸음을 내디뎠을 때, 어린 시절 내가 가장 사랑했던 배우 로버트 레드포드와 눈이 마주쳤다. 그는 나를 향해 여성들의 마음을 설레게 했던 반쯤 지은 미소를 보냈다. 하지만 나는 그가 조금 전에 벌어진 일을 알지도 모른다는 생각을 떨쳐버릴 수 없었다 (그럴 리가 없는데도 말이다). 나는 그와 그의 아내에게 "안녕하세요?" 라고 인사를 건네고는 걸음을 재촉했다. 그런 상황에서 내가 보여줄 수 있는 가장 침착한 태도였다.

어렵고 예상치 못한 상황에서 뭔가를 달성하려고 애쓸 때 중요한 것은 흐트러짐 없는 태도와 빠른 행동이다. 2001년 9월 11일, 비행기 두 대가 쌍둥이 빌딩을 공격했을 때 학교에 있던 열네 살의 내 딸 리디는 백악관이 공격받았다는 오보를 들었다. 리디는 조용히 동생을 데리고 교실을 나오면서 학교 전체가 봉쇄됐음에도 불구하고 몇몇 선생님들께 조퇴해야 하는 이유를 설명하고 집으로 향했다. 남편은 학교를 나와서 집으로 걸어오는 아이들을 발견하고 내가 안전하다는 소식을 전했다.

리디가 나를 얼마나 걱정했는지를 생각하면 그녀의 침착한 행동에 존경심마저 들었다. 나중에 리디에게 물으니 "그냥 집에 가야만 할 것 같았어요"라고 말했다. 그날의 혼돈 속에서 그녀의 확신에 찬 태도 때문에, 교사들은 하교를 허락할 수밖에 없었을 것이다.

냉정하고 정확하게 행동할 때, 내면은 아무리 요동치고 있더라도 당당하고 절제된 것처럼 보인다. 국가 전체가 테러리스트들의 공격을 받는 혼란 속에서도, 심지어 당신이 열네 살이라고 해도 마찬가지다.

JEREMY

2011년 5월 1일 일요일이 기억에 남는 하루가 될 것이라는 징후는 전혀 없었다. 그날 오후 나는 프레드 호크버그와 톰 힐리의 집에서 열리는 파티에 참석하려고 꽤 먼 거리를 걸어갔다. 프레드는 대통령의 임명을 받아 미국수출입은행 회장 겸 사장으로 재직하고 있었다. 그와 그의 파트너 톰은 만찬 모임으로 꽤 유명했다. 그날 파티에는 〈워싱턴포스트〉와 〈뉴욕타임스〉의 기자도 있었다. 파티에 참석한 9명은 디너 테이블에 편안하게 앉았다. 그런데 자리에 앉자마자 내 코트 주머니에 넣어둔 블랙베리 휴대전화의 진동음이 울렸다.

확인해보니 이런 메시지가 와 있었다. "비밀 유지. 오늘 밤 대통령이 이스트룸에서 성명 발표 예정." 성명 발표를 돕는 백악관 직원을 제외하고 그 누구와도 이 메시지를 공유해서는 안 된다는 의미였다. 나는 프레드에게 다가가서 먼저 자리를 떠야 한다고 조용히 말한 후, 코트를 집어 들고 서둘러 택시를 잡아탔다. 택시에서 혼잣말로 이렇게 말했다. "모두 나더러 너무 무례하다고 생각하겠군. 사회활동 비서관이면 다냐고 말이야."

사회활동 비서실은 성명 발표를 할 때 안내원들과 직원들이 제자리를 지킬 의무가 있다. 나의 부비서관은 이미 모든 사람에게 연락하고 백악관으로 복귀 중이었다. 백악관으로 향하는 택시 안에서 나는 걱정 반, 흥분 반으로 무슨 일이 일어났길래 일요일 저녁에 성명을 발표하는지 궁금했다(주말에는 심각한 안보 위협과 같이 긴박한 사안이 아닌 한, 대통령이 전 국민에게 성명을 발표하지는 않는다).

백악관 정문에 도착했을 때 비밀경호국 담당자가 오사마 빈 라덴이 생포되었거나 살해됐다고 말해줬다. 스테이트 플로어에서는 직원들이 TV 카메라 장비를 설치하고 역사적인 발표 준비를 하고 있었다. 상황실에 있던 국가안보팀이 블루룸에 모였을 때, 오바마 대통령이 그린룸에서 대기 중인 나에게 다가와 침착하게 나의 안부를 물었다. 주말 내내 열띤 논의와 의사 결정이 이루어졌을 텐데 그는 놀라우리만큼 차분해 보였다. 심지어 그가 전날 밤 열린 백악관 기자협회의 연례 만찬 행사에서 농담을 던졌을 때는 편안해 보이기까지 했다. 극소수만이 그날 저녁 대통령이 중요한 사안을 발표할 것임을 알고 있었다.

힐러리 클린턴 국무장관, 부통령, 리언 패네타 CIA 국장, 데니스 맥도너 국가안보 부보좌관, 빌 데일리 비서실장, 그리고 안보팀 관계자들이 스테이트룸으로 들어왔다. 방에 들어가면서 나는 대통령이 가장 중요한 대국민 발표를 할 때 전화기가 울리는 일이 없도록 나의 휴대전화를 수십 번이나 확인했다. 피트 수자가 대통령의 성명 발표를 지켜보고 있는 우리의 모습을 사진에 담았고, 그 사진은 전 언론사와 TV에 곧바로 실렸다. 나는 검은색 스웨터를 입고(어머니의 지적대로 그 방에 모인 다른 사람들이 모두 정장을 입고 있었던 것과 달리) 팔짱을 낀 채 뒤쪽에 서 있었다.

자정 무렵, 그날 디너파티를 주최했던 프레드에게 문자가 왔다. '자리 일찍 뜰 만했네요'라고 짤막하게 적혀 있었다.

국제적인 위기 상황을 마주하고 있는 것이 아니더라도, 감정적으로 고조된 상황에서 허둥대지 않기는 어렵다.

여기서 우리가 어렵게 터득한, 위기 상황에서 감정을 완화하는 법을 소개한다.

집중할 것을 찾는다. 깊은 심호흡을 몇 차례 한다. 그런 다음에 상황을 파악하는 데 집중하고 어떤 선택지가 있는지 조용히 생각한다.

사람들을 안심시킨다. 질문하고, 긴장할지 모르는 주변 사람들을 진정시킨다. 극심한 공포에 빠진 사람은 과감하게 심부름을 보내서 그 자리를 뜨게 한다.

중립을 지킨다. 편안한 표정을 짓고, 몸에서 힘을 빼고, 부드럽고 침착한 목소리로 말한다. 하지만 너무 태연하게 굴어서는 안 된다. 감정이 격해진 사람은 침착한 당신을 보고 건방진 사람이라고 생각할 수 있다.

행동한다. 행동 방침을 결정하고 나서 상황이 악화되기 전에 신속하게 상황을 관리한다. 냉정함을 되찾는 데는 신속한 행동이 중요하다. 영화배우들이 사진을 찍거나 사인을 받으려고 구름처럼 몰려든 팬들 사이를 빠져나갈 때 어떻게 하는지 보라. 그들은 누군가 자기들이 있었다는 것을 눈치채기 전에 빠르게 그곳을 빠져나간다.

극적인 상황을 피한다

• • •

극적인 상황은 훌륭한 리얼리티 TV쇼를 만드는 데는 도움이 되지만 건강한 관계를 구축하는 데는 백해무익하다. 직장 동료, 가족, 친구들과 긍정적이고 편안하게 교류하는 것은 신뢰를 얻는 데 중요하다. 만일 위기가 닥칠 때마다 좌절감에 사로잡혀 폭발한다면, 당신에게 문제 해결을 기대하는 사람은 아무도 없을 것이다. 대신 당신을 문제의 일부로 간주하게 될 것이다. 위기의 상황에서 호들갑 떨지 않고 침착하게 대처하면 그 상황을 책임질 수 있는 사람이라는 인식을 심어줄 수 있다. 그러니 흥분하거나 화내지 말고 상황 해결에 집중하라.

백악관에서 우리가 하는 모든 일들이 공개될 수 있다는 것은 특별한 축복이다. 좀 더 신중하게 행동하고, 힘든 상황에서도 대처할 방법을 찾으려고 노력하기 때문이다.

그런 상황에서 침착함을 유지해야만 주어진 임무를 성공적으로 수행할 수 있다. 특히 대중적으로 주목받는 행사에 참여한다면 들뜬 분위기에 휩쓸려서 지나치게 흥분하기도 한다.

우리는 무례한 행동이나 터무니없는 요구를 무시하는 법도 배웠다. 손님이 대통령의 중요한 친구가 초대받지 못했다고 불만을 터뜨리면서 영부인에게 직접 이야기하겠다고 한다면, 우리는 차분한 목소리로 초대 손님의 명단을 대통령 내외께서 승인했다고 알려준다.(몇몇 손님은 대통령 내외와 함께하는 불과 몇 초의 시간을 즐거운 대화 대신 불평을 늘어놓는 데 써버렸다는 사실을 깨달으면 깜짝 놀랄지도 모른다. 그 좋은 기회를 허무하게 날려버렸으니 말이다.)

우리가 그 사람의 협박을 그냥 덤덤하게 듣는다면, 그 사람은 잠시 시간을 갖고 대통령 내외에게 불평을 늘어놓는 것이 합당한지 다시 생각해보게 된다. 우리는 침착하게 상황을 전환하고 칭찬을 곁들여가면서 그러한 순간들을 슬기롭게 넘긴다.

JEREMY

2월 비 내리는 어느 오후, 오바마 대통령은 국립예술훈장 및 국립인문학 훈장 수여식에서 다른 수상자들과 함께 세계적인 작가이자 인도주의자에게 평생 공로상을 수여할 예정이었다. 이 행사에는 백악관 기자단과 함께 유명인들이 대거 참석했다. 손님들은 스테이트 플로어에서 담소를 나누고 있었고, 이스트룸에는 금빛 오페라 의자가 마련돼 있었으며, 대통령 인장이 장식된 연단은 대통령의 도착을 기다리고 있었다.

그러나 대통령은 격렬한 협상에서 빠져나올 수 없었고, 수여식은 지연됐다. 처음에는 몇 분, 그리고 다시 또 몇 분이 연기됐다. 긴 기다림에 발끈한 작가는 비행기를 타러 가야 한다고 내게 말했다. 그때 나는 국립인문재단의 백악관 연락관으로 근무 중이었고, 사회활동 비서관에 임명되기 1년 전이었다. 당시 사회활동 비서관 데지레 로저스와 나는 그 수상자를 달래기 위해 애썼다. 데지레는 그의 메달 수여식을 앞부분으로 옮겨주겠다고 약속했고, 나는 다른 주제로 그와 이야기를 나누며 시간을 끌었다.

그 수상자는 거듭해서 자리를 뜨겠다고 으름장을 놨고, 나는 그의 옆에 딱 붙어 앉아서 대통령이 곧 도착할 수 있도록 힘쓰고 있다고 했다. 수여식 후에 예정된 뷔페 리셉션이 손님들에게 제공되었고, 대통령 직속 해군군악대 소속의 음악가가 그랜드 포이어에서 유서 깊은 그랜드 피아노를 연주했다. 손님 대부분은 백악관에서 추가로 허락된 시간을 여유롭게 즐겼지만, 조급한 작가는 그렇지 못했다. 나는 사회활동 비서관의 자리에 아직 임명되지 않았지만, 그것이 백악관 홍보 활동의 악몽임을 직감했다. 메달을 받기 전에 백악관을 떠난 사람은 단 한 명도 없었다.

클린턴 행정부 이래로 줄곧 행사 안내원을 맡았던 대니얼 생크스가 말한 대로, "이런 일은 처음이지만, 우리는 그저 최선을 다할 것이다." 우리는 다른 손님들과 수상자들이 레드룸에 앉아서 사진도 찍고 담소도 나누면서 즐거운 시간을 보내는 것에 감사했다. 대통령이 도착하자마자 수여식이 시작됐고, 수상자는 상을 받고 서둘러 문을 열고 자리를 떠났다. 그렇게 해서 위기를 피할 수 있었다.

누군가 어떤 방식으로 행동할 때, 그 이유를 아는 것은 중요하지 않다. 더 중요한 것은 어떻게 대처하느냐이다. 우리는 사람들이 당황스럽고 어색한 상황에 빠지지 않도록 모두 침착하게 대처했다.

LEA

어느 일요일 오후, 리셉션을 위한 손님들이 도착해서 비밀경호국 검문소를 통과하고 있을 때였다. 한 여성이 여러 겹으로 걸친 긴 진주 목걸이가 자신의 지갑 클립에 걸려서 끊어졌고, 수백 개의 진주가 사방으로 흩어졌다. 말 그대로 대혼란이었다. 비밀경호국 장교들은 검문소를 벗어나 사방에 흩어진 진주를 주워야 했다. 그 여자 손님은 무릎을 꿇고 바닥에 떨어진 진주를 주워 담느라 시간이 상당히 걸렸다. 다른 손님들은 시간이 지연되는 것에 짜증이 났고, 진주를 밟고 지나가면서 비틀거리거나 미끄러지기도 했다.

정문에 있던 나의 부비서관 캐롤린 허들스턴은 통제할 수 없을 정도로 악화되고 있는 상황을 목격했다. 그녀는 자신의 두 손을 들어 올리며 소리쳤다. "자, 모두들 여기 주목해주세요. 이 숙녀분의 진주 목걸이가 끊어졌습니다. 바닥에 떨어진 진주를 주워서 자기탐지기를 통과하실 때 제게 건네주시면 이 여성은 물론 여기 있는 우리 모두에게 큰 도움이 될 것입니다." 갑자기 불만 가득했던 손님들이 허리를 구부리고, 농담을 주고받으면서 진주를 줍기 시작했다. 캐롤린의 재치 있는 생각 덕분에 바닥에 떨어진 진주를 신속하게 모을 수 있었다.

극적인 상황은 또 다른 극적인 상황을 불러온다. 그러니 직장이나 사교적인 상황에서 극적인 행동을 줄일 수 있는 몇 가지 팁을 제시한다.

<u>뜨거운 쟁점이 무엇인지 파악한다.</u> 위기의 순간이나 위험한 주제로부터 사람들을 떨어뜨려놓는다. 주말에 자원봉사를 하는 여성이 대통령이나 영부인을 볼 때마다 과호흡을 겪는다면, 그녀를 대통령 내외 근처가 아닌 다른 곳에 배치한다. 당신의 절친이 기다리는 것을 극도로 싫어한다면, 절대 약속 시간에 늦지 마라. 분란을 일으키는 것을 좋아하고 자신과 의견이 다른 사람을 존중할 줄 모르는 사람은 다양한 의견을 가진 사람들이 모이는 자리에 초대하지 않는 것이 좋다.

<u>과잉 흥분 상태를 미연에 방지한다.</u> 어떤 사람들은 가는 곳마다 극적인 상황을 연출한다. 그런 과장된 행동을 무시하는 것은 불에

서 산소를 빼는 것과 같다. 소문 역시 극적인 상황을 조장한다. 그러므로 소문은 최대한 빠르게 차단하는 것이 중요하다. 소문이 더 이상 확산되지 않도록 막아야 또 다른 소문도 막을 수 있다.

상황을 조장하지 않는다. 사람들이 하는 말을 액면 그대로 받아들이고, 당신이 느낀 감정이 아닌 사실에 근거해서 행동하라. 정확하지 않은 정보를 퍼뜨리거나 흥분해서 갈등을 조장하는 사람은 상황을 더욱 악화시킬 뿐이다.

부드럽게 말한다. 워싱턴 정가에 딱 어울리는 격언이 하나 있다. "다시 삼켜야 할 수도 있으니 늘 부드럽고 달콤하게 말하라." 감정이 고조된 상황에서는 언제나 긍정적인 톤, 아니면 적어도 중립적인 톤으로 이야기를 전달하려고 애쓴다. 가끔 당신의 분노를 좀 더 강하게 전달하고 싶을 때도 있을 것이다. 하지만 '좀 덜 세게 말할걸 그랬나' 하고 후회할 때가 더 많다.

출처를 찾는다. 백악관에서 우리가 배운 교훈 중 하나는 정확한 정보에 근거해서 행동해야 한다는 것이다. 가끔 영부인의 지인이 전화해서 이렇게 말하곤 했다. "영부인께서 당신에게 말하면 우리 형부/내 비서/내 고교 농구팀을 파티에 초대해줄 거라고 했어요." 그들은 우리가 너무 바빠서 일일이 다 확인하지 못하기를 바라겠지만, 미하일 고르바초프와의 대화에서 로널드 레이건 대통령이 말한 것처럼, "믿어라. 하지만 반드시 확인하라"를 신조로 삼고 있다.

적극적인 해결사가 되어라

● ● ●

때때로 우리가 초래하지 않았지만 우리의 성공에 영향을 미칠 수 있는 문제들을 해결해야 할 때가 있다. 두 사람의 분쟁을 당신이 해결할 수 있다면 기꺼이 중재자가 되어라. 처음에는 덫에 걸렸다고 느낄 수 있지만, 당신이 기억해야 할 것이 있다. 두 사람을 똑같이 존중하고 솔직하게 대하며, 갈등 해결을 위해 노력한다면, 당신은 이미 영향을 미칠 수 있는 위치에 있는 것이다. 열린 자세를 취한다면 창의적인 방법으로 온갖 어려움을 극복할 수 있다.

LEA

수석수위장의 업무 중 하나는 백악관을 미국 대통령들의 역사박물관으로 보호하고 유지하는 일이다. 백악관 공보실 직원의 업무 중 하나는 TV에 소개되는 백악관을 아름답고 위엄 있어 보이게 만드는 것이다. 그런데 이 2가지 임무는 충돌할 때가 많아서 심각한 불화를 일으킨다.

수석수위장 게리 월터스와 백악관을 기억에 남을 만한 배경으로 TV에 노출해야 하는 공보실 실무자 스콧 스포르자는 많은 부분에서 충돌했다. 예를 들어 외국 지도자와의 합동 기자회견을 위한 대통령 연단은 이스트룸의 동쪽 또는 서쪽 벽과 가장 잘 어울린다. 혹은 공익광고 촬영을 위해 어느 방을 사용할 것인지를 두고도 충돌했다.

공보실 보좌관 중 한 명이 별 뜻 없이 TV 촬영을 위해 레드룸에 있던 희귀한 탁상시계를 옮겼다. 그는 그 시계가 백악관 큐레이터나 시계태엽을 감는 직원을 제외하고는 아무도 건드리지 않는 역사적 유물이라는 사실을 몰랐다.(한때 백악관에는 시계태엽 감는 일을 맡은 사람이 있었다. 초창기에는 수 세대에 걸쳐 백악관의 시계태엽 감는 일을 해온 일가족이 있었다. 물론 지금은 백악관 전기기술자들이 시계태엽을 감고 있다.)

시계 사건 이후, 두 사람 사이에 냉전이 발발했고 그들의 반감은 지속적으로 악화됐다. 나는 두 사람의 서로 다른 관점을 이해했고 공정한 제3자로서 갈등 상황에 개입할 때가 많았다. 다행히 두 사람은 비공식 중재자로서 나의 가치를 인정하고 나를 통해 화합하는 길을 모색했다.

게리는 나를 찾아와 이렇게 말하곤 했다. "오늘 아이젠하워 빌딩에서 열리는 행사에서 여분의 국기를 사용해야 하기 때문에 그랜드 포이어에서 열릴 기자회견에는 더 이상의 국기를 배치할 수 없다고 스콧에게 전해주시겠어요?" 스콧은 게리보다 내 이야기를 더 잘 받아들였다. 그들이 서로의 공통점을 찾고 둘의 입장이 모두 옳다는 느낌을 줌으로써 합의점을 도출했다. 그 결과 행사들은 훨씬 수월하게 진행됐다. 갈등 해결의 핵심은 바로 합의점을 찾는 것이다.

JEREMY

2012년 선거가 끝난 직후 12월, 미셸 오바마 여사는 아이젠하워 빌딩에서 토요일 아침과 오후에 몇 차례 직원 워크숍을 가졌다. 오바마 행정부의 향후 4년을 위해 모든 사람의 생각을 듣고 빈틈없이 계획을 세우기 위해서였다. 직원들은 이전의 영부인들이 어떤 활동을 했는지 조사했다. 어떤 것이 잘됐고 어떤 것은 그렇지 못했는지를 파악했다(여러 가지 계획안을 세우는 것은 좋지만 지나치게 많은 것은 지양해야 한다). 워크숍은 화려하게 장식된 여러 방에서 이루어졌다.

직원들은 팀으로 나뉘어 다양한 주제에 대해 발표했고 미셸 여사도 팀원으로 참석했다. 그녀는 대중 앞에 나설 때와는 달리 머리를 만지거나 화장을 하지 않았다. 우리는 그녀를 우리의 일원으로 굉장히 편안하게 받아들였다. 워크숍에서는 다음 임기 동안 영부인의 아젠다를 제시했는데, 구성원 모두가 참여한다는 느낌을 받았기 때문에 의견 일치에 이를 수 있었다.

2011년 7월 말 즈음 합의에 이르는 기술을 연마할 기회가 찾아왔다. 장기적 일정을 수립하기 위한 수석보좌관 회의 자리였다. 미셸 여사가 여름휴가를 떠나기 전 마지막 일정이기도 했다. 각 부서(사회활동 비서실, 공보실, 정책 및 구상 부서)는 다음 해의 계획을 발표할 만반의 준비를 했다. 회의는 수 시간 동안 이어졌다.

마침내 그해의 주제와 홀리데이 파티에 대해 논의하게 됐다. 그것은 더운 여름날 오후에 다루기에는 힘든 주제였다. 홀리데이 파티의 주제를 결정하려면 많은 아이디어와 신중한 접근이 필요하다.

이 주제들은 공보실과 총괄법무실의 검토를 거쳐서 결정된다. 별것 아닌 일에 유난을 떠는 것처럼 보일 수 있지만, 혹여 언론에서 단순한 홀리데이를 문젯거리로 비화할 수 있다는 가정하에서 모든 것을 신중하게 검토했다. 우리는 이전에 '빛을 발하다(Shine Forth)'라는 주제를 제안했지만 공보실에서 거부했다. 이번에는 '빛나고, 나누고, 함께하라(Shine, Give, Share)'를 제시했고 미셸 여사가 승인했다.

긴 오후의 미팅이 마침내 끝나고, 나는 미셸 여사의 사무실 문 쪽으로 가서 비밀리에 준비한 것을 공개했다. 사회활동 비서실 직원, 인턴, 셰프, 캘리그래퍼들이 홀리데이 쿠키와 샴페인 잔으로 가득한 쟁반들을 가지고 들어왔다. 홀리데이 리셉션에서 제공될 것들을 미리 준비했다는 사실에 미셸 여사는 굉장히 기뻐했다. 모두를 만족시키면서 힘들었던 오후 미팅이 긍정적으로 마무리됐다. 그 작은 노력은 사람들에게 함께 노력할 동기를 심어주었고, 나머지 홀리데이 계획과 관련해서 수월하게 의견 일치에 도달할 수 있었다.

협의를 이끌어내는 데는 침착함을 유지하는 것이 중요하다. 사람들이 머리를 맞대고 앉아 의견 일치를 볼 수 있다면 이루지 못할 것이 없다.

여기에 침착하고 생산적인 방식으로 사람들의 의견을 하나로 모으는 방법을 제안한다.

발언 기회를 줘라. 모든 사람들을 의사 결정 과정에 참여시켜라.

특히 소규모 그룹일수록 전원 참여가 중요하다. 모두가 상황에 대해 솔직하게 논의할 수 있다면 최상의 결과를 얻을 수 있다.

선택지를 만들어라. 최대한 많은 사람들로부터 최대한 많은 선택지를 만들어낸다. 모든 사람을 만족시키지 못하는 결정을 내릴 수도 있지만, 적어도 참여자들은 자신들의 의견을 말할 수 있었다는 데 만족할 것이다. 그리고 생산적인 브레인스토밍 세션이 또 다른 사안을 해결하는 획기적인 방법이라는 것을 깨닫고 놀랄 것이다.

필요하다면 다시 시작하라. 막다른 골목에 다다랐을 때는 기본으로 돌아가라. 아무리 사소한 것이라고 하더라도 조직이 동의할 수 있는 한 가지를 찾아라. 그날 점심을 어디에서 주문할지를 선택하는 것도 좋다. 잠시 쉬면서 다른 것에 관해 이야기하라. 스포츠, 영화 등 사람들이 서로를 경쟁자가 아닌 동료로 여길 수 있는 주제라면 무엇이든 괜찮다. 이렇게 긴장을 완화하고 나면 모두가 해결책을 찾는 데 다시 집중할 것이다.

무엇이 중요한지를 알아야 한다

• • •

우리가 걱정하는 것 중 대부분은 일어나지 않는다. 그리고 밤잠을 설치게 만드는 걱정거리 중 다수는 우리가 통제할 수 없는 것이다. 우리가 바로잡거나 개선할 수 있는 상황의 경우, 상대적으로 어떤 것이 중요한지를 생각해야 한다. 영부인이 크리스마스 파티 초대장 디자인을 좋아할 것인지를 놓고 지나치게 감정적으로 대응할 필요 없다. 반대로 생사가 달린 문제를 너무 가볍게 받아들여서도 안 된다. 균형 잡힌 시각은 침착함을 유지하고 효과적으로 행동하는 데 필요한 덕목이다. 업무의 중요도를 이해하면 에너지를 적절하게 투입할 수 있다.

1955년, 아이젠하워 대통령은 펜실베이니아대학교의 학위 수여식에서 연설을 하기로 되어 있었다. 그 대학의 총장이었던 그의 동생이 악천후로 졸업식을 망칠까 봐 걱정하면서 수여식을 실내에서 진행해야 할지를 묻자 대통령은 이렇게 말했다.

"결정은 네가 하는 거야. 나는 1944년 7월 6일 이후로 날씨 걱정을 해본 적이 없어."[17] 역사상 가장 위대한 침공, 즉 제2차세계대전 중 연합군이 나치를 공격하기 위해 노르망디 상륙작전을 하는 날이라면 약간의 비쯤은 그리 신경 쓰지 않을 것이다. 우리에게 무엇이 정말로 중요한지를 아는 것이 바로 균형감이다.

LEA

사회활동 비서관으로 일을 시작했을 때, 나는 두려움으로 가득했다. 비현실적인 기대를 가지고 완벽을 추구하느라 작은 일 하나하나까지 걱정하며 스스로를 옭아매고 있었다. 유난히 힘든 날을 보내고 책상에 엎드린 채 눈물을 꾹꾹 참으면서 생각했다. 내가 대체 무슨 일을 하고 있는 거지? 그 순간 전화가 울렸다. 5년 동안 빌 클린턴과 힐러리 클린턴 대통령 부부의 사회활동 비서관을 지냈던 앤 스톡이었다. 그녀는 전임 백악관 사회활동 비서관들이 모이는 오찬에 나를 초대했다.

그날 오후는 내 인생에서 가장 의미 있는 시간이자, 가장 절실했던 순간이었다. 그날 오찬에 참석한 전임자들은 모두 백악관을 주름잡던 유능하고 활기찬 여성들이었다. 그들은 정치적 풍랑을 극복했고, 다른 사람들의 골칫거리를 해결했으며, 역사적 순간을 만들어냈고, 상황이 악화되는 것을 막았으며, 자신들의 임무를 성공적으로 수행했다. 그들은 이 직책이 주는 중압감을 극복하고 결국 성공한 산증인들이었다. 케네디, 존슨, 포드, 레이건, 클린턴, 아버지 부시, 아들 부시 행정부에서 일한 이 걸출한 여성들은 놀라울 정도로 솔직하고 친절했으며 흥미진진한 오프더레코드를 술술 풀어놨다. 그들은 자신들이 겪었던 크고 작은 실수들과 아슬아슬했던 순간들, 그리고 까다로운 유명인사들을 어떻게 다뤘는지 이야기해주었다. 그들은 내게 '균형감'이라는 소중한 선물을 주었다.

모임을 마치고 나올 때 나도 성공할 수 있다는 긍정적인 태도를 갖게 되었다. 나는 이 여성들을 사랑하며, 그들이 나에게 얼마나 큰 도움을 주었는지 결코 잊지 못할 것이다. 새로 임명된 사회활동 비서관을 환영하는 전통은 지금도 계속되고 있으며, 현직 비서관에게 도움을 주기 위해 노력하고 있다. 앞으로도 우리가 쌓아온 경험을

'여자 동문과 제러미'라고 부르는 이 공동체의 새로운 구성원들에게 계속 나눌 수 있기를 바란다.

올바른 균형감을 유지하는 몇 가지 방법이 있다.

당신이 모든 것을 통제할 수는 없다. 타려고 했던 비행기가 연착되어 중요한 비즈니스 미팅에 가지 못하더라도 항공사 직원을 비난하지 마라. 화상회의를 열어서 진행하면 된다. 그것도 할 수 없다면 간단한 설명이라도 적어두고 나중에 확인할 질문 목록을 만들어라. 할 수 없는 일 대신 할 수 있는 일에 집중하라는 뜻이다.

우선순위를 정해라. 정말 중요한 것이 무엇인지 상기하고, 다른 사람의 성향이나 관심사를 당신의 것과 혼동하지 마라. 자신이 기대하는 것을 비판적인 시각으로 점검한다. 비현실적이지 않은가? 복잡한 일을 처리하는 데 너무 짧은 시간을 할애하는 것은 아닌가? 그렇다면 자신에게 좀 더 여유를 주어라.

지금 있는 자리에 감사한다. 매일 자신의 장점과 축복을 되돌아보면 전체 상황을 되새길 수 있다. 그리고 당신과 같은 상황을 겪어본 사람들에게 손을 내밀어본다. 그러면 더 넓은 시야를 가질 수 있다.

제2차세계대전 당시 사용됐던 "평정심을 유지하고 하던 일을 계속하라(Keep Calm and Carry On)"는 문구가 머그잔, 수건, 엽서에 여전히 많이 새겨지는 이유가 있다. 우리의 마음을 진정시키고 기운을 북돋워주기 때문이다. 누가 그런 것을 싫어하겠는가?

이제 긴박한 순간이나 일상에서 침착함을 발휘하는 것이 당신의 기분을 어떻게 바꾸는지 알게 되었을 것이다. 사람들은 어떤 상황에서도 차분함을 유지하는 당신을 보고 성숙하고, 유능하며, 경험이 많은 사람이라고 여길 것이다.

우리가 걱정하는 것 중 대부분은 일어나지 않거나
우리가 통제할 수 없는 것이다.
우리가 바로잡을 수 있는 상황의 경우,
상대적으로 어떤 것이 중요한지를 생각해야 한다.
사소한 일을 지나치게 감정적으로 대응하거나,
반대로 생사가 달린 문제를 가볍게 여겨서도 안 된다.
균형 잡힌 시각은 침착함을 유지하고
효과적으로 행동하는 데 필요한 덕목이다.

갈등을 피하는 것보다 더 좋은 것은
기회로 만드는 것이다.
의견 차이는 대립이 아니라
더 나은 결과와 새로운 기회를 열어준다.
상대방이 원하는 것을 받아들이면서도
자신의 이익을 지키는 균형점을 찾는 것이 중요하다.

TREATING
PEOPLE
WELL

Part 6
갈등은 기회로 전환하라

문명은 삶의 방식이자,
모든 인간을 동등하게 존중하는 태도다.

- 제인 애덤스

　　갈등을 능숙하게 해결하려면 포용적이고 긍정적
인 시각과 앞에서 다뤘던 대인관계 기술(자신감, 매력, 경청, 침착함)이
필요하다. 의견 차이가 반드시 대립으로 이어지는 것은 아니다. 때
때로 의견 차이는 더 좋은 방향으로 나아가는 길이 될 수도 있다.
다른 사람과 잘 지내는 사람들은 방해꾼처럼 굴거나 상대를 비판하
지 않는다. 그들은 협력하고, 기회를 포착하고, 모든 사람이 환영할
만한 더 나은 결과를 도출하기 위해 노력한다.

　갈등에 돌입하기 전에 우선 기꺼이 포기할 것과 절대 포기할 수
없는 것이 무엇인지 파악해야 한다. 의견 대립을 해결하는 일은 제
로섬 게임이 아니며, 완전한 승리가 목적도 아니다. 상대방이 원하
는 것을 받아들임과 동시에 자신의 이익을 챙길 수 있다면, 앞으로
더 견고하고 생산적인 관계를 이어갈 수 있다.

　갈등을 해결할 가장 좋은 방법은 애초에 갈등 상황에 개입하지

않는 것이다. 1989년 소비에트연방의 붕괴를 알리는 베를린 장벽이 무너졌을 때, 조지 H. 부시의 보좌관들은 그가 독일로 날아가서 수십 년간 이어져온 분단의 종식을 축하해야 한다고 조언했다. 하지만 그의 응답은 이랬다. "내가 뭘 해야 하죠?[18] 장벽에서 춤이라도 출까요?"

독일과 소비에트연방에서 역사적인 사건이 벌어졌을 때 그가 보여준 자제심은 소비에트연방의 강성파들이 미국에 대한 국민들의 분노를 조장해서 폭력적인 행동으로 이어지는 것을 막았다. 그리고 미하일 고르바초프와 같은 개혁가들이 과도기를 거쳐 소비에트연방의 평화적 퇴장을 끌어내는 데 도움이 되었다.

오랜 적대국이었던 이집트와 이스라엘 간에 조인된 1978년 캠프 데이비드 협약은 갈등 해결사로서 지미 카터 대통령의 능력을 단적으로 보여주었다. 카터 대통령은 이스라엘의 메나헴 베긴 총리와 이집트의 안와르 사다트 대통령이 캠프 데이비드에서 거의 2주 동안 협상 테이블에 앉아 있도록 했다. 회담이 결렬된 것처럼 보이던 순간, 카터는 두 지도자에게 서로 양보할 것을 설득하여 역사적인 합의에 도달했다. 그 결과 두 사람은 나란히 노벨 평화상을 받았다. 카터는 베긴과 사다트가 해결하기 어려운 문제에서 공동의 이익을 찾도록 도왔다. 장애물이 가득한 곳에서 가능성을 발견하는 능력으로 카터는 외교적 돌파구를 마련했다.

우리는 모든 상황에서 갈등을 효과적으로 해결할 수 있는 3가지 전략을 배웠다. 문제에 적극적으로 맞서고, 경계선을 설정하고, 마지막으로 자신의 대응을 조절하는 것이다.

원인보다 해결책에 집중하라

● ● ●

싸움을 피하고 싶은 것은 당연한 인간의 마음이다. 하지만 문제에 좀 더 빠르게 개입할수록 더 빠르게 벗어날 수 있다. "뭐가 잘못됐지?" "왜 이렇게 됐지?"라고 묻는 대신 "이걸 어떻게 하면 해결할수 있지?"라고 물어라. 신속하게 대처하지 않으면 갈등은 점점 쌓여서 불어난다. 분쟁이나 상황이 빠르게 전개되고 있다면, 비록 당신이 문제를 일으키지 않았다 하더라도 직접 해결하는 것이 최선일 때가 있다.

LEA

백악관에서 내가 처음 기획한 행사는 로라 부시 여사가 봉사단체의 여성들을 위해 마련한 연례 다도 행사였다. 영부인이 주최하는 리셉션에 참석하기 위해 350명의 손님이 버스를 타고 도착할 예정이었다. 연설이나 여타 프로그램 없이 오로지 차와 간단한 디저트가 제공되는 간단한 행사였는데도 이내 문제가 생기기 시작했다. 먼저 이스트 이그제큐티브 드라이브(동쪽 전용도로)로 진입하던 버스들이 백악관 남동쪽 출입문의 강철 게이트를 들이받아서 문들이 무방비로 열려 있었다.

또 다른 버스로 이미 도착한 여성들은 백악관 밖에 줄을 서서 기다리고 있었다. 그런데 한 손님이 자신의 신분증을 보여주자 보안 요원 2명이 앞으로 다가와 미란다 원칙을 읽어주더니 그녀에게 수갑을 채워 데려갔다(비록 그녀의 코트로 수갑이 채워진 손을 가렸지만). 비상식적이고 부당한 일이 일어나자 그녀의 동료들은 상원의원 사무실에 전화를 걸어서 분노에 찬 불만을 쏟아내기 시작했다. 상원의원은 백악관 입법사무국과 대통령 집무실에 전화를 걸어서 자신의 선거구 주민을 석방할 것을 요구했다. 이 사건에 대해 전화로 내게 처음 알려준 사람은 부시 대통령의 개인 보좌관 블레이크 고테스만이었다.

"다도 행사에서 체포된 사람이 있다면서요?" 그는 조심스럽게 물었다. "방금 상원의원 한 분이 대통령에게 전화를 걸어 그 문제에 대해 불만을 제기했어요."

"손님이 체포됐고, 대통령께서 이 문제에 대해 아신다는 거죠?" 나는 당황해서 물었다.

"아뇨, 아직요"라고 블레이크가 말했다. "도와줄 수 있겠습니까?"

그런 다음 입법사무국으로부터 조금 불친절한 전화가 걸려오기 시작했다. 성난 상원의원이 여러 차례 전화를 걸어서 불만을 터뜨렸던 것이다. 이런 상황을 사회활동 비서실에서는 '진주 목걸이를 움켜쥔 순간'이라고 한다. 먹살을 잡힌 듯 피가 얼굴로 확 쏠리는 상황이다. 대통령이 체포 소식을 알게 되는 것은 좋지 않은 일이었지만, 훨씬 더 걱정되는 것은 언론에 퍼지는 것이었다. 심야 토크쇼 사회자들의 먹잇감이 되기에 딱 좋은 사건이었다.

나는 비밀경호국 요원들에게 불같이 화를 낼 수도 있었고, 그렇게 하면 당시에는 분이 풀릴 수도 있었을 것이다. 하지만 그 사건의 당사자는 내가 믿고 존경하는 사람이었다. 그래서 다도 행사가 이미 시작된 스테이트 플로어에서 그에게 전화를 걸었다. 그는 문제의 여성에게 연방지방법원의 체포 영장이 발부된 상태였고, 그녀가 연방정부 건물에 들어가려고 할 때 체포할 의무가 있다고 말했다. 비밀경호국은 명단에서 그녀가 초청되었다는 것을 알고, 그녀를 기다리고 있었던 것이다. 다시 말해 실수가 아니었다.

이 사실을 알고 나서 내가 해야 할 일이 분명해졌다. 요원 중 한 명이 그녀의 친구들을 불러서 그러한 상황을 설명했다. 그들은 깜짝 놀랐다. 심지어 상원의원 보좌관들은 우리 직원들에게 사과하면서, 자신들이 성급하게 대처했음을 인정했다. 문제는 15분 만에 해결됐다. 그리고 대통령이 이 사실을 알게 된 것은 문제가 모두 해결된 뒤였다.

하지만 소동은 끝나지 않았다. 몇 분 후 그린룸에서 영부인과 사진을 찍기 위해 손님들이 줄을 서서 대기하고 있던 중에 고성이 흘러나왔다. 급히 달려가 보니 일단의 여성들이 큰 소리로 싸우고 있었다. 소리가 너무 커서 위층에 계신 로라 여사도 분명 들었을 것이다. 나는 내 신분을 소개하고 무엇을 도와줄지를 물었다. 그들은 누가 포토라인에 맨 먼저 설 것인지를 두고 다툰 것이었다.

나는 최대한 크고 단호한 목소리로 말했다. "여러분, 이렇게 계속

소리 지르시면 오늘 누구도 사진을 못 찍습니다!" 사실 거짓말이었지만 모두의 주의를 끌기에 충분했다. "로라 부시 여사께서 곧 도착하십니다. 이런 모습을 보여주고 싶으신가요?" 잘못된 것을 깨달은 여성들은 투덜대면서도 다시 제자리로 돌아가 줄을 섰고, 이후 행사는 별문제 없이 마무리됐다.

가장 매끄러운 행사는 아니었지만 우리는 최대한 신속하게 갈등을 해결해서 큰 피해나 당혹스러운 순간이 생기지 않도록 막을 수 있었다(수배자들은 백악관의 초대를 받더라도 기대한 환영을 받지는 못할 것이다).

신속한 행동이 필요할 때 기억해야 하는 몇 가지가 있다.

<u>사실 확인을 정확하게 한다.</u> 만일 리아가 그날 백악관 입구에서 무슨 일이 일어났는지 빨리 상황을 파악하지 못했다면, 그 일은 걷잡을 수 없이 퍼졌을 것이고, 그녀의 평판에도 타격을 입혔을 것이다. 상황을 이해하는 데 도움이 되는 질문들이 있다. "무슨 일이 있었지?" "누가 관련돼 있는 거지?" "어떻게 하면 해결할 수 있을까?" "내가 모르는 게 더 있나?" "그것을 해결하는 데 얼마나 걸릴까?"

<u>적극 나선다.</u> 뭔가를 처리해야 할 때, 당신의 행동이 너무 공격적으로 비쳐질까 봐 신경 쓸 필요 없다. 하원의 갑작스러운 표결로 사우스론에서 예정되어 있던 법안 서명식이 중단되었을 때, 리아는

자신의 말투 따위는 신경 쓸 겨를도 없었다. 부시 대통령과 사진 촬영을 기다리며 모여 있던 100명의 의원 중 80명이 갑자기 표결을 위해 자리를 떠나버린 것이다. 대통령은 이미 잔디밭을 가로질러 오고 있었고, 그 뒤로 텅 빈 의자가 가득한 장면은 정치적으로 결코 좋은 메시지를 전달할 수 없었다.

리아는 직원 2명과 함께 전속력으로 달려가 의자를 최대한 빨리 치우면서, 남아 있던 20명의 의원에게 대통령의 자리 뒤편을 채워달라고 요청했다. 마지막 의자가 무대에서 치워진 순간 대통령이 도착했고, 최종 사진에는 대통령 뒤에서 미소 짓는 의원들의 모습이 담겼다. 그렇게 해서 지지를 상징적으로 보여주는 장면이 역사에 남게 되었다. 리아와 직원들은 절뚝거리며 잔디밭을 가로질러서 돌아갔다. 잔디에 하이힐이 망가지고 온몸이 땀으로 흠뻑 젖었지만 안도의 한숨을 내쉴 수 있었다.

<u>업데이트를 제공하라.</u> 시간이 있고 비밀 사안이 아니라면 동료들에게 당신이 그 문제에 대해 인지하고 있고 해결하기 위해 노력하고 있음을 알려준다. 상세하게 설명하지 않더라도 그들은 계속 상황을 파악하고 있다는 사실 자체에 고마워할 것이다.

협상 자리에 앉을 때처럼 갈등이 예상될 때가 있다. 그럴 때는 우리와 의견이 다른 사람들 대부분이 적은 아니라는 것을 명심해야 한다. 협상에서 당신이 상대방을 완전히 괴멸시키려 든다면, 갈등

이 심화할 것은 불 보듯 뻔한 일이다.

당신이 협력할 의사가 분명히 있을 경우 의견의 불일치는 오히려 더 나은 길로 나아가는 하나의 과정이 될 수 있다. 로널드 레이건 대통령은 자신의 사무실에 해리 S. 트루먼의 유명한 인용구가 적힌 명패를 두었다. "공이 누구에게 돌아가든 신경 쓰지 않는다면, 당신은 무한히 많은 것을 성취할 수 있다."

여기에 협상을 효과적으로 이끌기 위한 몇 가지 지침이 있다.

<u>상대를 인정한다.</u> 상대는 당신과 생각이 다르기는 하지만 나름의 정당한 이유를 가지고 있다. 당신이 상대방에게 기대하는 것처럼 당신도 그 사람의 관점에서 문제를 파악하기 위해 노력해야 한다.

<u>단호하고 명확하게 말한다.</u> 당신이 요구하는 것을 공격적이지 않고 단호하게 전달한다. 감정이 고조되더라도 갈등은 성장을 위한 기회라는 것을 명심하라. 문제를 함께 해결해나가는 과정에서 둘의 관계는 더욱 공고해질 수 있다.

<u>포용적인 언어를 사용한다.</u> "우리가 이 문제를 어떻게 해결할 수 있을까?", "다른 방법을 시도해보면 어떨까?"와 같이 '나'가 아닌 '우리'라는 단어를 선택한다. 성과를 내는 데는 충돌보다는 협력이 더

도움이 된다.

대안을 받아들인다. 반대 의견을 무시하지 마라. 다른 사람의 말을 경청하면 상대는 존중받고 있다는 것을 느끼고 대화를 지속할 수 있다.

갈등을 미리 차단하는 바운더리

● ● ●

갈등을 완화하거나 애초에 갈등이 일어나지 않게 하는 가장 좋은 방법은 경계선을 세우는 것이다. 다른 사람들의 경계선을 인정해주면서, 자신의 경계선을 분명하게 긋는다. 자신의 경계선을 알고 그것을 다른 사람들에게 명확하게 전달하면, 사람들은 당신의 말을 좋아하지는 않더라도 당신의 입장이 무엇인지 이해하고 굳은 신념을 존중할 것이다. 경계를 세우면 질서가 살아난다.

동료가 초대받지 않은 모임에 나타나곤 한다면 그를 불러서 그 모임은 참석 인원수가 제한되어 있다고 말하고 그 이유를 명확히 설명한다. 그러면 그가 선을 넘었다는 사실을 분명하게 이해할 것이다. 그런 다음에 어떤 이유로 그런 행동을 했는지 물어본다. 그러면 상대는 더 이상 불필요한 행동을 하지 않을 것이다.

가능하다면 규칙이나 기준들을 언급한다. 그러면 당신의 행동에 무게가 실리고 근거가 있는 것처럼 보여진다. 백악관에서 우리는 함께 일하는 동료들에게 어떤 것이 필수이고, 어떤 것은 협상의 여지가 있고, 어떤 것은 질문의 가치도 없는지를 명확하게 전달한다. 우리는 손님들의 부적절한 요구를 차단하는 하나의 방패로 오랜 전통을 활용했다. '안 됩니다'라는 말 대신 '그것이 백악관의 전통입니다'라고 말하면 손님들은 더 이상 화를 내지 않았다.

JEREMY

한번은 오바마 대통령 내외를 방문한 기업의 CEO가 자신의 전용기를 타고 댈러스 공항에 도착해 나에게 전화를 걸었다. 그는 교통 체증 때문에 약속 시간에 늦을까 봐 걱정된다고 했다. 그러면서 내가 착륙 허가만 받아준다면, 헬리콥터를 빌려서 백악관으로 바로 날아가고 싶다고 말했다. 나는 그런 특권은 대통령에게만 주어진다고 설명했다. 부통령이나 영부인조차, 그리고 물론 다른 누구도 헬리콥터를 타고 백악관에 착륙할 수 없다고 말했다(1981년 레이건 대통령이 피격당한 후 조지 H. 부시 부통령은 대통령만의 특권을 존중하는 의미에서 헬리콥터를 타고 백악관으로 직접 가지 않겠다고 거절한 바 있다).

나는 침착하게 백악관 사우스론의 헬리콥터 착륙에 관한 규정을 설명했고, 그는 자신의 요청이 비현실적이라는 것을 깨닫고 철회했다. 결국 그는 리무진을 타고 충분히 여유 있게 도착했다.

LEA

처음 백악관에서 근무했을 때는 나의 경계선을 방어하는 데 처절하게 실패했다. 어떻게 해서든 분위기를 맞추고 어떤 희생을 치르더라도 일이 원활하게 돌아가야 한다는 태도가 몸에 밴 나머지 업무 갈등에서 감정을 억누르다 보니 결국 정신건강을 해치고 말았다. 내가 다른 사람을 존중하는 만큼 나 자신을 존중하지 못한다면, 아무도 나를 존중하지 않는다는 것을 깨달았다.

관저에는 온갖 일, 심지어 자신의 업무와 아무 관련이 없는 부분까지 자기 의견을 내는 직원이 있었다. 자신과 전혀 상관없는 일에 참견할 때 나는 아무런 말도 하지 않았다. 상대의 참견이 별다른 해가 되지 않을뿐더러 모든 동료들과 잘 지내고 싶었기 때문이다.

홀리데이 파티에서 테이블을 어떻게 꾸밀지 시연해보는 뷔페 총연습은 셰프, 플로리스트, 그리고 사회활동 비서실이 몇 주간 공들인 노력의 결과물이다. 한번은 내가 디저트 테이블 옆에 서서 파티 시에 빌 요세스와 배열에 관한 이야기를 하면서 커다란 트라이플(영국 전통 디저트 케이크) 볼을 테이블 가장자리에 놓았다. 그때 문제의 그 직원이 내 뒤로 다가오더니 "그건 여기 두는 게 좋아요"라고 말하면서 볼을 테이블 중앙으로 옮겼다.

로라 부시 여사가 뷔페 준비를 보러 내려왔다가 스테이트 다이닝룸을 돌아다니면서 장식을 감상하고 소소한 제안들을 주었다. 디저트 뷔페에 다다르자 그녀는 트라이플 볼을 바라보다가 그것을 내가 원래 놓았던 자리로 다시 옮겼다. 그 여성 직원은 부시 여사 앞에서 내게 이렇게 말했다. "제가 뭐랬어요. 그건 중앙에 두면 안 된다고 말했잖아요. 저기로 옮기니까 훨씬 보기 좋네요."

나는 별거 아닌 작은 일로 그런 짓을 했다는 것이 믿어지지 않았다. 나는 화를 참고 아무 말도 하지 않았다. 내가 영부인 앞에서 그녀의 말을 바로잡았더라면, 그녀가 아닌 내가 소인배처럼 보였을 것이다. 하지만 그렇다고 해서 그녀의 행동을 보고도 아무 말 없이 그냥 넘어가야 한다는 의미는 아니다. 그녀는 자신이 다른 동료들을 화나게 만들고 있다는 것을 몰랐다. 아무도 얘기를 하지 않았으니 말이다.

결국 내가 한계에 다다른 일이 있었다. 어느 날 그녀가 내 사무실에 들어와 벽에 걸린 4개의 그림을 보더니 '너무 여성스럽다'며 바꿔야 한다고 말했다. 이때 나는 그녀를 가만히 쳐다보면서 이렇게 말했다. "그 그림들은 제 남편이 사무실에 걸라고 사다 준 거예요."

그녀의 얼굴에 당혹스러운 기색이 스치더니 아무 말도 하지 않고 뒷걸음질 치며 사무실을 나갔다. 나는 마침내 그녀에게 선을 넘었다고 경고했고, 그 이후로는 우리 사이에 아무 문제도 생기지 않았다.

다음은 갈등을 피하기 위해 경계선을 활용하는 몇 가지 제안이다.

<u>한계를 정한다.</u> 갈등 상황이 생길까 봐 두려워서 다른 사람들이 그 경계선을 침범하는 것을 묵인해서는 안 된다. 일요일 저녁에는 업무와 관련된 문자 메시지를 받고 싶지 않다면, 그 시간은 연락을

받지 않겠다는 것을 확실히 밝히고, 긴급한 일이 아닌 한 문자에 답하지 않는다. 동료가 월요일 아침마다 당신의 사무실에 들러 주말에 있었던 이야기를 늘어놓는다면, 정중하지만 단호하게 하루 업무를 시작해야 한다고 알려주는 것이 합리적이다. 휴가 중에 연락을 받지 않고 싶다면, 동료들에게 연락을 받을 수 없는 날짜와 긴급한 일이 생겼을 경우 대신 연락할 사람을 메모해두라고 알리는 것이 좋다.

자신의 경계를 굳게 지킨다. 누군가의 눈치를 보거나 압박에 못 이겨 당신만의 기준선을 무너뜨리지 마라. 또래 압박은 아이들만의 문제가 아니다. 우리는 평생 내키지 않은 행동을 하라는 압박을 받아왔다. 이런 압력에 휘둘리지 않을 수 있다면 나 자신에게 충실한 삶을 살기가 더 쉬워진다.

신중하게 행동한다. 특히 직장에서 개인정보나 확인되지 않은 소문을 지나치게 많이 공유하는 것은 좋지 않다. 누군가 부적절한 질문으로 당신의 사생활을 침해하려고 하면 정중하게 주제를 바꿔라.

상식을 활용한다. 갈등이 심화되는 것을 막기 위해서는 무언의 경계선을 깨달아야 한다. 고도의 긴장을 요하는 시기에는 점심 휴식 시간을 너무 길게 갖지 마라. 사무실을 비워야 하는 경우, 전날 늦은 시간까지 야근하거나, 당일 아침에 일찍 출근해서 자신의 업무를 미리 처리한다. 당신이 업무 경계선을 명확하게 지키면 다른 동료들도 그렇게 한다.

부적절한 요구를 차단하는 법

● ● ●

갈등 상황에 휘말렸을 때는 실수하지 않도록 무엇보다 신중하게 말하고 행동해야 한다. 분노를 조절하지 못하고 한번 내뱉은 말로 인해 관계를 돌이킬 수 없을지도 모른다. 의견이 일치하지 않는 것과 상대를 대하는 당신의 태도를 분리해서 생각해야 한다.

분노의 감정이나 복수하고 싶은 욕구는 갈등 해결을 더욱 어렵게 만든다. 문제를 해결하고 싶다면 빈정거림, 경멸, 비판, 방어적 태도를 피해야 한다. 그러한 태도는 상황을 더욱 악화시키고 상대방의 마음도 바꿀 수 없다. 화를 내기 전에 궁극적으로 얻고자 하는 큰 목표를 떠올려라.

JEREMY

아무리 힘들어도 입을 다물고 있어야 할 때가 있다. 1월의 어느 추운 저녁, 나는 한 파티에 초대를 받았다. 아는 사람은 오로지 파티의 주최자뿐이었기에, 화려한 거실을 지나가면서 나를 소개해야 했다. 벽난로 앞에 서 있던 젊은 남자가 벽난로 선반에 놓인 사진들을 보고 있었다. 나는 그에게 집주인과 얼마나 오랫동안 알고 지냈는지 물었다(그것은 첫인사로 건네기에 가장 좋은 질문이다).

그는 '이루 말할 수 없이 지루한 백악관 홀리데이 리셉션'에서 만났다고 말했다. 그는 모두가 사진을 찍느라 분주한 '그 고리타분한 방'에서 얼마나 지루한 시간을 보냈는지를 설명했다. 그가 너무 자연스럽게 말하기에 농담을 하는 줄 알았다. 하지만 곧 그가 진심이라는 것을 알 수 있었다. 나는 굳은 미소를 띤 채 말 그대로 혀를 깨물면서 계속 듣고 있을 수밖에 없었다.

백악관 스테이트 다이닝룸에 있는 식탁에 견줄 만한 거대한 디너 테이블에 우리 모두 자리를 잡고 앉았을 때였다. 집주인은 서로 알고 지내기를 바라는 마음에서 자신이 초대한 손님들을 한 사람씩 간단하게 소개하기 시작했다. 집주인은 "오늘 백악관 사회활동 비서관 제러미 버나드가 바쁜 저녁 시간을 내서 우리와 함께할 수 있게 되어서 정말 기쁩니다"라고 말했다. 그때 나는 곁눈질로 그 젊은 남자의 반응을 살폈다. 그는 잠시 아래턱을 내렸다가 옆자리에 앉은 사람에게 뭔가 속삭였다. 나중에 나는 자리를 뜰 때 그와 악수하며 만나서 반가웠다고 했다. 그는 자신의 말실수를 사과했고 나는 웃으면서 "괜찮아요. 걱정하지 말아요"라는 말로 그의 부담을 덜어줬다.

이 이야기는 우리 직원들이 가장 좋아하는 일화가 되었다. 아침 회의에서 전날 있었던 일들을 이야기할 때면, 그들은 종종 "이루 말할 수 없이 지루한 행사 중 또 하나가 끝났네요"라고 농담하곤 했다. 그 말은 모든 일이 순조롭게 잘 진행되었다는 뜻이다.

선을 넘는 행동을 하지 말고, 대부분의 갈등이 오래가지 않는다는 것을 염두에 두고 당신의 분노와 좌절감을 표출할 건강한 분출구를 찾아야 한다. 특히 힘든 날, 제러미는 그의 부비서관에게 5분만 방해하지 말아달라고 요청하고 사무실 문을 닫았다. 한번 사무실 문이 철커덕하고 닫히면, 그는 책상에서 멀리 떨어져 앉아 잠시 명상에 잠기곤 했다. 그 몇 분 동안의 고요함이 엄청난 스트레스 완화 효과를 가져다줬다.

백악관에서 힘든 하루를 보낸 후 리아는 자신의 차 안에서 라디오를 켜고, 자신을 가장 행복하게 만들어주는 노래를 큰 소리로 따라 부르곤 했다. 집에 도착할 때쯤, 그녀는 기분이 훨씬 나아졌고 직장에서 느꼈던 좌절감을 가족들에게 전가하지 않고 그들과 단란한 시간을 보내면서 쉴 수 있었다.

백악관에서 보낸 시간들은 우리가 갈등을 빠르게 해결하는 데 큰 도움을 주었다. 그리고 일상에서나 직업적인 환경에서 경계선을 세우고, 다른 사람들의 경계선을 존중하는 법을 배웠다. 늘 대중들이 지켜본다고 생각하면 어려운 상황에 직면했을 때 절제하며 사려 깊게 행동할 수 있다.

갈등 해결은 어린 시절부터 죽을 때까지 평생 필요한 기술이다. 부모나 보호자가 적극적으로 협상하는 모습을 보면, 아이들도 직접 나서서 합리적으로 갈등을 해결하는 습관을 갖게 될 것이다. 그들은 감정을 조절하면서 자신의 견해를 주장하는 법을 배우게 될 것이다. 감정을 조절하면 직장 동료들이 가하는 압력에 효과적으로 맞설 수 있다. 이것은 특출난 재능이고, 사람을 잘 대하는 데 필요한 다른 방법들과 마찬가지로 충분히 배울 수 있는 능력이다.

받아들이기 힘든 진실을 전달할 때,

상대에게 상처만 남기는 불필요한 정보를 말할 때

우리는 신중해야 한다.

진실은 언제나 옳지만,

거짓말조차 배려와 친절이 될 수 있다.

진실이 도움이 되는 때와

해가 되는 때를 구분할 줄 알아야 한다.

TREATING PEOPLE WELL

Part 7
적절한 진실과 거짓말

진실은 강력하며 결국 승리한다.

- 소저너 트루스

역대 가장 정직하다고 평가받는 대통령은 그로버 클리블랜드다. 그는 연임이 아닌 두 차례(22대, 24대) 대통령에 선출되었고 혼외자를 둔 것으로 더 잘 알려져 있다. 하지만 클리블랜드의 대쪽 같은 성품과 부패 척결의 의지가 알려지면서 그는 입지를 굳게 다지고 있던 태머니 홀을 누르고 버펄로 시장에서 뉴욕 주지사로 당선되었고, 이내 대통령의 자리까지 올랐다. 신문발행인 조지프 퓰리처는 그에게 투표해야 하는 이유를 4가지로 꼽았다. 첫째도,[19] 둘째도, 셋째도 그리고 넷째도 정직한 사람이라는 것이었다.

1884년 대통령 선거 직전, 클리블랜드에게 혼외자가 있다는 사실이 밝혀졌고, 미혼이었던 클리블랜드는 아이 엄마와 자신의 관계 그리고 아이에게 양육 지원을 하고 있다는 사실을 인정했다. 그것은 후보자에게 오히려 호재로 작용한 최초이자 유일한 성스캔들이었다. 클리블랜드는 30년이 넘는 세월 동안 처음으로 백악관에 입성한 민주당 출신 대통령이었다.

정직은 우리 모두가 칭송하는 덕목이지만 솔직하게 말하는 데도 요령이 필요하다. 받아들이기 힘든 진실을 전달해야 할 때, 혹은 상대에게 상처를 주는 것 말고 아무런 도움이 되지 않는 정보를 말하지 않아야 할 때를 알기 위해서는, 갈등을 해결하는 능숙함, 냉정함, 자신감이 어느 정도 필요하다.

우선 진실은 언제나 옳은 것이지만 거짓말 또한 배려이자 친절일 수 있다. 그리고 진실을 말하는 것이 잔인하고 무의미할 때도 있다. 정직함은 자랑스러운 것이지만 조심스럽게 진실을 외면하는 것이 가장 적절한 행동인 경우도 있다.

솔직함과 관련해서 지침이 될 만한 3가지 원칙이 있다. 가능한 매사에 솔직해야 하고, 진실이 도움이 되는 때와 해가 되는 때를 구분할 줄 알아야 하며, 멀리 내다봐야 한다.

일단 솔직한 것이 기본

• • •

당혹스러운 사실을 숨기고 싶은 충동을 느낄 때가 있다. 특히 입사 면접과 같은 상황에서 그렇다. 하지만 그러한 상황에서 솔직하게 말하면 진솔한 사람이라는 인상을 줄 수 있다. 머피 브랜든이 사회활동 비서관직을 제안받고 레이건 대통령을 만났을 때, 그녀가 맨 먼저 한 것은 자신이 민주당 당원이라는 사실을 상기시키는 것이었다. 레이건 대통령은 그녀에게 이렇게 답했다고 한다. "나도 과거에는 민주당 소속이었어요. 우리가 찾고 있는 사람은 국가를 위해 봉사할 수 있는 적임자입니다." 서로에게 솔직한 태도를 보여준 두 사람은 이후 공무적으로 멋진 관계를 맺었다.

JEREMY

미셸 오바마 여사와 함께 일하던 사람으로부터 사회활동 비서관으로 일해볼 의향이 있는지를 묻는 이메일을 받았을 때 나는 프랑스 파리의 미국 대사관에서 근무하고 있었다. 당시 사회활동 비서관이었던 줄리아나 스무트가 재선 캠프에 합류하기 위해 사임할 예정이었다. 나는 두 번도 생각하지 않고 제안을 수락했다. 인터뷰에 늦지 않고 시차에 적응하기 위해 미리 워싱턴 D. C.에 도착했다(철저한 준비는 자신감을 높여준다는 사실을 기억하자).

오전에는 백악관 수석보좌관들과 개별적인 미팅을 가진 후, 미셸 여사가 근무하는 이스트윙 사무실로 안내받아 갔다. 그녀는 나를 포옹하며 반겨주었고 우리는 잠시 파리에 관한 이야기를 나눈 뒤 본론으로 들어갔다. 나는 문제가 될 수 있다는 걱정을 하면서도 솔직히 털어놓고 싶어서 몇 가지 미리 밝혀둘 부분이 있다고 말했다. "저는 꽃이나 리넨에 대해서 아는 게 전혀 없습니다." 그러자 그녀가 웃으면서 그 분야에 대해서는 의견을 줄 직원들이 있다고 말했다. 인터뷰가 끝나고 나는 줄리아나에게 인터뷰 서두에 내가 했던 말을 전달했다. 그러자 그녀 역시 웃으면서 사실 자신도 미셸 여사와 인터뷰할 때 똑같은 말을 했다고 털어놨다(그리고 우리 둘 다 그 자리에 채용됐다).

솔직한 것이 무엇보다 중요하다고 믿게 된 것은 텍사스에서 고등학교에 다닐 때 겪은 사건 때문이었다. 친구 3명과 나는 학칙을 어기고 점심을 먹으러 학교 밖으로 나갔다. 오래가지 않아 우리는 교장선생님인 돈트 목사님의 사무실로 불려갔다. 말 맞추기를 시도하기 전에 우리는 한 명씩 조사를 받았다. 다른 친구들은 더듬거렸고, 한 명은 졸업 앨범의 광고를 팔러 나갔다고 말했다. 내 순서가 왔을 때 나는 손을 번쩍 들고 이렇게 말했다. "저는 그냥 학교가 아닌 다른 곳에서 점심을 먹고 싶었을 뿐입니다." 돈트 목사님은 빙그레 웃으시더니 처벌 없이 모두 교실로 돌아가라고 말씀하셨다.

LEA

1987년 여름, 조지 H. 부시는 에드 매디건 의원을 만나서 공화당 대선 후보 지명과 관련한 지지를 얻어내는 자리에 그의 아들 조지 W. 부시를 내 남편과 함께 보냈다. 매디건의 응답은 그다지 고무적이지 않았다. 그는 조지 W. 부시에게 이렇게 답했다. "내가 현역 의원으로서 예비선거에 나갔을 때 당신 아버지께 도움을 청했지만, 그의 참모 중 아무도 내게 연락을 주지 않았습니다. 그런데 내가 왜 그분을 위해 앞장서야 한다는 거죠?"

조지 W. 부시는 이렇게 답했다. "참모들이 연락하지 않은 데 대해 아버지를 대신해서 사과드립니다. 그것은 평소 아버지의 업무 처리 방식이 아닙니다. 진정한 신사이신 아버지가 이 사실을 알게 된다면 크게 역정을 내실 것입니다. 물론 당신이 지지해주실 것이라고 기대하지는 않지만, 그래도 우리는 당신의 지지가 필요하다는 것을 말씀드리고 싶습니다. 제 전화번호입니다. 저나, 저희 캠프, 혹은 제 아버지의 도움이 필요하시면 언제든 전화 주세요. 제가 꼭 전화를 받겠습니다."

그리고 이틀 뒤, 매디건은 조지 H. 부시의 지지를 선언했다. 이때 그는 내 남편 웨인에게 조지 W. 부시와 나눈 대화는 자신이 지금까지 정치인과 나눈 대화 중에서 가장 진솔한 대화였다고 말했다. 조지 W. 부시의 진솔함 덕분에 그는 적을 지지자로 바꿀 수 있었다. 그리고 이후 두 사람의 관계는 점점 더 공고해졌다. 매디건은 결국 조지 W. 부시 행정부의 농무부 장관에 임명되었다.

사실 직장에서 정직하지 못한 태도는 위태로울 정도로 상황을 복잡하게 만들 수 있다. 작은 거짓말 하나가 당신의 평판을 떨어뜨린다. 당신의 능력이 어느 정도인지 솔직하게 말해야 한다. 중학교 때 고작 2년 공부한 게 전부인데 스페인어에 능통하다고 말해서는 안 된다. 신규 고객에게 스페인어로 사무실을 구경시켜주어야 할 일이 생긴다면 거짓말은 금세 들통이 나고 만다.

또 하나 중요한 원칙은, 자신이 이행할 수 없는 약속은 하지 않는 것이다. 정당 지지자들은 후보를 초대하고 싶어 하지만, 때로는 자신의 집이 대통령 선거 캠페인과 같은 행사를 감당할 공간이나 여건을 갖추지 못했다는 사실을 간과한다. 한 시골 저택에서 모금 행사가 열렸는데, 주최 측은 주차 공간이 충분하다고 했지만 알고 보니 근처의 울퉁불퉁한 들판이었다. 저녁에 비가 내리자 100대가 넘는 차량이 휠캡까지 물에 잠길 정도로 점점 더 깊이 빠졌다. 이를 알아챈 행사 기획자 린지 레이놀즈는 즉시 반경 40마일 이내의 모든 견인차를 불러 들판에서 차량을 하나하나 끌어내기 시작했다. 저녁 식사가 끝날 즈음에는 손님들의 차량이 진흙 범벅이긴 했지만 진입로를 따라 줄지어 주차되었고, 모두 무사히 나올 수 있었다. 손님들은 린지가 재난에 가까운 사고를 막았다는 사실을 몰랐다. 그리고 이후 그 집에서 정치 행사를 하는 것에 대해서는 다시 생각하게 되었다.

작은 거짓말의 배려

• • •

가능한 진실을 말해야 하는 것은 맞지만, 때때로 작은 거짓말이 상대의 감정을 배려하면서 애정을 표현하는 방법이 될 수 있다. 리아의 시어머니 샐리는 요리를 정말 못한다. 하루가 끝날 무렵 시어머니가 부엌에서 슬슬 요리를 시작하려고 하면, 시아버지는 자리에서 벌떡 일어나 "샐, 피곤해 보이네. 외식하자"라고 말한다. 이들은 이렇게 행복한 루틴을 수년간 반복했다. 언제 어디서나 솔직하게 말하기가 힘든 이유다. 당시의 상황과 의도에 따라 얼마나 솔직하게 말해야 하는지를 결정해야 한다.

LEA

2005년 이라크 전쟁이 잘 풀리지 않고, 반전 정서가 고조되고 있을 때, 백악관 행사에 참여할 연예인을 섭외하는 일은 더욱 힘들었다. 연예인을 섭외하는 것은 늘 어려운 문제였는데, 그들의 공연 스케줄이 이미 몇 년 동안 꽉 차 있거나 다른 나라에서 순회공연을 하고 있을 때가 많기 때문이다. 그래서 해당 연예인이 국내에 체류 중이어야 하고, 그날 밤에 일정이 없어야 하며, 무료로 공연할 의사가 있어야 한다.

그해 우리는 '부시 행정부에 반대하지 않는다'는 조항을 섭외 조건에 추가해야 했다. 더욱 곤란했던 것은 대통령이 해외 순방 중에 연예인들을 만났을 때는 그들이 백악관에서 공연하게 된다면 무척 기쁠 것이라고 거짓말했다는 점이었다. 대통령이 연예인들과 그런 이야기를 나눴다고 하기에 그들에게 전화를 걸어봤지만 번번이 받지 않았다.

눈코 뜰 새 없이 바쁜 대통령은 연예인들의 사정을 일일이 파악할 수도 없었다. 그래서 수석보좌관을 위한 크리스마스 파티에서 우연히 내가 대통령의 옆자리에 앉기 전까지는 별문제가 되지 않았다. 그는 유명한 컨트리 가수와 유쾌한 대화를 나눴는데, 그 가수가 꼭 백악관에서 공연을 하고 싶다고 했다고 내게 전해주었다. 사실 나는 대통령이 그 가수에 대해 말하기 전주부터 그의 매니저와 연락을 취하고 있었다. 하지만 매니저는 우리의 공연 제안에 단순히 안 된다는 정도가 아니라 절대 못 한다고 답했다.

나는 별생각 없이 그의 매니저에게 요청했지만 거절당했다고 대통령에게 솔직하게 말씀드렸다. 실망한 기색이 역력한 대통령을 보자 내뱉은 말을 다시 주워 담고 싶었다. 거센 정치 공세에도 늘 흔들림이 없는 모습을 보였던 대통령이 그리 신경 쓸 것이라고 생각하지 못했다. 하지만 공교롭게도 부시 대통령은 그 가수의 팬이었고 거절당했다는 사실에 기분이 상했다.

나는 곧바로 일정 때문에 거절한 것이 분명하다고 덧붙였다. 하지만 나는 대통령이 그 가수의 이름을 거론했을 때 그가 백악관에서 공연하게 된다면 정말 좋을 것이라고 말하고, 그에게 다시 연락해보겠다고 말했어야 했다. 곧이곧대로 전달하기보다는 좀 더 좋게 포장해서 이야기해도 될 일이었다.

JEREMY

너무 솔직하게 말하면 상대의 감정이 상할 수 있다는 것을 알게 된 후 솔직함에 대해 다시 한 번 생각하게 되었다. 2015년 2월, 사회활동 비서관의 임기를 마치기 불과 3개월 전 《보그》에서 백악관 사회활동 비서실에 관한 기사를 실었다. 나는 비서관으로 있는 동안 최대한 눈에 띄지 않으려고 애썼다. 언론에도 거의 등장하지 않았기 때문에, 동료들과 함께 인터뷰하고 사진 촬영을 하는 것은 흥분되면서도 약간 두려웠다. 우리는 모두 화려한 잡지에 소개되는 대부분의 사람과 비교했을 때 옷차림이 뒤처질까 봐 걱정했지만, 완성된 기사를 보는 것은 매우 기대되고 설레는 일이었다.

그리고 나서 백악관의 몇몇 직원이 우리가 그런 주목을 받은 것에 대해 불만을 제기하면서 자신들이 소개됐다면 더 많은 관심을 받았을 것이라고 말했다는 이야기를 전해 들었다. 그런 말을 우리에게 전하는 것은 아무런 도움이 되지 않았다. 상처가 되었을 뿐만 아니라, 처음으로 적대감을 느낀 순간이었다. 그 일로 인해 긍정적인 업무 분위기가 달라지고 말았다. 그런 '솔직함'은 결국 특별하고 즐거운 경험을 갈등과 부정적인 경험으로 바꿔버렸다.

백악관을 찾는 손님들을 보호하고 그들이 행복한 시간을 보내기를 바라는 마음에서 우리는 절반의 진실을 말하는 경우가 많았다. 가끔은 새빨간 거짓말을 하기도 했다. 우리는 그들이 불평하는 상황을 재구성해서 말하곤 했다.

"공연을 보시기에 자리가 별로 마음에 안 드시죠? 하지만 이 방에서는 이 자리에서 듣는 소리가 가장 좋습니다. 그러니 정말로 운이 좋으신 거예요."

"제가 기분 좋은 소식 하나 알려드릴까요? 오늘 밤 공식 만찬에서 주지사의 따님과 같은 자리에 앉게 되실 거예요. 주지사 자녀가 관사의 삶에 대해 이야기해준다면 얼마나 흥미로울까요?

보통 14세 미만의 어린이가 이런 저녁 행사에 참가하는 것은 허용하지 않아요. 그러니 정말 특별한 기회예요."(복장 규정이 엄격할 뿐 아니라 온통 화려하고 세련될 것으로 예상되는 백악관 만찬에 초대됐는데 어린아이가 옆자리에 앉게 된다면 어떨까? 그 어린아이가 아무리 귀하고 사랑스럽다고 하더라도, 그 대단한 행사가 주는 기대와 설렘이 조금은 반감될 수 있다.)

"오늘 밤 대통령님 옆자리에 배정받지 못하셔서 크게 실망하셨겠네요. 사실 주택도시개발부, 보건복지부, 상무부, 교통부 장관께서 당신을 자신들의 테이블에 앉게 해달라고 특별히 요청하셨어요. 개인적인 요청을 하시는 경우가 흔하지 않아 거절할 수가 없어서 그렇게 됐습니다."

물론 진실을 감추는 것이 도움은커녕 더 큰 해를 끼치기도 한다. 직장에서 자신의 본분을 다하지 못하는 동료들과 일해본 경험이 있을 것이다. 그럴 때 그들을 소외시키지 않으면서 문제를 어떻게 해결할 수 있을지 고민한다. 우리는 매일 이런 판단을 내린다. 예를 들어 신입 직원이 친절하기는 하지만 번번이 전화번호를 잘못 적는다면 그 사실을 말해줘야 할까? 직무 태만과 결근이 잦은 동료에게 더 이상 감싸줄 수 없다는 것을 어떻게 말하면 좋을까?

이런 동료들에게 진실을 말해주어야 할까? 대답은 '그렇다'이다. 하지만 진실을 말했을 때의 효과는 전달하는 방법에 달려 있다. 처음 리셉션을 진행하는 직원에게는 어떤 것을 기대하고 있는지 알려 줘야 한다. 공손하고 신속하게 전화 응대를 하는 것도 좋지만, 전화번호를 틀리지 않게 적기를 바란다고 말하는 것은 정직하고 긍정적인 피드백이다. 동료의 실수를 상사에게 보고해서 곤경에 빠뜨리기 전에 먼저 솔직하게 말하는 것이 좋다.

직장에서 곤란한 상황에 처했을 때, "왜 지금 이 얘기를 하나요?"라는 말을 듣는 편이, 나중에 숨겼다가 일이 커져서 화난 동료에게 "왜 진작 말하지 않았나요?"라는 비난을 듣는 것보다 훨씬 낫다. 만일 상사가 알아야 할 중요한 정보가 있다면 설령 부정적인 것이라도 주저 없이 말해야 한다. 예를 들어 회사에서 가장 잘 팔리는 제품의 선적이 크리스마스 이후로 연기되었다거나 월말 잔액이 부족하다는 것을 이야기하지 않으면 일이 눈덩이처럼 커질 수 있고 심지어 직장을 잃을 수도 있다. 문제가 발생했을 때는 최대한 신속하게 공유하는 것이 회사와 당신 모두에게 좋다.

JEREMY

우리는 매년 8월 오바마 가족이 마서스 비니어드에서 휴가를 보내는 몇 주 동안 밀린 업무를 처리하곤 했다. 2011년 9월 첫 주, 나는 이스트윙 수석보좌관 회의를 준비하고 있었다. 이 회의는 한 달여 만에 미셸 여사와 갖는 첫 회의였다.

회의에 앞서 영부인의 비서실장 티나 첸에게 이메일 하나를 받았다. 그녀는 10월 13일로 예정된 한국 대통령의 국빈만찬에 대해서는 언급하지 말 것을 제안했다. 나는 몹시 당혹스러웠다. 우리는 손님 목록을 수집하고 심사해야 했으며(그 작업만으로도 6주가 걸릴 수 있었다), 현실적인 시간을 확보하고 초대장을 발송해야 했다. 회의 전에 티나와 이야기를 나눌 기회가 없었기 때문에, 나는 회의 의제가 너무 많아서 그런가 하고 짐작했다. 나는 그 건에 대해 더 이상 생각하지 못한 채 미셸 여사 앞에서 가을 행사 브리핑을 했다. 하지만 그 와중에도 도무지 답이 없는 이 문제를 계속 생각하고 있었다. '영부인 비서실장의 말을 무시하고 만찬에 대해 말할까, 아니면 말하지 말까? 그런데 내가 말씀드리지 않더라도, 영부인께서 다른 누군가에게 듣지 않을까?'

그래서 나는 숨을 깊이 들이마시고 담담하게 말했다. "한국 대통령의 국빈만찬이 10월 13일로 확정됐다는 소식을 방금 통보받았습니다." 여사의 얼굴에는 놀란 기색이 역력했지만, 나는 예산과 다른 세부 사항에 관해 말을 이어갔다. 미셸 여사는 나와 비슷한 우려를 표현했지만, 다행히 별다른 흔들림이 없었다.

회의 내내 나는 티나가 앉아 있는 쪽을 도저히 쳐다볼 수 없었다. 회의가 끝나고 나는 그녀를 찾아가서 가장 적절한 행동이라고 생각한 것을 했다. 바로 거짓말이었다. 그녀에게 회의 전에 이메일을 읽지 못했다고 말했다. "이 문제를 좀 더 일찍 상의하지 못해서 미안해요"라는 말로 나의 입장을 설명할 수도 있었다. 하지만 나는 상사에게는 솔직하게 말하고 동료와의 갈등은 어떻게든 피해야 한다고 생각했다. 수년이 흐른 뒤 나는 그때 거짓말했다고 티나에게 털어났다. 우리는 그 이야기를 하면서 웃었고, 다행히 그녀는 나의 행동을 이해해줬다.

진실을 말하되 상처는 최소화

• • •

누군가에게 얼마나 솔직해야 하는지를 판단할 때는 장기적인 관점을 갖는 것이 중요하다. 직장에서 갈등이 있었다고 하더라도 미래를 위해 관계를 지속해야 한다.

누군가 당신에게 거짓말했다면, 큰 갈등을 일으키지 않고 상황을 관리할 수 있는 가장 좋은 방법을 생각한다. 거짓말을 바로잡을 때는 외교적으로 접근할 필요가 있다. 상대가 뭔가를 혼동했거나, 오해했거나, 잘못된 정보를 받았을 가능성이 있다는 전제에서 시작하라. 동료가 당신의 상사에게 중요한 상품의 지연이 당신 때문이라고 거짓 주장을 한다면, 그 동료를 불러서 차분하게 이야기하고, 함께 상사에게 가서 오해를 풀자고 제안한다.

동료의 잘못을 직접 지적할 필요 없다. 제러미는 한 회의에서 미셸 여사가 한 직원에게 세부 사항이 부족하다고 지적하고 그녀의 판단에 대해 비판적으로 이야기하는 모습을 봤다. 그런데 제러미는 그 회의에 앞서 다른 회의에서 한 동료가 그 직원에게 보고서를 대폭 수정하라고 지시하는 것을 목격했다. 그 동료는 회의에서 미셸 여사에게 단 한마디도 하지 않았다. 그래서 제러미는 회의가 끝나고 미셸 여사에게 가서 사실 그 직원은 지시받은 사항을 그대로 반영한 것이라고 말했다. 그러자 여사는 기분을 누그러뜨렸다.

LEA

백악관에서 새로운 임무를 맡게 된 나는 대통령 관저의 도자기와 아름다운 은제 식기, 특히 금도금 커트러리 세트를 선보일 생각에 한껏 들떠 있었다. 한 집사에게 예정된 만찬에서 금도금 은제 식기를 사용할 수 있는지 물었다. 그러자 그는 금도금 식기가 온전하지 않아서 더 이상 사용할 수 없다고 답했다. 나는 이미 백악관의 금도금 및 기타 식기 세트를 사용하는 문제를 놓고 갈등을 빚고 있다는 이야기를 들었다.

소장품을 보존하고 관리하는 큐레이터와 일부 비서관들은 나의 요청을 재빠르게 거절했다. 그들은 식기 컬렉션에 어떤 것들이 있는지도 보여주지 않으려고 했다. 우리는 전시와 감상을 위해 백악관에 기부된 품목의 사용을 놓고 최대한 정중하게 힘겨운 언쟁을 벌이곤 했다. 다른 집사에게 실망감을 토로하자 그는 의외라는 듯 눈썹을 치켜올리면서 말했다. "백악관에는 60인분의 금도금 식기가 있는데, 그게 무슨 말이에요."

그날 이후, 나는 행사의 규모와 격식에 맞게 금도기 식기를 사용하게 해달라고 요청했다. 해당 집사와 어색한 갈등을 빚을 필요가 없었다. 그는 식기 컬렉션을 보존하고 싶어 했고, 나는 행사를 최대한 멋지게 해내고 싶었다. 우리 둘은 어려운 시기를 극복하고 서로의 마음을 이해했으며, 오랫동안 원만하게 협조했다.

JEREMY

한 행사에서 누군가가 오바마 대통령과 미셸 여사와의 친분을 자랑하기 시작하더니 과장이 점점 도를 넘었다. 나는 사실이 아닌 내용들을 바로잡고 싶었지만, 이내 그냥 넘어가기로 마음을 바꿨다. 그의 거짓말이 누군가의 명예를 손상했거나 어떤 일의 결과를 바꿀 만한 것은 아니었기 때문이다. 그런 거짓말을 해서 기분이 좋아진다면 그걸로 그만이라고 생각하고 너그럽게 받아줬다.

사람들은 때론 별생각 없이 말하기도 하므로, 그런 것까지 심하게 비난할 필요는 없다. 하지만 사려 깊지 못한 말들이 실수가 아니라 의도적인 것이라면, 더 이상 그렇게 하지 못하도록 직접 대응해야 한다.

리아의 아버지는 평생 민주당원이었으며, 자신과 다른 리아의 정치적 입장을 개인적 배반 행위라고 생각했다. 수년간 그녀의 아버지는 자신이 싫어하는 공화당 정치인들을 비난하면서 그녀의 신경을 건드렸다(특히 그 정치인들이 그녀가 모시는 상관일 때). 아버지의 뼈 있는 말을 못 들은 척하거나 대화 주제를 바꾸는 것으로 충돌을 피해오던 어느 날 그녀는 이렇게 말했다. "아빠와 내가 의견이 다른 건 정치뿐이잖아요. 우리가 1년에 한두 번 만나는데, 이런 이야기는 하지 않는 게 서로에게 더 좋지 않을까요?" 그녀는 아버지와 정치에 관련된 논쟁 대신 포괄적인 주제에 관한 이야기를 나눴다. 아버지는 그날 이후 정치에 관한 이야기는 하지 않았고, 따뜻한 부녀 관계는 무탈하게 지속됐다.

LEA

어떤 행동이나 말을 지적하지 않고 그냥 넘어가는 것은 품위 있고 상대에게 안도감을 준다. 체니 부통령 부부가 자신들의 관저에서 처음 주최한 파티에서, 댄 퀘일 전 부통령의 부인으로 그 관저에 거주했었던 마릴린 퀘일이 집 안을 둘러보면서 큰 소리로 말했다. "예전에는 정말 예쁘고 근사했는데." 체니 여사와 나는 당혹스러운 시선을 주고받았지만, 여사는 그녀의 말을 못 들은 척하고 따뜻하게 맞이했다. 체니 여사는 퀘일 여사가 기분을 상하게 할 의도가 아니라, 이곳에 살았던 추억을 되새기면서 한 말이라고 믿었다.

거짓말로 백악관 파티의 초대장을 얻는 일도 종종 있다. 그중에 가장 대범한 사람은 린든 존슨 대통령의 사회활동 비서관 베스 아벨에게 자신의 아내가 죽어가고 있고 노르웨이 국왕 내외의 국빈 오찬에 참석하는 것이 마지막 소원이라고 말했다. 그 오찬 파티의 초대장은 이미 발송된 상태였고, 남는 자리는 단 하나도 없었다. 베스는 영부인 레이디 버드 존슨에게 그 남성의 이례적 요청을 전달했다. 영부인은 베스에게 그 부부를 초대할 방법을 찾으라고 말했고, 결국 두 사람을 오찬 파티에 초대할 수 있었다.

이후 몇 달이 지나고 심지어 몇 년이 지난 후에도 베스는 시내에서 우연히 그 남성과 건강한 아내가 돌아다니는 것을 목격했다. 베스는 이 손님의 말에 속아 넘어갔지만, 큰 그림에서 본다면 전혀 의미가 없지는 않았다. 베스는 후임 사회활동 비서관들에게 이 이야기를 하면서 행사 직전에 들어오는 모든 요청에 대해서는 의구심을 갖는 것이 좋다고 조언했다.

상황이 좋을 때는 누구나 함께하지만,

어려움 속에서 변함없이 곁을 지켜준 사람은

결코 잊혀지지 않는다.

도움이 필요할 때 곁에 있어주고,

이야기를 들어주는 것.

충성심은 빈말이 아닌,

반복되는 작은 몸짓 속에서 피어나는 마음이다.

TREATING PEOPLE WELL

Part 8

변함없는 지지를 보낸다는 것

우정은 이 세상을 하나로 묶어주는 유일한 끈이다.

-우드로 윌슨

백악관에서 충성심은 전류처럼 일정하게 흐르면서, 평생 지속될 수 있는 관계를 강화하고 결속력을 기른다. 그래서 우리가 누구를 의지해야 하는지, 누구에게 도움을 요청하면 좋을지 판단하기까지 오랜 시간이 걸리지 않았다. 그것은 모든 일터가 마찬가지다. 충성심이 강할 때(백악관에서는 대체로 굉장히 강하다), 우리가 함께 이루지 못할 일이 없는 것처럼 느껴진다.

미국 건국의 아버지들을 움직이게 했던 자유와 민주주의 이상을 지켜나가고 국민을 위해 봉사하겠다는 신념이 없었다면 지금과 같은 정부는 결코 존재하지 못했을 것이다. 패트릭 헨리과 조지 워싱턴은 버지니아라는 같은 고향 출신이지만 친한 사이는 아니었다. 헨리는 워싱턴이 지지했던 헌법을 극렬하게 반대했다. 그는 식민주의자들이 단순히 아무런 거리낌 없이 세금을 부과할 수 있는 연방 정부의 왕을 교체하는 것이라고 믿었고, "자유는 사라지고 독재가

뒤따라올 것이다"라고 경고했다. 워싱턴은 패트릭 헨리를 자유의 적이라고 불렀다.

1778년 식민군대가 연이은 패배로 사기가 떨어지고 퇴각할 때, 독립선언문에 서명한 인물 중 한 명인 필라델피아의 벤저민 러시는 미국군의 지휘관이었던 워싱턴을 제거하기 위해 비밀결사대를 만들었다. 러시는 워싱턴 제거 계획에 참여할 것을 요청하는 편지를 패트릭 헨리에게 보냈다. 하지만 헨리는 즉시 이 편지를 워싱턴에게 보내 이러한 음모가 있음을 알렸다. 비록 두 사람이 다른 사안에서는 대립했지만, 워싱턴에 대한 그의 충성심과 영국으로부터의 독립이라는 공동의 목표는 굳건하게 지켜나갔다. 워싱턴은 헨리에게 큰 신세를 졌다고 말했고, 두 사람의 협력 관계는 죽는 날까지 계속됐다.

충성심은 맹목적인 순종이 아니라 진실과 이행에 대한 약속이다. 충성스러운 사람들과 함께 일할 때, 그들이 맡은 책임을 충실히 수행할 것임을 안다. 그들이 당신의 지원과 지도를 믿고 의지하는 것처럼 회사에 대한 책임감을 갖고 있기 때문이다.

"유명한 것보다 신의가 있는 것이 더 낫다"는 시어도어 루스벨트의 말은 오늘날 점점 경험하기 어려운 교훈이 되고 있다. 우리는 신의가 인생의 성공과 성취를 달성하는 데 없어서는 안 되는 중요한 요소라는 것을 깨달았다. 그것은 사람의 기분을 고무시킬 뿐만 아니라 얼마든지 습득할 수 있는 사교 기술이다. 그 방법으로는 신중함 연습하기, 일관성 유지하기, 자신의 임무 외에 고객과 동료를 위한 일도 마다하지 않기 등이 있다.

믿을 만한 사람이라는 인상을 심어주는 일

● ● ●

신의가 있는 사람은 자신감도 강하다. 가장 헌신적인 사람들은 백악관 관저 직원들이다. 호기심과 비공식적 테스트의 일환으로 물어봐도 그들은 과거 자신들이 모시던 주인들에 대해 전혀 이야기하지 않는다. 모든 대통령의 사생활을 보호하고자 하는 신중한 태도를 보면, 그들이 우리 상관(대통령 내외)의 사생활도 똑같이 보호해줄 것임을 확인할 수 있었다. 유명인과의 친분을 이용하면 타블로이드 신문에서 거금을 받을 수 있는 오늘날의 세태에서도 기자에게 정보를 주는 관저 직원들은 거의 없다. 기자에게 정보를 제공하더라도 해가 되지 않고 궁극적으로 대통령의 이미지를 긍정적으로 각인하는 데 도움을 주는 내용들이다.

대통령 가족의 주변에서 일해본 사람은 누구나 그들의 삶이 지나치게 노출되어 있다는 것을 알기 때문에 자연스럽게 보호하고자 하는 감정을 느낀다. 당신의 한마디 한마디가 사람들의 입에 오르내릴수록 점점 부정적인 방향으로 왜곡되어 신문 헤드라인을 장식할 때 어떤 기분일지 상상해봐라. 당신이 실망감을 표현하거나 화를 낼 때마다 그것을 실어 날라서 모든 사람이 당신의 기분을 알게 된다고 상상해봐라. 고립된 장소라는 특수성에 더해서 사생활이 없는 상황에서는 제아무리 강인한 사람조차 타인의 충성심에 기댈 수밖에 없다. 그것이 바로 대통령 가족이 백악관 관저 직원들을 높이 평가하고 존중하는 이유다.

JEREMY

2012년 제38회 G8 정상회담을 위해 캠프 데이비드에 있을 때 관저 직원들의 재치와 성실함을 느낄 수 있었다. 우리는 정상들이 며칠간 체류할 준비를 했고, 그들이 도착하기까지 약간의 여유가 있었다. 나는 백악관 집사들과 이야기를 나누면서 과거 대통령 가족들에 관해 물어봤다. 그들이 내게 들려준 이야기들은 기본적으로 긍정적이었다.

그들이 유독 한 분을 더 좋아했다는 것을 유추할 수 있던 것은 공유해준 일화의 개수가 전부였다. 그리고 조지 H. 부시에 대해 극찬하는 것을 보고, 그를 특별히 존경한다는 것을 알 수 있었다. 나는 2013년 아버지 부시 내외가 자선단체 포인트 오브 라이트 재단을 기념하기 위해 백악관을 방문했을 때 관저 직원들이 그들을 얼마나 깊이 존중하는지 직접 눈으로 확인했다. 부시 내외가 디플로매틱 리셉션룸으로 걸어 들어오자, 관저 직원들이 두 사람에게 인사하기 위해서 눈을 반짝이며 기다리고 있었다. 그때 부시 대통령 내외는 물론 20년이 지났는데도 그들을 모셨던 직원들의 눈에 눈물이 맺혔다. 그들의 충성심은 보고 있는 것만으로 감동이었다.

관저 직원들의 본보기처럼, 친구나 동료의 개인사를 언급하는 일에는 신중할 필요가 있다. 신의가 있는 사람은 다른 사람의 등 뒤에서 험담을 하지 않는다. 다른 사람들이 당신의 협력자에 대해 부정적으로 이야기할 때 정중하게 그들을 옹호해라. 상대가 당신의 의견에 동의하지 않는다고 하더라도, 의리 있는 행동은 높이 살 것이다.

다른 사람이 당신의 험담을 하는 것을 듣는다면 굉장히 실망스럽겠지만 너무 신경 쓰지 마라. 그리고 당신을 험담한 사람을 다시 험담하는 것으로 되갚아서는 안 된다.

리아는 백악관에서 험담은 정치적 비판에 좀 더 가깝다고 생각했지만(사람들은 타인을 깎아내려서 이득을 챙기려고 할 때가 많다), 자신이 충성할 대상은 대통령 내외와 부통령 내외임을 늘 마음에 새겼다.

곁을 지켜주겠다는 확신

· · ·

오바마 대통령 내외와 바이든 부통령 내외의 진정한 우정과 신의는 이례적이었다. 오사마 빈 라덴 사망 발표 다음 날 아침, 행사가 있기 전에 제러미는 대통령이 자신의 두 팔을 질 바이든 여사와 미셸 여사의 어깨에 두르고 있는 모습을 봤다. 그들은 서로를 존중할 뿐 아니라 신뢰와 애정에 기반한 연대감을 느끼고 있는 것이 분명했다. 미국 건국 초기에 대통령과 부통령은 경쟁자였다. 대통령 선거에서 2위를 차지한 후보가 부통령의 자리에 올랐기 때문이다. 그뿐만 아니라 정당에서 대통령의 러닝메이트를 선출하는 것이 일반적이었기 때문에 두 사람이 동료가 될 가능성은 상당히 희박했다.

오바마와 바이든의 관계는 그렇지 않았다. 바이든은 인터뷰에서 "나는 오바마를 좋아하는 게 아니라 그를 사랑한다"고 공개적으로 말했다. 오바마 대통령은 감동적인 기념식에서 바이든에게 자유 훈장을 수여해서 깜짝 놀라게 했고, 그를 자신의 '형제'라고 불렀다. 바이든이 눈에 눈물이 그렁한 채 미소 짓자, 오바마 대통령은 농담을 던졌다. "이것이 인터넷에서 우리의 브로맨스에 대해 이야기할 마지막 기회가 될 것 같군요."

미셸 여사와 질 여사의 헌신적인 동반자 관계는 군인 가족을 후원하는 프로그램인 조이닝 포시스의 지역 행사는 물론 백악관에서 열린 행사에서 시간을 거듭할수록 더욱 분명해졌다. 특히 2015년 6월 바이든 부통령 부부의 사랑하는 아들 보 바이든의 장례식에서, 오바마 대통령은 세계 지도자가 아닌 가족 구성원의 한 사람으로서 감동적인 연설을 했다. 두 가족이 나눈 사랑과 우정은 놀라웠다.

이러한 유대감은 하루아침에 생기지 않는다. 그것은 여러 해를 거치면서 서서히 그리고 조심스럽게 만들어진다. 충성심은 곁을 항상 지킨다는 의미다. 당신이 도움을 줄 수 있고 이야기를 들어줄 수 있으며, 도움이 필요할 때 달려올 수 있다는 것을 다른 사람에게 보여주는 것이다. 개인적으로나 혹은 업무적으로 어려운 시기를 겪고 있는 친구에게 손을 내밀어보라. 상황이 좋을 때는 주변에 지지자들이 많지만, 어려울 때 그들의 곁을 지켜준 당신을 결코 잊지 못할 것이다.

충성심은 입에 발린 빈말을 난발하는 것이 아니라, "내가 옆에 있어줄게"라고 말하는 구체적이고 반복적인 헌신의 몸짓이다. 동료의 배우자 장례식에 가서 "내가 뭐 도와줄 거 없을까?"라고 말하는 것은 모호하고 진정성도 없어 보인다. 대신 당신이 할 수 있는 일을 좀 더 구체적으로 생각해보라. 예를 들어 화요일 저녁에 식사를 사가도 되는지 혹은 유족이 잠시 숨을 돌릴 수 있도록 토요일 오후에 아이들을 영화관에 데려가도 되는지 물어보라.

LEA

몇 년 전 남편이 뉴욕 사무실에서 흉통으로 쓰러진 적이 있다. 병원에서 그는 비서에게 상관인 스티븐 슈워츠먼에게 연락해서 그날 오후 예정된 회의에 참석할 수 없다고 전해달라고 부탁했다. 스티븐은 소식을 듣자마자 병원으로 달려가서 웨인과 함께 검사 결과를 기다렸다. 그는 내가 뉴욕행 비행기에 몸을 실었을 때 결과가 나오면 바로 연락해주겠노라고 약속했다. 다행히 웨인의 심장 문제는 해결되었고, 우리 가족은 무서운 고통의 시간을 겪고 있을 때 스티븐이 남편에게 보여준 놀라운 신의와 노력을 결코 잊지 않았다. 스티븐에게는 인생에서 하루였지만, 내 가슴속에는 그에 대한 고마운 마음이 평생 갈 것이다.

JEREMY

작고한 상원의원 테디 케네디는 단단한 유대관계를 만드는 능력이 뛰어났다. 그의 상원의원 재선을 위한 모금 행사를 주최하고 나서 나는 그에게서 친필 카드를 받았고, 부활절, 독립기념일, 혹은 다른 국경일에도 전화를 받았다. 그는 마치 오랜 친구처럼 전화해서 가벼운 대화를 나눴다. 평소에 나의 부모님이 그를 높이 평가한 이유를 알 것 같았다.

케네디 상원의원의 정치 보좌관을 수년간 역임한 빌 캐릭은 처음부터 케네디가 동료들과의 개인적 관계를 얼마나 중요하게 여기는지 알고 있었다고 말했다. 어느 주말, 미시시피주의 존 스테니스 상원의원이 입원했는데, 케네디는 그가 다음 주 월요일 케이프 코드에서 돌아오고 나서야 그 소식을 전해 들었다. 이때 케네디는 캐릭에게 전화를 걸어서 이렇게 말했다. "빌, 나는 정치적으로, 또 전략적으로 자네의 도움이 필요하네. 하지만 무엇보다 필요한 것은 동료들이 병원에 입원하면 즉시 내게 알려주는 것이라네."

다음은 신뢰할 만한 사람이라는 인상을 주는 데 필요한 것들이다.

<u>약속을 지킨다.</u> 늘 그렇듯이 한결같은 태도를 유지하는 것이 중요하다. 당신이 한 말을 행동으로 옮긴다는 것은, 당신이 의지할 만한 사람이라는 것을 보여주고 타인의 충성심을 끌어내는 것이다.

혼자보다는 의지할 만한 친구와 함께 살아가는 것이 훨씬 의미 있다(덜 외로운 것은 말할 것도 없고).

솔직하게 자신의 생각을 말한다. 친구에게 안 좋은 소식을 전달해야 할 때, 당신이 지원을 아끼지 않겠다는 의사도 함께 전달한다. 제러미에게는 중요한 자리에 임명되기를 간절히 희망하던 친구가 있었다. 그녀의 바람이 이루어지지 않을 것이 확실했지만, 아무도 그녀에게 그 말을 하지 않았다. 하지만 제러미는 그녀에게 기대하는 것처럼 되지 않을 것이라고 말했다. 그녀는 실망했지만, 솔직히 말해준 제러미에게 고마움을 표현했다.

무조건적인 지원을 보내라. 누군가를 전적으로 지지하겠다고 결심했다면 주저하지 마라. 그 사람이 성공할 수 있도록 아낌없이 최선을 다해 노력하라. 충성심은 조금만 발휘할 수 없는 것이다. 조금만 임신할 수 없듯이. 친구나 동료 모두 당신의 헌신과 열정에 감사할 것이다.

JEREMY

누구나 삶의 부침을 겪는다. 그리고 어떤 일을 겪든 우리를 지지해준 사람들을 가장 고마워한다. 테디 케네디 상원의원의 아내 비키 케네디는 상대가 존중받고 있다는 기분이 들게 만드는 데 남다른 재주를 가지고 있다. 우리는 만날 때마다 항상 유쾌한 대화를 나냈다. 나는 사회활동 비서관으로 일하는 동안 여러 차례 그녀로부터 편지를 받았다. 하지만 가장 감동적인 것은 내가 백악관을 떠난 후 그녀가 보내온 이메일이었다. 그녀는 내게 어떻게 지내는지, 다음에 어떤 일을 할 것인지 물으면서 나의 앞날에 행운을 빌어줬다. 그것은 굉장히 의미 있는 편지였다.

LEA

조지타운대학교의 전략국제문제연구소(CSIS)에서 일제 뮐러라는 나이 많은 네덜란드 여성과 함께 일했다. 그녀는 로열 더치 쉘에서 근무하는 아버지를 따라 인도네시아에서 성장했으며, 제2차세계대전이 시작되고 인도네시아가 일본에 점령됐을 때 탈출하지 못하고 그곳에 갇혔다. 그녀는 10대 시절을 일본군 여성 수용소에서 보냈고, 이루 말할 수 없이 열악한 환경에서 살았다. 그때 그녀는 삶에 감사하는 마음과 사랑하는 사람들에게 든든한 지원군이 되어주겠다고 결심했다.

그녀는 나에게 친절한 관심을 보였고, 우리는 근처 인도네시아 식당으로 점심을 먹으러 가곤 했다. 그 식당에서 그녀는 완벽한 말레이어로 음식을 주문했고, 중서부 입맛을 가진 나를 나시고렝이나 달콤한 마르타박 등 이국적인 음식에 입문시켰다. 그녀는 나에게 시간을 아낌없이 내주며, 좀 더 천천히, 정확하게 일할 수 있도록 이끌어주었다. 또 대학원 진학을 응원해주었고, 모든 것을 너무 심각하게 받아들이지 말고 인생을 즐기라고 친절하게 조언해주었다. 내 삶에 늘 믿을 만한 조언을 아낌없이 해주는 사람이 있다는 것은 정말 큰 힘이 되었다.

그녀의 우정은 내가 약혼했을 때 특별히 빛을 발했다. 유대인 남자와의 결혼을 반대하셨던 부모님은 결혼 비용을 지원해주지 않는 것은 물론 처음에는 참석도 하지 않겠다고 말씀하셨다(웨인은 엄마가 난생처음 본 유대인이었다). 내 인생에서 가장 행복해야 할 시기에 하루하루가 불행의 연속이었다. 그 시간을 견뎌내는 내내 일제는 나에게 든든한 바위가 되어주었으며 내 결혼을 축복해주고 결혼식 내내 미소를 보내주었다. 그런 성숙하고 충실한 친구가 있다는 것이 내게는 이루 말할 수 없는 축복이었다. 시간이 지나면서 부모님은 웨인을 사랑하게 되었는데, 감정적으로 힘든 그 시기에 일제의 흔들림 없는 신의를 결코 잊을 수 없다.

칭찬을 아끼지 않는 사람에게 끌린다

● ● ●

충성심은 친구나 직장 동료 간에만 중요한 것이 아니다. 비즈니스 리더들은 알겠지만, 충성심은 사업을 성공적으로 이끄는 데도 중요하다. 오늘날은 단순히 임금을 지급하는 것만으로는 직원들에게 충성심을 기대할 수 없다. 직원들의 직업적 목표를 최대한 충족시키고 더욱 성장할 수 있는 기회를 제공해야 하며, 조직 전체의 협력 네트워크를 구축하고, 직원들이 사생활은 물론 회사에서도 행복하게 지낼 수 있도록 신경 써야 한다. 당신이 경영진이라면 그들에게 고마움을 표시해야 한다. 직원들의 든든한 지원자가 돼라. 직원들이 당신을 위해 최선을 다할 수 있도록 동기를 부여해라.

포용적인 태도를 유지하는 것 또한 충성심을 이끄는 데 효과적이다. 사무실 환경은 가족과 비슷하다. 우리는 쉽게 이야기할 수 있는 사람들에게 유대감을 느낀다. 칭찬해주고, 직원들과 정기적으로 소통하며, 교육과 훈련의 기회를 지속적으로 제공한다면, 직원들이 자신들의 업무를 수행하면서 성장한다는 기분을 느끼고 회사를 위해 헌신적으로 일할 것이다.

리아는 힘든 문제가 발생하면 조언이 필요하다는 것을 알고 있었다. 그래서 백악관 비서실장 조슈아 볼튼에게 전화를 걸어서 솔직한 대화를 나눴다. 그는 비서실장이 되었을 때 그녀에게 연락해서 언제든 도움이 필요하면 전화하라고 이야기했다. 그의 포용심 덕분에 사회활동 비서실과 대통령 집무실은 과거에 비해 훨씬 부드럽게 어우러졌고, 그의 협조적인 태도는 백악관 전체에 확대되어 좀 더 생산적이고 유쾌한 분위기를 만들었다.

직원들에게 목적의식을 심어주고 그들이 더 큰 조직의 일원이라는 생각을 갖게 하는 것은 충성심을 이끄는 데 효과적인 방법이다. 좋아하는 사람을 기쁘게 해주고 싶은 것은 인간의 본성이다. 이러한 충성심은 시간이 지나면 더욱 배가되어 돌아올 것이다.

JEREMY

어떤 조직이든 최선을 다하는 중에 어려운 일이 닥쳤을 때, 상사가 당신의 든든한 조력자가 되어줄 것이라는 믿음이 있으면 커다란 위안이 된다. 상원의원 오바마를 위한 행사를 열고자 했던 저명한 민주당 후원자는 일대일 만남과 다양한 요구를 했다. 요구 사항을 줄여달라고 하자 그녀는 큰 소리를 내면서 캠프의 모든 직원에게 화를 냈다. 그녀는 특히 나에게 거친 말로 항의했다.

일방적인 대화를 마친 후 나는 전국 재무 담당자 페니 프리츠커에게 전화해서 이 사실을 알리고 숨을 죽인 채 답을 기다렸다. 어찌됐든 민주당의 오래된 중요한 후원자였기 때문이다. 페니는 나에게 걱정하지 말라고 하면서, 그 사람은 어떤 행사도 개최할 수 없을 것이라고 말했다. 나중에 오바마 행정부에서 상무부 장관에 임명된 페니는 선거 캠프에서 헌신한 사람들을 향한 진정한 충성심을 몸소 보여줬다.

LEA

어느 늦은 오후에 로라 부시 여사가 내 사무실을 찾아왔다. 여사는 이스트윙의 사무실에 깜짝 등장해서 다정한 목소리로 "무슨 일을 하고 있어요?"라고 묻곤 했다(이런 방문 자체가 사기 진작에 많은 도움이 된다). 당시 나는 상원의원 배우자 오찬 행사의 메뉴를 생각하고 있었다. 가벼운 레몬 소스를 곁들인 어린잎채소를 깔고 파파르델레 파스타 사이에 식용 꽃을 넣은 아름다운 요리 사진 한 장과 레시피를 우연히 발견했다(우리 사회활동 비서관들은 요리의 디테일을 절대 놓치지 않는다).

그녀는 책 속의 사진을 바라보면서 "이 책을 좀 빌려가도 될까요?"라고 물어보더니 이내 사무실을 떠났다. 그리고 며칠 뒤 그녀의 비서가 책을 돌려줬다. 그날 영부인의 공보실에서 일하던 조안 도티가 내게 이렇게 말했다.

"부시 여사가 어느 날 책 한 권을 가지고 와서 자기가 상원의원 배우자 오찬에 제공하려고 생각 중인 요리 사진 한 장을 보여주면서, '리아 버먼이 사회활동 비서관 일을 훌륭하게 해내는 이유가 이것 때문이었어요'라고 말씀하시더군요."

나는 뜻밖의 칭찬에 얼굴이 붉어졌지만, 그 순간 로라 부시를 향한 나의 충성심은 더욱 깊어졌다.

거대한 조직을 움직이는 작은 힘

• • •

충성심은 받는 사람은 물론 주는 사람에게도 소중한 가치를 지닌다. 충성심이 굉장히 매력적인 이유도 그 때문이다. 서로에게 이득이 되기 때문에 우리를 하나로 모으고 기분 좋게 만든다. 충성심은 단순히 개인의 행복에 그치지 않는다. 그것은 크고 작은 모든 조직을 움직이는 힘이다. 사업에서도 충성심이 강한 단골 고객이 있다. 수적으로는 그들의 비중이 크지 않아도 전체 매출로 보면 상당한 부분을 차지한다. 커피가 맛있어서 매일 같은 커피숍을 방문하면, 직원은 당신의 이름을 기억할 것이고, 열 잔을 마셨을 때 당신에게 무료 커피 한 잔이 제공된다면 양쪽 다 윈윈하는 것이다.

고객이든 백악관 손님이든 충성심을 끌어내려면 결국 상대가 기억되고, 존중받고, 그리고 자신의 말에 귀 기울인다고 느껴야 한다. 어떤 분야에서 일하든 사업적 거래를 뛰어넘는 단단한 관계를 맺고 싶다는 메시지를 보내는 것이 중요하다.

LEA

조지타운에는 100년 넘게 운영되어온 작은 약국이 있다. 한번은 내가 개한테 손을 물려 심하게 감염된 적이 있었다. 나의 주치의는 금요일 늦은 오후에 이 작은 모건스 약국에 항생제 처방전을 보냈다. 하지만 약국은 이미 문을 닫았고 월요일까지 열지 않는다는 사실을 몰랐다. 그런데 약사 배리는 근무시간 외에 음성 메시지를 확인하고, 내 남편에게 직접 전화를 걸어 약을 조제해줄 테니 가져가라고 했다. 이런 서비스야말로 고객의 충성도를 높인다.

JEREMY

샌안토니오에서 변호사로 일하시던 아버지는 매우 다양한 고객층을 보유하고 계셨다. 아버지는 지역의 사회활동가, 교사, 정치인, 그리고 비즈니스 리더들과 함께 일했다. 10대 시절 어느 여름 오후, 아버지 사무실을 방문했을 때, 당시 샌안토니오 스퍼스의 구단주

앤절로 드로소스가 있었다. 그는 사무실을 떠나면서 내게 이렇게 말했다.

"많은 사람들이 나한테 왜 아직도 네 아버지를 찾아가는지 묻는다. 우리는 정치 성향도 완전히 다르고, 여기가 대형 로펌도 아니기 때문이지. 하지만 내가 작은 푸드트럭을 하면서 돈이 한 푼도 없을 때, 너희 아버지는 늘 내 옆에 있어주셨어. 무일푼인 나를 한결같이 지켜줬지. 그래서 난 그 고마움을 영원히 기억할 거란다."

몇 년 후, 아버지가 돌아가셨을 때, 또 다른 친구인 빌 하든이 쓴 편지가 신문에 실렸다. 편지 일부에는 이렇게 적혀 있었다.

"오늘 아침에 제 가장 친한 친구가 세상을 떠났습니다. 유머 감각이 뛰어났던 그의 웃음소리가 가장 그리울 것 같습니다. 당신이 그를 개인적으로 알았더라면 좋았을 테지만, 그가 평생 여러분을 위해 일했다는 것을 알아주셨으면 합니다. 저는 살면서 많은 사람을 알고 지냈지만, 그보다 더 좋은 사람을 본 적이 없습니다. 그건 그렇고, 저는 평생 보수주의자 공화당원입니다."

그 편지가 신문에 실린 것을 아신다면 아버지가 조금 민망해하셨겠지만, 나는 그들의 우정이 자랑스러웠고 깊은 감동을 받았다.

오바마 대통령 부부 역시 충성심을 보여주는 방법을 잘 알고 있었다. 2007년 봄 무모한 것처럼 보였던 대권 도전을 위한 모금 행사부터 대통령이 되기까지 그들은 처음부터 함께했던 많은 이들을 데리고 백악관에 입성했다. 나는 로스앤젤레스에서 모금 행사를 마친 직후 미셸 여사를 만났던 때를 결코 잊을 수 없다.

그녀는 렌트한 미니밴을 직접 운전해서 샌디에이고로 향하는 중이었다. 두 딸과 비서관 멜리사 윈터와 함께였다. 컵 홀더에 생수가 준비돼 있을 뿐 그 차에는 '미래의 대통령'을 암시하는 것은 아무것도 없었다. 나는 그녀에게 캘리포니아 재무 담당 사무소 소속인 우리가 먼저 도착할 수 있도록 달려가겠다고 말했다. 미래의 '엄마 대표'로서 역할을 암시하듯이 그녀가 우리에게 당부한 것은 오로지 안전운전이었다.

1년이 채 지나지 않아서 미셸 오바마는 영부인이 됐다. 멜리사 윈터는 그녀의 부비서실장이 되었고 퇴임 후에도 그녀와 계속 일했다. 나는 사회활동 비서관이 되었고 일찍부터 그들과 함께했던 다른 이들도 오바마 행정부에서 요직에 임명됐다. 오바마 부부는 오랜 관계를 중요하게 생각했다. 물론 우리는 여전히 우리의 능력을 매일매일 입증해야만 했다.

옳다면 함께하고, 옳지 않다면 떠나라

● ● ●

대통령은 국민에 대한 충성심을 공개적으로 보여줌으로써 평가받는다. 드와이트 아이젠하워 대통령은 1952년 대선 캠페인 기간에 자신의 멘토인 조지 마셜 장군이 상원의원 조지프 매카시의 공격을 받을 때 그의 편을 들지 못했다. 하지만 아이젠하워는 매카시를 비난받아 마땅한 사람이라고 생각했고, 중요한 유세 연설에서 마셜을 옹호할 준비를 하고 있었다.

하지만 당시 매카시의 대중적 인기가 높은 정치적 현실을 극복하지 못했으며, 마셜을 옹호하는 부분은 마지막 순간 연설에서 삭제되었다. 아이젠하워 대통령의 일부 지지자들은 몹시 실망했는데, 대통령 자신도 이후 오랫동안 이 일을 괴로워했다고 전해진다.

조지 H. 부시는 1992년 그의 고문단이 댄 퀘일을 공천에서 배제하라고 조언했을 때 든든한 지원자로 퀘일의 곁을 지켰다. 부시는 자신이 댄 퀘일에게 빚이 있다고 생각했다. 그의 지지자들은 좋아하지 않았을지 모르지만, 그들은 부시 대통령이 댄 퀘일에게 의리를 지켰다는 사실을 인정할 수밖에 없었다.

충성심을 발휘하는 데는 신중함과 용기가 필요하다. 에이브러햄 링컨은 "지도자가 옳다면 곁을 지켜라. 그 지도자가 여전히 옳다면 함께해야 하지만, 옳지 않다면 과감하게 떠나라"고 말했다. 오늘날 정치에서는 보기 드문 일이다. 우리의 개인적 가치관이 우리가 모시는 상관이나 지도자들과 일치하지 않을 때는 관계를 단절할 필요가 있다. 그렇지 않으면 진정한 자신의 모습을 잃을 수도 있다.

충성심은 입에 발린 빈말이 아니라,
"내가 옆에 있어줄게"라는 의미의
구체적이고 반복적인 몸짓이다.
힘들어하는 사람에게
"내가 뭐 도와줄 거 없을까?"라고 말하는 것은
모호하고 진정성도 없어 보인다.
대신 당신이 할 수 있는 일을
구체적으로 생각하고 행동해라.

실수하지 않으려는 태도는
오히려 자신의 능력을 제한한다.
언제든 실수할 수 있다고 생각하면
더 꼼꼼하게 준비할 수 있다.
실수는 할 수 있되
그 실수가 관계를 망치게 하지 마라.

TREATING
PEOPLE
WELL

Part 9
실수를 바로잡는 완벽한 타이밍

옳은 일을 하기에 늦은 때는 없다.

-마틴 루터 킹 주니어

1987년 레이건 대통령은 집무실에서 이례적으로 이란-콘트라 사건에 대한 대국민 성명을 발표했다. 이란에 억류된 인질 석방을 위한 협상을 진행 중이던 레이건 행정부는 당시 무기 수출 금지국이었던 이란에 비밀리에 무기를 판매하고 그 수익금을 니카라과의 코트라 반군을 무장시키는 데 사용할 계획이었다. 이런 국제적인 스캔들에 자신의 행정부가 연루된 것에 대한 책임을 느낀 레이건 대통령은 솔직하게 실수를 인정했다.

이것은 이례적인 순간이었다. 대통령들은 적어도 회고록이 세상이 나오기 전까지는 솔직하게 사과하는 법이 없기 때문이다. 하지만 로널드 레이건 대통령의 이러한 태도 덕분에 그는 미국의 가장 창의적인 혁신가들과 같은 반열에 올랐다. 스티브 잡스는 이런 유명한 말을 남겼다.

"모든 실수를 끌어안으십시오. 실수를 인정하고 그것을 통해서 배우고 전적으로 책임지고 다음번에는 다른 결과를 낼 수 있도록 노력해야 합니다."[20]

그런데 우리는 왜 실수를 저지르지 않으려고 안간힘을 쓰는 것일까? 우리는 실수를 두려워하고 밤잠을 포기하면서까지 실수를 하지 않을 방도를 생각한다. 그러면서 최악의 시나리오를 떠올린다. 학교에서 시험을 망치고 형편없는 점수를 받게 될 걱정, 대학에 입학하지 못하는 상상, 직장에서 수도 없이 저지른 실수들로 인해 직업적인 선택의 폭이 좁아지는 것을 걱정한다. 그러한 생각이 비생산적이란 것을 알지만 멈추기 어려운 것도 사실이다.

실패하는 상상은 접어두자. 실제로 실수를 저질렀을 때 어떤 일이 일어날까? 실수를 인정하는 것만큼 어려운 일이 없다. 다른 사람을 탓하거나 그냥 넘어갈 만한 가벼운 실수이기를 바라는 것이 훨씬 더 쉽다. 그러나 직장에서 실수를 바로잡아야 하거나 깨진 우정을 회복하기 위해서는 진정성 있는 사과를 해야 한다.

실수했을 때 용기를 내서 인정하려면 앞서 논의한 확신, 용기, 공감, 솔직함이 필요하다. 실수를 저지르는 것은 물론 유쾌한 일이 아니다. 하지만 실수를 저지르고도 아무 일도 하지 않으면 사람들은 실수를 수습할 능력이 없거나 책임을 지지 않으려 한다고 평가한다.

실수를 통해 교훈을 얻을 수 있느냐는 4가지에 달려 있다. 첫째, 자신에게 실패할 여지를 주어라. 둘째, 진심으로 빠르게 사과하라. 셋째, 잘못을 바로잡고 잊어버려라. 넷째, 실수를 자신을 입증할 기회로 생각하라.

자신에게 실패할 여지를 주어라

● ● ●

실수는 피할 수 없는데도 우리는 실패에 대한 두려움 때문에 많은 선택지를 포기한다. 너무 과시적인 사람으로 보여질까 봐 중요한 사람에게 자기 소개를 하지 못하는가? 실수하고 싶지 않아서 어떤 문제의 해결책을 제안하기가 조심스러운가? 우리는 나쁜 일이 일어날지 모른다는 상상에 지나치게 집착한 나머지 긍정적인 결과가 일어날 가능성 혹은 우리 자신을 가로막는다.

사회활동 비서관은 위험 부담이 크고 대중들에게 노출되기 쉬운 자리다. 우리는 긍정적인 것(정말 멋진 행사가 될 거야)을 도모하기보다는 부정적인 것(절대 망치면 안 돼)을 피하는 데 온 정신을 집중할 때가 많다. 시간이 지나면서 우리는 이런 부정적인 사고 때문에 성공적으로 임무를 수행할 수 있는 능력을 최대한 발휘하지 못한다는 결론에 도달했다.

실패에 대한 두려움 속에서 살면 성공할 수 있는 능력이 제한된다. 두려움에 떠는 대신 어떤 최악의 상황이 일어날지를 생각해본다. 그 상황이 터무니없는 것이라면 무시한다. 일어날 수 있는 일이라면, 그것을 막을 구체적인 방법을 마련하는 데 집중한다. 관리 가능한 수준으로 할 일을 나누고 다른 사람의 도움을 받는 것을 두려

위해서는 안 된다. 물론 다른 사람을 개입시키는 것이 불편할 수 있지만 혼자 처절하게 실패하는 것보다 낫다.

JEREMY

정치자금 모금 및 자문 사업을 시작하기 위해 9년 만에 정부 일을 그만두고 나올 때 나는 두려웠다. 내가 참담한 실수를 저지르고 있는 건 아닌가? 이 회사가 망하면 어쩌지? 많은 친구들이 "그렇게 좋은 자리를 왜 그만두려고 해?"라고 묻는 것도 별 도움이 되지 않았다. 심지어 어머니까지도 내 결정에 의구심을 품었다.

하지만 변화가 필요한 시기였고 더 있다간 떠나기가 더 어려울 것 같았다(사실 완벽한 타이밍이란 없다). 나는 실패에 대한 두려움을 보다 건설적인 마음가짐으로 바꿀 필요가 있었다. 완전히 다른 분야이지만 일할 준비가 돼 있고 새롭고 흥미로운 기회가 열릴 것이라고 스스로에게 말했다. 그 과정에서 몇 차례 어려움도 겪었지만 내 사업은 결국 성공적이었다. 첫 고객 중 한 사람은 2007년 초 대통령 출마를 선언한 오바마였다. 그리고 그것은 내가 상상했던 것 이상의 기회들로 이어졌다.

LEA

모든 일을 완벽하게 정리해야 한다는 생각은 좀처럼 버리기 힘든 나의 일 처리 방식이었다. 백악관에서 일하기 시작하고 얼마 지나지 않아 이것이 오히려 큰 약점이라는 것을 깨달았다.

어느 날 로라 부시 여사는 자신들의 결혼식에 참석했던 사람들을 초대해 결혼기념일 파티를 하고 싶다고 부탁했다. 나는 영부인의 개인비서에게 초청자 목록을 건네받아 전화를 돌리기 시작했다. 대부분은 텍사스 출신이었으며 그들이 여행 계획을 세울 수 있도록 충분한 시간을 주고 싶었다.

나는 목록에 있는 한 부부의 전화번호를 찾기 위해 지인 및 가족 데이터베이스를 사용했다. 편의를 위해 그들을 '존스 부부'라고 부르기로 하자. 나는 존스 씨와 통화했고 그는 초대를 흔쾌히 받아들였다. 내가 위층에 있는 보좌관에게 초대 수락 여부를 표시한 목록을 보냈는데, 그녀는 내게 전화해서 "그 존스가 아니에요. 그의 동생을 초대해야 해요. 동생이 결혼식에 참석했거든요. 형은 크리스이고 동생이 닉이에요."

나는 크리스 존스에게 다시 전화를 걸어서 정중하게 나의 실수를 설명했다. 존스 씨는 충분히 이해한다고 말했지만, 자신과 아내는 백악관 초대를 이미 받았으니 오겠다고 말했다.

나의 사소한 실수 때문에 일이 복잡하게 꼬여버렸다. 물론 존스 씨의 말도 틀린 건 아니다. 백악관 초대장은 줬다가 다시 뺏을 수 없으니 말이다. 나는 위층으로 올라가서 부시 여사에게 실수를 말씀드리고 사과했다. 나는 최대한 빨리 알려야 한다고 생각했다. 그녀는 옅은 미소를 지은 채 어깨를 으쓱이며 "그냥 두 부부 다 초대하세요"라고 말했다. 마치 내가 임의로 그런 결정을 내리지 않은 것이 오히려 놀랍다는 듯이. 나 자신이 바보 같다고 느낌과 동시에, 실수에 대한 강박에 가까운 두려움과 달리 실제로는 별로 심각한 일이 아니라는 것을 깨달았다.

실수는 빨리 인정할수록 좋다

● ● ●

말실수나 잘못된 행동을 했다면 즉시 인정해야 한다. 실수를 인정하지 않고 묻어둘수록 상황은 더욱더 심각해진다. 시간이 오래 지날수록 사과가 받아들여질 가능성은 더 희박해진다. 실수를 깨닫자마자 인정하고, 당신이 무엇을 잘못했는지 구체적으로 말해야 한다.

실수를 굳이 언급할 필요가 있는지 잘 모르겠다면 미안하다고 즉시 말하는 것이 아무 말도 하지 않는 것보다 낫다는 것을 기억해라(하지만 사과를 지나치게 많이 하는 것도 좋지 않다. 사소한 것까지 사과한다면 효과는 반감되기 마련이다).

진정성 있는 사과는 받는 사람 못지않게 하는 사람에게도 치유 효과가 있다. 하지만 용서를 강요해서는 안 된다. 누군가 잘못했을 때 곧바로 용서하는 경우는 드물다. 그래서 관계를 개선하고 상대의 분노가 더 커지는 것을 막기 위해서, 시간이 조금 흐른 후 다시 한 번 더 미안하다고 말할 필요가 있다.

JEREMY

2011년 10월 어느 날 저녁, 미디어 컨설턴트 회사의 창립자인 내 친구 태미 해드대드가 나를 제퍼슨 호텔에서 열리는 작은 모임에 초대했다. 그때 나는 친구들과 조지타운에서 저녁을 먹고 있었는데, 태미는 그들도 같이 오라고 말했다. 근사한 프라이빗 티룸으로 들어가자 그곳에는 영국 전 총리 고든 브라운과 그의 부인 사라를 포함해 다른 손님들이 모여 있었다. 다행히 신문기자들은 내 친구 빌 허긴스와 고든 브라운의 대화를 눈치채지 못했다.

브라운이 어떤 정치 상황에 대해 농담을 하고 있는데, 빌이 "정치인이 거짓말하는 걸 어떻게 아는지 아세요?"라고 물었다. 빌이 농담을 다 끝맺기도 전에 브라운이 끼어들어 "입술이 움직일 때죠"라고 말했다. 그러고는 빌에게 술을 한잔 더 하겠느냐고 묻더니 자리를 떴다.

나는 놀란 눈으로 빌을 쳐다보며, "정말 그런 농담을 하다니, 말도 안 돼"라고 말했다. 빌은 처음에는 뭐가 잘못됐는지 알지 못했다. 그러나 내가 방금 대답한 상대가 다름 아닌 작년에 조금 불명예스럽게 물러난 전직 영국 총리였다는 것을 상기시켜주자 빌은 어찌할 바를 몰랐다. 브라운이 술을 가지고 돌아왔을 때, 빌은 곧바로 사과했다. 브라운은 빌의 등을 두드리면서 별거 아니라는 듯 웃었다. 그것은 대인배다운 총리의 대응이었다.

LEA

　나 역시 실수를 저지른 후 빠르게 조치를 취하는 것이 얼마나 중요한지 잘 안다. 오래전 웨인과 나는 펩시콜라의 기업 전용기를 탄 적이 있다. 개인 전용기를 처음 타본 나는 몹시 흥분해 있었다. 승무원이 내게 무엇을 마시겠냐고 물었을 때, 나는 코카콜라를 주문했다. 승무원은 당황해서 얼굴이 하얘지더니 이렇게 답변했다. "죄송합니다, 손님. 펩시밖에 없습니다." 나는 그를 쳐다보면서 소심하게 답했다. "그럼 물 주세요." 그는 고개를 끄덕이고 자리를 떴다.

　나는 두 번에 걸친 무례하고 생각 없는 행동에 머쓱했다. 하지만 나는 몸을 숨기는 대신 전용기 뒤쪽에 있는 조리실로 가서 그 승무원에게 사과했다. 그는 내 행동에 굉장히 놀란 듯한 표정이었다. 상대에게 별다른 해를 끼친 것은 아니지만, 나는 그 일을 계기로 신중하게 생각하고 말해야 한다는 것을 크게 깨달았다.

　수많은 시행착오를 거친 후, 우리는 간단명료하고 진정성 있게 사과하는 법을 알게 됐다.

　<u>변명하지 마라.</u> 진심 어린 사과를 하려면 참회와 거기에 더해 상대가 진심으로 느낄 수 있는 마음과 태도가 필요하다. 벤저민 프랭클린의 말처럼 "핑계로 사과를 망치지 마라." 당신의 행동을 정당화하지 말고 그냥 참회의 마음을 표현한다.

<u>시간을 충분히 갖는다.</u> 몸짓언어와 장소가 중요하다. 방해받지 않을 조용한 공간이 좋다. 서둘러 사과하고 넘어가려고 하지 마라. 그렇게 하면 내키지 않거나 성의가 없어 보일 수 있다. 상대의 눈을 바라보고, 얼굴의 긴장을 풀며, 두 손은 편안하게 놓는다. 방어적인 자세로 팔짱을 끼면 안 된다.

<u>단어 선택이 중요하다.</u> "이런 실수를 저질러서는 안 되는 거였는데"로 시작하는 것은 사과가 아니다. "있잖아. 만일 네가 기분이 상했다면 미안해……"라고 말을 꺼낸다면 무슨 말로 마무리하더라도 당신의 진심을 전달할 수 없다. '만일'이라는 단어는 잘못의 책임을 상대에게 떠넘기는 것이다.

모든 실수는 바로잡을 수 있다

● ● ●

가끔 진심 어린 뉘우침만으로는 충분하지 않을 때가 있다. 뭔가를 잘못했다면 인정하고 책임을 받아들여라. 그리고 나서 문제를 해결하기 위해 최대한 빨리 움직인다. 우리가 몸소 배운 것처럼, 직장에서 대부분의 실수는 빨리 대처하면 충분히 바로잡을 수 있다. 완성하는 데 걸리는 시간을 잘못 계산해서 중요한 발표에 사용할 도표가 준비되지 않았다면, 미리 나서서 밤을 새워서라도 도표를 만들겠다고 말한다.

LEA

부시 대통령은 세계 정치 지도자들을 자신의 텍사스 크로퍼드 목장에 자주 초대했다. 한 외교관은 백악관에 초대받는 것보다 크로퍼드에 초대받는 것이 더 좋다고 했다. 이것은 부시 대통령과 개인적인 친분을 의미하는 것이기도 하기 때문이다. 내가 할 일은 손님들에게 제공할 메뉴를 구상하고, 꽃과 리넨 테이블보를 준비하고, 파티시에한테 방문한 국가원수의 국기와 미국 국기가 꽂여 있는 시그니처 쿠키를 만들어달라고 요청하는 것이다.

정성스럽게 장식된 이 쿠키는 백악관 명물로 나름 굉장히 유명해졌다. 다음 날 이스라엘 총리 아리엘 샤론이 목장을 방문하기로 예정된 상황에서, 백악관 파티시에한테 전화가 걸려왔다. 그는 겁에 질린 목소리로 쿠키가 여전히 자신의 주방 조리대에 있는데, 대통령은 이미 목장으로 출발했다는 것이었다.

텍사스로 올 사람이 있으리라는 희망을 품고 전화를 돌리기 시작했다. 마침내 지원 비행기가 그날 저녁 출발한다는 정보를 입수했다. 한 집사가 그 비행기에 쿠키를 전달했고, 크로퍼드에서 그 쿠키를 받기로 했다. 누가 실수를 저질렀는지는 중요하지 않다. 실수를 바로잡는 것이 중요하다.

발 빠른 대처가 필요했던 또 다른 상황도 있었다. 조지 H. 부시와 바버라 부시 여사의 사회활동 비서관 로리 파이어스톤은 멕시코 대통령 카를로스 살리나스 데 고르타리를 위한 국빈만찬이 열리는 다이닝룸으로 들어가기 직전에 디저트 접시를 봤다. 그런데 접시에는 작은 마지팬 집들과, 거기에 기대어 잠자는 멕시칸 노동자 모형의 사탕이 놓여 있었다.

그녀는 자신의 눈을 믿을 수 없을 정도로 깜짝 놀랐다. 그것은 멕시코를 현대적인 국가로 보여주기 위해 애써온 살리나스 대통령이 그토록 지우고 싶어 했던 최악의 이미지였기 때문이다. 로리는 디저트 접시를 들고 있는 버틀러들 앞으로 나아가서, 잠자는 노동자 모형을 뽑아내고, 그 자리에 꽃을 한 송이씩 꽂았다. 로리의 재빠른 행동 덕분에 디저트로 인해 발생할 수 있었던 참사를 모면했다.

JEREMY

백악관 근무를 시작한 직후, 나는 한 만찬에 초대받았고, 한 친구에게 같이 가자고 부탁했다. 우리는 만찬 테이블에 나란히 앉았다. 그런데 여주인이 우리 테이블로 와서 좌석 이름표가 사라졌고 내가 남의 자리에 앉은 것이라고 말했다. 나는 사과하고 어떻게 하면 되는지를 물었다. 하지만 그녀는 망설였다. 나는 내 친구의 얼굴을 쳐다봤고 그는 어깨를 으쓱였다. 그날 저녁은 별다른 말 없이 그렇게 지나갔다.

그런데 전임 사회활동 비서관들을 포함해서 여러 사람들이 내가 만찬의 여주인을 불쾌하게 만들었다고 했다. 그녀는 내가 좌석표를 바꿨다고 믿었던 것이다. 만찬에 함께 갔던 친구에게 이야기하자, 그는 별생각 없이 좌석표를 바꿨다고 인정했다. 그래서 나는 여주인에게 전화를 걸어서 점심에 초대하고 나의 잘못을 사과했다. 나는 그녀에게 그날 일은 잊어주기를 바란다는 뜻을 전달했다.

　나는 좌석표를 치운 사람은 내 친구라고 말하지 않았다. 그냥 사과하고 다시는 그런 일이 없도록 하겠다고 약속하는 것이 더 중요했다. 이후로 나는 그녀의 집에 정기적으로 초대받았고, 우리는 내가 백악관에서 임기를 마칠 때까지 친구로 지냈다.

　여기서 실수를 바로잡기 위한 기본적인 팁을 소개한다.

　<u>다른 사람을 탓하지 마라.</u>　귀중한 시간과 에너지를 낭비할 뿐 아니라 당신이 자기중심적인 사람으로 비쳐질 수 있다. 무슨 일이 있었든 자신이 맡았던 부분에서 실수가 있었음을 받아들여라.

　<u>실수를 바로잡을 방법을 찾아라.</u>　해결책을 목록으로 작성하고, 어떻게 해결할지 선택한 다음 바로 행동에 옮겨라.

　<u>도움을 요청하라.</u>　다른 사람에게 도움을 요청하면 나약해 보일 것이라고 생각하는 사람들이 많다. 하지만 도움을 요청하고 받아들이는 것은 강인함의 표현이며 신뢰와 공동의 목적의식을 구축하는 훌륭한 방법이다.

　<u>협력한다.</u>　실수를 했다면, 비록 당신이 저지른 것이 아니라도 모든 기회를 동원해서 바로잡아라. 그것이 팀을 위한 일이라고 생각

해라. 사람들은 당신이 돕고 있다는 것을 알고 감사하게 여길 것이다.

LEA

나는 백악관 근무 초기에 결코 잊을 수 없는 큰 실수를 저질렀다. 다행히 내가 실수를 인정하고 동료들에게 도움을 청했을 때, 그들은 힘을 합쳐서 문제를 해결해주었다.

모든 일은 내가 아주 멋진 아이디어라고 생각했던 계획에서 시작되었다. 우리는 연례행사인 의회 피크닉과 공영방송의 특집 프로그램인 〈백악관 공연(In Performance at the White House)〉을 한 번에 진행하면 두 마리 토끼를 잡는 효과를 거둘 수 있다고 생각했다. 하지만 나의 무지 때문에 두 행사를 모두 망칠 뻔했다. 의회 피크닉은 백악관에서 거행되는 그해 가장 큰 행사 중 하나로서 사우스론에 1,200명 이상이 모인다. 그해는 특히 회전목마, 먹음직한 바비큐로 가득한 테이블, 8가지 종류의 파이, 그리고 아이스크림 바가 준비되었다.

〈백악관 공연〉은 오랜 시간 이어져 내려온 시리즈로 백악관에서 열리는 최고 수준의 공연을 시청자들과 함께 즐길 수 있다. 우리는 그해 여름 피크닉 행사를 위한 공연이 필요했고, PBS 방송국과 함께 미국의 전통을 주제로 한 브로드웨이 공연을 준비하고 있었기 때문에, 의회 피크닉을 위한 공연으로 구성하는 것이 자연스러운 선택이라고 생각했다.

나는 의회 피크닉 행사를 한 번도 진행해본 적이 없었고, 매년 그 행사를 위해 우리가 가진 모든 자원을 동원해야 한다는 것도 몰랐다. 요리사들은 며칠 동안 준비했고, 관리 직원들은 일주일에 걸쳐 푸드 텐트와 100개에 달하는 간이 테이블을 설치했다. 비밀경호국은 회전목마 운영진부터 텐트 설치 요원에 이르기까지 모든 사람의 신원을 확인해야 했다. 세부 사항을 검토하기 시작했을 때, 나는 두 행사를 동시에 치르는 것은 두 행사를 모두 망치는 일이라는 것을 깨달았다.

우리는 의회 행사와 PBS 방송 행사에 묶여서 꼼짝도 할 수 없는 상황이었다. 나는 수석수위장 게리 월터스를 찾아가 나의 잘못을 인정하고 어떻게든 해결할 수 있도록 도와달라고 요청했다. 그와 직원 모두에게 부당한 부담을 지우는 일이었기에 다시는 이런 일이 재발하지 않도록 하겠다고 약속했다. 그는 너그럽게 이해해주었고, 직원들에게도 이런 일은 두 번 다시 일어나지 않을 것이라고 분명하게 전달했다. 우리는 지역 케이터링 업체에서 수십 명의 직원을 임시 고용하고, 일부 음식 준비를 외주로 맡겼다. 관리팀 직원들은 두 행사를 준비하기 위해 거의 밤낮으로 작업했다. 덕분에 모든 일이 순조롭게 진행되었다.

그날 저녁 늦게 피크닉 행사를 마치고 집으로 돌아가는 길에, 라디오에서 포인터 시스터즈의 노래 '점프!'가 흘러나왔다. 나는 영화 〈러브 액추얼리〉의 장면을 떠올렸다. 영국 총리를 맡은 휴 그랜트가 총리로서 첫 임무를 성공적으로 수행한 후 자축하면서 혼자 춤을 출 때 이 노래가 흘러나온다. 나는 차창을 내리고 큰 소리로 그 노래를 따라 불렀다. 살면서 그렇게 안도감과 감사함을 느껴본 적이 없다.

백악관 동료들은 내가 위기를 넘길 수 있게 도와주었다. 나는 잘못을 깨닫자마자 실수를 인정하고, 그것에 대한 책임을 지고, 도움을 요청했고, 우리는 합심해서 악몽으로 변할 수 있었던 그날의 행사를 무사히 치를 수 있었다. 자존심을 내세우지 않고 도움의 손길을 내밀면, 사람들은 대체로 기꺼이 손을 잡아준다.

그날의 실수는 그날 잊어라

• • •

용서하면 마음이 자유로워진다. 당신에게 잘못을 저지른 사람에게 연민을 느낄 수 있다면, 당신은 그 사람이 당신에게 미치는 영향에서 벗어날 수 있다. 그 사람의 행동은 용서할 수 없어도, 그 사람은 용서할 수 있다. 불만을 품고 그 일을 계속 곱씹으면 상처는 더욱 악화된다. 그 상처가 수년간 당신을 쫓아다니는 것보다 부당함과 씁쓸함을 잊어버리는 것이 훨씬 더 낫다.

진정한 리더는 자신의 실수를 두려워하지 않고, 실수를 바로잡고 실패를 통해 배우는 것을 주저하지 않는다. 그들은 용서를 구하고 또 아낌없이 용서한다. 자신의 실수에 집착하지 않아야 한다. 스스로에게 잠시 여유를 주고, 최선을 다했다는 사실을 상기하며, 죄

책감을 떨쳐내고 앞으로 나아가라. 문제에 지나치게 집착하면 그 문제를 계속 끌어안고 있는 것과 같다.

LEA

워싱턴은 전업주부로 살아가기에는 쉽지 않은 곳이다. 많은 것을 달성한 야심가들로 가득 찬 도시에서 오롯이 엄마로 살아가겠다는 선택을 존중받기는 어렵다. 나는 칵테일파티에 가는 것을 두려워했다. 그곳에서 받는 첫 질문은 "무슨 일을 하세요?"였다(분명히 말하자면 그런 질문으로 대화를 시작하는 것은 예의 없는 행동이다. 그것은 마치 상대의 직업을 기준으로 대화의 가치를 평가하겠다는 뜻이다). 한번은 그런 질문을 하는 여자에게 집에서 아이들을 돌보고 있다고 말하자, 그녀는 더 이상 말을 걸지 않고 뒤돌아서 가버렸다. 그런 나에게 관심이 없다는 것을 노골적으로 드러내지는 않았지만, 그들의 메시지는 분명했고 나의 자신감은 바닥에 떨어졌다.

내가 선택한 삶이 점점 더 편해지면서 나는 다른 사람들이 어떻게 생각하는지 신경 쓰지 않기로 했고 그들의 무례함을 용서했다. 사람들은 상처를 주는 말이나 경멸조의 말을 던지고도 사과하지 않는다. 대개는 자신의 말이 상대방에게 상처를 주었다는 사실조차 깨닫지 못한다. 그러므로 그들을 이해해주는 것이 오히려 마음이 편하다. 그런다고 해서 인생이라는 큰 틀이 잘못될 일은 결코 없다. 궁극적으로 그 사실을 이해하게 된 것이 얼마나 큰 선물인지 모른다.

JEREMY

수년 동안 나는 대학을 마치지 못한 나 자신을 책망했다. 하지만 지금 생각해보면 그때 나는 성정체성 문제로 전전긍긍하는 모습을 드러내기가 두려웠다. 그때 나는 혼자 힘들어하면서 대학을 중퇴하는 대신 도움을 요청했어야 했다. 그랬다면 학업을 마칠 수 있었겠지만, 한편으로 대학에서 무엇을 배웠는지 고민하는 데 또 수년이 걸렸을 것이다. 이제 나는 스트레스를 받거나 불안에 시달릴 때, 도움을 청하는 것이 효과적이고 현명하며 책임감 있는 행동임을 안다. 너무 늦지 않게 나의 길을 찾았다. 후회하는 것도 자연스러운 일이지만, 자신을 용서하는 것도 중요하다.

실수하지 않으려고 아무리 애를 써도, 예상치 못한 일이 일어날 수 있다. 그렇다 하더라도 최소한 당신에게 멋진 이야기는 남을 것이다.

1983년 우리는 영국 여왕이 왕실 요트를 타고 캘리포니아를 방문하는 계획을 공들여서 세웠지만 폭우와 산사태로 불가능하다는 결론에 이르렀다. 하지만 기대가 높았던 레이건 대통령의 남부 캘리포니아 목장 방문은 훨씬 더 어려운 일이었다. 왕실 요트가 악천후로 샌프란시스코 항구에 정박하자, 국무부 의전관(나중에 백악관 사회활동 비서관으로 활동한) 갈 호지스 버트가 발 빠르게 움직여서 불과 몇 시간 만에 샌프란시스코에서 가장 유명하고 사랑받는 폴리네시안 레스토랑 트레이더 빅스에서 영국 여왕을 위한 즉석 만찬을 준비했다.

엘리자베스 여왕과 필립공이 트레이더 빅스에 도착했을 때, 갈은 예의를 갖추고 그들과 가벼운 대화를 나누면서, 런던에서는 어느 식당을 가장 좋아하는지 물었다. 필립공은 아들 찰스 왕자의 세례식이 있던 날 방문한 이후로 40년 넘게 한 번도 식당에 가본 적이 없다고 답했다. 갈은 그 레스토랑이 어쩌면 최선의 선택이 아닐지도 모른다는 불길한 생각이 들었다.

설상가상으로 식사가 끝날 무렵, 포춘쿠키가 차례로 제공되었고 손님들은 순서가 오면 자신들의 운을 큰 소리로 읽었다. 당시 사회활동 비서관이었던 머피 브랜든은 여왕이 자신의 포춘쿠키를 읽고 남편을 바라보면서 "필립, 당신 거에는 뭐라고 적혀 있어요?"라고 물었던 것을 기억한다. 필립공은 쪽지를 펴고 머뭇거리더니 큰 소리로 읽었다. "당신은 굉장히 돈이 많은 여성과 결혼할 것입니다." 뒤이어 침묵이 흘렀다. 그것은 갈과 머피가 바랐던 저녁은 아니었지만, 다행히 별다른 사고 없이 무사히 지나갔다.

여왕이 방문했을 때 일어난 대형 사고는 또 있었다. 미국 독립 200주년을 기념하기 위해 방문했을 때, 포드 대통령은 국빈만찬에서 여왕에게 첫 번째 춤을 추자고 제안했다. 사회활동 비서관 마리아 다운스는 당황하지 않을 수 없었다. 포드 대통령이 여왕을 에스코트해서 댄스 플로어로 걸어가고 있을 때, 해군군악대가 '저 여인은 부랑자라네(The Lady is a Tramp)'를 연주하기 시작했기 때문이다. 시간이 흐른 후,[21] 마리아는 대통령께 여왕과 춤을 출 때 군악대가 무슨 곡을 연주했는지 알고 있었는지 물었다.

포드 대통령은 "물론이죠"라고 답했다. 그리고 여왕도 알고 있었다고 생각하느냐고 묻자, 그는 "그럼요, 아셨죠"라고 답했다.

실수는 지극히 인간다운 것이다. 실수를 편안하게 받아들일수록 유머, 융통성, 그리고 덕을 갖춘 사람이라는 것을 보여준다.

다루기 힘든 사람에게는
전략과 기술이 필요하다.
기억할 점은 단순하다.
그들이 일으키는 갈등과 다툼은
그들의 문제이지 당신의 문제가 아니다.
침착함을 잃지 않는다면
어떤 공격에도 대응할 수 있다.

TREATING
PEOPLE
WELL

Part 10

까다로움은 섬세함으로 대한다

당신의 동의 없이는 누구도 당신에게 열등감을 심어줄 수 없다.

-엘리노어 루스벨트

인생을 살아가면서 골칫거리 같은 사람을 만난 적이 없다면 이 장을 그냥 넘어가도 좋다. 누구나 가능한 아무 일 없이 기분 좋게 하루를 보내고 싶어 한다. 정말 구제 불능인 사람들이 실제로 많지 않은데도 많은 것처럼 보이는 이유는 그들의 무례한 행동이 엄청난 영향을 미치기 때문이다. 문제가 있는 인물 한 명이 방 안으로 걸어 들어오는 것만으로 분위기가 바뀔 수 있다. 그들은 기분을 처지게 만들고 불안의 씨앗을 퍼뜨린다. 하지만 균형감, 회피, 인내심을 가지고 자존감을 잃지 않는다면 까다로운 사람들도 얼마든지 통제할 수 있다.

까다로운 사람들을 대할 때는 어느 정도 섬세한 접근이 필요하다. 마치 잠자는 사자를 깨우지 않으려는 것처럼 조심스럽게 행동해야 한다. 불안정하고 공격적인 사람들은 우리의 그런 두려움을 이용해서 영향력을 행사하는 것이다.

백악관 직원들 사이에서 나타나는 질환 중 하나는 이른바 '백악관병'이다. 주요 증상은 자신의 권력을 과대평가하는 망상, 자신보다 낮은 위치에 있는 사람에 대한 무시, 그리고 끊임없는 자기과시다. 이것은 직장에서 함께 일하기 힘든 사람들의 공통된 특징이기도 하다. 뒤통수치는 형, 자기중심형, 질투심 많은 유형, 험담꾼들로 특별한 이유도 없이 다른 사람을 힘들게 한다. 그들은 사람들과 갈등을 일으키고 주위 사람들을 무시함으로써 자신의 우월감을 즐긴다.

직장에서 문제가 되는 한 사람 때문에 기업들이 치러야 하는 대가는 어느 정도일까? 공공기관에 근무하는 사람들을 대상으로 한 연구는 우리가 경험한 것이 사실임을 확인해준다. 즉, 사람들은 기업이 아니라 상사 때문에 떠난다는 것이다.[22] 신규 채용자의 46퍼센트가 18개월을 넘기지 못하고, 그중 80퍼센트는 이직의 사유로 사무실 문화가 마음에 들지 않아서라고 답변했다. 형편없는 상사나 까다로운 동료가 경제적 손실은 물론 조직의 사기에도 얼마나 큰 타격을 주는지 분명히 알 수 있다.[23]

당신이 누구보다 잘 대해줘야 할 사람은 바로 '나 자신'이다. 부당한 대우를 절대 용인하지 말고, 그런 사람들을 주도적으로 관리하라. 까다로운 사람들을 다루는 데 도움이 될 만한 5가지 전략을 제안한다. 무시하기, 유머 잃지 않기, 슬기롭게 받아넘기고 관리하기, 감정적으로 거리 두기, 필요한 경우 명확하게 말하기.

무시하고 무시하고 또 무시하기

● ● ●

어디에나 분란을 일으키는 사람들이 있다. 자리에 없는 다른 직원을 헐뜯는 농담을 하거나, 당신을 자극하기 위해 일부러 악의적인 농담을 하는 동료다. 이런 사람들은 관심을 먹고살기 때문에, 가장 확실한 대처법은 애초에 관심을 주지 않는 것이다. 마치 젖은 담요가 불기를 잠재우듯 부정적인 에너지를 제압한다.

사람들이 많은 공간에서 무례한 행동을 하는 것도 마찬가지다. 줄이 점점 길어지는데도 시식용 아이스크림을 계속 달라고 하는 사람, 주차를 하려고 기다리고 있는 것을 뻔히 보고도 중간에 끼어들어 자기가 주차하는 사람 말이다. 그런 행동은 감기처럼 순식간에 당신을 감염시키고 지치게 만든다. 그런 트러블메이커는 지지직거리는 라디오 채널을 건너뛰듯이 무시하고 평정심을 유지하는 것이 좋다.

백악관 부활절 달걀 굴리기 행사에서, 로라 부시 여사의 공보 비서관이 〈투데이쇼〉와 생방송 인터뷰를 진행하고 있었다. 그날 아침 손님들이 사우스론에서 무엇을 즐기게 될지 이야기하고 있는데, 갑자기 '호기심 많은 조지'(애니메이션 주인공 원숭이) 코스프레를 한 사람이 뒤에 나타나 노골적으로 외설적인 몸짓을 하기 시작했다. 카메라는 클로즈업으로 전환되었고, 원숭이 복장을 한 10대 청소년은 곧 행사장 밖으로 끌려 나갔다. 공보 비서관은 당황스럽긴 해도 별다른 피해는 없다고 판단하고, 침착하게 인터뷰를 이어갔다. 그녀는 진이 빠진 것처럼 보였지만 훌훌 털어내고 예정된 다음 인터뷰에 임했다.

빈정거림은 농담으로 받아치기

● ● ●

불편하거나 어두운 상황에서도 유머를 찾으려고 노력해야 한다. 유난히 까다로운 여가수는 백악관에서 공연 요청을 하면, 짜증을 부리거나 공연을 취소하고, 말도 안 되는 요구를 하다가 결국 막판에 나타나 공연을 하곤 했다. 우리는 늘 예의를 지켰고, 그녀를 응대해야 했던 백악관 직원들은 그녀에게 해주고 싶은 말을 농담처럼 주고받으면서 동료애를 나눴다. 몇 시간만 지나면 끝날 것이고, 결국 별일 아니라는 걸 알고 있기 때문이다. 어려운 상황에서 동료끼리 주고받는 농담은 공동체 의식을 심어주었고, 그녀의 행동을 대수롭지 않게 바라볼 수 있었다. 우리는 부담을 느끼기보다는 오히려 웃음으로 넘겼다.

LEA

워싱턴은 흔히 '늪'이라고 불릴 만큼 좁고 정치적으로 민감한 곳이다. 그래서 까다로운 성격을 가진 사람들을 피하기가 쉽지 않다. 나는 모욕적인 언사를 멋진 유머로 가볍게 받아넘기거나 오히려 심드렁하게 반응해서 상대가 더 이상 할 말이 없게 만드는 법을 배웠다. "다른 곳에서는 도통 뵐 수가 없네요"라고 말하는 여성이 있다. 워싱턴에서 이 말은 "멋진 파티에 더 이상 초대받지 못하나 봅니다"라는 의미다. 그러면 나는 늘 똑같은 답을 되풀이한다. "여사님도 다른 곳에선 도통 뵐 수가 없더군요. 정말 아쉬워요." 모호하고 가볍게 대응하고 절대 상처받지 말아야 한다.

대화의 주도권을 뺏기지 마라

● ● ●

물론 무례한 행동을 하는 사람을 무시할 수 없을 때가 있다. 모든 행정부와 백악관 사회활동 비서실은 까다롭고 요구가 많은 사람들, 특히 우리 업무의 상당 부분을 차지하는 유명인과 일할 때, 그들과 충돌하지 않으면서 관리하는 데 능숙하다. 백악관에 공연하러 오는 많은 연예인들은 이곳이 전문 공연장이 아니라는 것을 이해하지 못한다. 백악관은 언플러그드 공연(공연자 1인, 스포트라이트, 그리고 악기 한 대로 구성)을 하기에 안성맞춤이다. 무대를 수용할 수 있는 스테이트룸은 단 2개뿐이고, 총연습을 할 공간도 없다. 그들에게 제공되는 음식도 백악관 주방에서 만들 수 있는 것이 전부다(물론 요리사들은 수백 명이 먹을 4코스 식사를 준비하고 있다는 사실도 참작해야 한다).

공연자의 요구 사항이 적힌 긴 목록을 받을 때마다 우리는 현실과의 괴리를 조율하기 위해 엄청난 노력을 기울인다. 드레싱룸 문에는 금별이 장식돼 있어야 하고(드레싱룸이란 것 자체가 없다), 글루

텐프리 비건 요리 6가지를 제공해달라고 하는 연예인도 있었다. 물론 보이지 않는 곳에서는 불만의 눈알 굴리기를 한 적이 있지만, 우리는 미소를 지으며 가능한 맞춰주려고 노력한다.

때때로 공연자들에게 일반인은 평생 한 번도 볼 수 없는 백악관의 여러 장소를 구경시켜주기도 한다. 1812년 영국군이 백악관에 불을 질러서 생긴 석조 기초의 그을음 자국이나 닉슨 대통령이 지하에 만든 볼링장을 보여줬다. 그들의 가장 큰 관심사는 뭐니 뭐니 해도 대통령 가족이 기르는 애완동물이었다. 기분이 상한 VIP들을 사우스론으로 데려가 강아지들과 뛰놀게 하면, 언제 화가 났었냐는 듯 즐거워했다.

다루기 힘든 사람들은 어디나 있게 마련이며, 어쩔 수 없이 매일 그런 사람들을 대해야 한다. 지나치게 까다로운 상사와 일해야 한다면, 무엇 때문에 그러는지를 이해하고 당신이 받을 피해를 최소화하도록 노력해야 한다.

당신의 상사가 자신의 실수를 남의 탓으로 돌리는 경향이 있다면, 상사의 지시 사항을 이메일로 받거나 구두 지시는 후속 이메일을 보내서 확인해라. 물론 번거로운 일이지만 자신을 보호하기 위한 조치다. 당신의 상사가 일일이 간섭하는 성향이라면, 무엇을 원할지 예측하고 요청하기 전에 그 일을 해둔다. 당신의 상사가 다혈질이라면, 그의 업무 스트레스가 오르내리는 흐름을 파악해서 상사의 기분이 안 좋을 때는 민감한 대화를 피해야 한다. 누군가의 나쁜 성격이나 비전문적인 태도가 당신의 업무 성과에 영향을 미쳐서는 안 된다. 당신의 상사였으면 좋겠다고 생각하는 사람이 되어라.

LEA

나는 공격적이고 모든 걸 통제하려는 상사와 일한 적이 있다. 그는 함께 일하는 모든 동료의 에너지와 열정을 꺾어버렸다. 지킬과 하이드처럼 그는 자신의 상사 앞에서는 세상 자상한 관리자인 척 굴다가, 그 상사가 자리를 뜨면 고함을 지르면서 자기중심적이고 예민한 성격으로 돌변했다. 당연히 직원들의 이직률이 높았고, 그의 개인비서는 6개월에 한 번씩 바뀌었다. 우리는 젊은 비서들이 퀭한 눈에 지친 모습으로 회사를 떠나는 모습을 안타까운 마음으로 지켜봐야 했다.

무엇보다 최악은 이러한 상황을 더 위에 있는 사람들에게 전달할 방법이 없었다는 것이다. 사무실은 조용하고 절망적인 분위기가 감돌았다. 나는 일정 기간 동안 회사를 떠날 수 없는 몸이었기 때문에, 그와 부딪히지 않으면서 일할 방법을 찾아내야 했다. 그가 행사와 관련된 나의 제안을 번번이 맹비난하기에, 나는 모든 발표를 '이 행사는 그의 관여가 필요하다'는 말로 시작했다. 그가 주목받는 것을 대단히 좋아한다는 것을 알고 있었기 때문이다. 물론 그는 세부적인 부분까지 참견하고 싶어 하지 않았다. 그래서 그는 그냥 얼굴만 내밀고 공을 가져갔다. 나한테 가장 중요한 것은 행사를 치르는 것이었고, 이 전략이 얼마나 효과적인지를 확인하고 나서는 계속 그렇게 했다.

때때로 당신은 더 높은 상관에게 조용히 도움을 요청할 수 있다. 닉슨 대통령 재임 6년간 백악관 사회활동 비서관을 역임한 열정적인 루시 브레시트는 불행하게도 곧 악명 높은 인물, 닉슨 대통령의 비서실장 H. R. 할더먼을 상대해야 하는 고달픈 입장에 처하게 되었다. 할더먼은 닉슨의 오랜 신임을 받던 참모들을 배제시키고, 백악관 비서진을 다시 구성했다. 자신을 거쳐야만 대통령에게 접근할 수 있는 구조를 만들어 자신의 권력과 영향력을 키워나가려고 했던 것이다.

이러한 구조는 오늘날에도 어느 정도 유지되고 있다. 케네디 대통령이나 존슨 대통령은 비서실장을 두지 않았는데, 그들의 백악관은 마치 바퀴처럼 조직되었다. 중심에 대통령이 위치하고, 각 보좌관은 마치 바큇살처럼 대통령에게 직접 보고하는 구조였다. 반면 할더먼은 다른 비서관들이 대통령에게 보고하기 전에 자신을 반드시 거치도록 했다.

할더먼은 예정된 행사들을 방해하기 시작했다. 그는 국빈만찬을 워싱턴 밖에서 치르기로 결정했다. 그에 따른 문제가 얼마나 많은 지를 잘 알고 있던 루시의 반대에도 불구하고 샌디에이고에서 멕시코 대통령을 위한 만찬을 예정했다. 할더먼은 그 만찬에 루시는 참석할 필요가 없다고 응수했다. 하지만 계획이 틀어지기 시작하면서 그는 마지막 순간에 어쩔 수 없이 그녀에게 도움을 청했다. 루시는 영부인을 찾아가서 할더먼에게 도움을 줄 것을 요청했다. 영부인은 할더먼과 닉슨 대통령을 함께 불러놓고 앞으로 백악관 행사 기획에 절대 개입하지 말라고 요구했다. 그 뒤로 완전히 중단된 것은 아니지만 할더먼의 개입이 조금 줄어들었다.

또 다른 효과적인 전략은 문제가 있는 동료가 무례하게 행동하지 못하도록 규칙을 정하는 것이다. 직장의 규정을 이용하면 분란을 일으킬 여지가 줄어든다.

업무를 방해하는 동료의 행동을 무시하거나 통제할 수 없을 때는 난처하고 힘들지만 대화를 해야 한다. 동료를 마주하고 목표 달성에 도움이 되지 않는 행동은 하지 말라고 말하는 데는 용기가 필요하다. 그러나 결국 솔직한 대화가 문제를 해결하는 가장 직접적인 방법이다. 친절하고 진솔한 태도로 감정을 배제하고 사실 위주로 말한다.

전 상원의원 대니얼 패트릭 모이니핸이 말한 것처럼 "우리는 모두 각자의 의견을 가질 권리는 있지만, 사실을 마음대로 어떻게 할 수는 없다."[24] 모든 사람이 행복해질 수 있는 상황을 만들기 위해 노력하는 정직한 중재자가 되어라.

JEREMY

나의 전임자 줄리아나 스무트는 백악관에서 업무를 방해하는 행동을 해결해야 할 때가 종종 있었다. 2010년 6월, PBS는 폴 매카트니가 미국 의회도서관 거슈윈 대중가요상을 수상한 것을 기념해서 〈백악관 공연〉의 한 코너를 준비하고 있었다. 그날은 기억에 남을 멋진 저녁이 되리라 생각했지만, 그런 일은 일어나지 않았다. 행사에 앞서 매카트니 측은 리허설과 공연 중에 그의 무장 경호원이 백악관에 들어올 수 있게 허락해달라고 요구했다. 비밀경호국은 이 요구를 거절하면서, 비밀경호국 요원을 제외한 누구도 무장한 채로 백악관 경내에 들어올 수 없다는 규정을 설명했다(사실 지구상에서 백악관보다 경호가 삼엄한 곳은 어디에도 없을 것이다).

그 요청이 거절되자, 매카트니 측에서 그 경호원의 이름을 제작팀 명단에 넣어 비밀경호국에 제출했다. 그렇게 해서 몰래 들어오려고 했던 것 같다. 비밀경호국은 그런 시도에 불편함을 토로하고 그 경호원의 경내 진입을 다시 한 번 거절했다.

매카트니 팀은 공연의 총괄 프로듀서인 캐피 맥가르에게 매카트니가 출연하지 않겠다고 암시했다. 맥가르는 곧장 줄리아나 스무트에게 전화를 걸었다. "저는 긴급 상황이 아닌 한 줄리아나의 개인 휴대전화로 전화를 건 적이 없어요. 하지만 이 일은 정말 긴급 상황이었습니다"라고 맥가르가 말했다.

스무트는 나중에 비밀경호국 국장에 임명될 조지프 클랜시에게 연락해서, 도움을 줄 방법이 없을지 물었다. 두 사람은 이 문제를 충분히 의논한 후, 클랜시는 그 경호원이 무기를 소지하지 않고 민간인 자격으로, 대통령 부부의 손님으로 백악관에 들어온다면 허락해줄 수 있다고 말했다. 매카트니 팀은 동의했고, 그날 저녁 공연은 무사히 진행되었다. 줄리아나는 갈등을 부추기기보다는 상황을 모면하고 관리했다.

피하지 않되 깊이 생각하지 마라

• • •

갈등을 조장하는 사람에게 맞설 수단이 없을 때가 가장 위태롭다. 문제의 인물과 잘 지내보려는 노력이 번번이 무산되고, 도움을 요청할 사람이 아무도 없을 때는 강력한 대응이 필요하다. 매일 상대해야 하는 문제의 동료를 무시하거나 관리할 방법이 없을 경우, 감정적으로 분리하는 방법을 선택해봐라.

상사가 다른 동료들 앞에서 당신에게 고함을 지르고, 당신을 무능하고 게으르다고 비판한다면, 절대 응수하지 마라. 침묵과 무심한 표정으로 대응하면 충돌을 원하는 사람은 분노를 계속 분출하고 싶은 의지가 꺾여버린다.

차분함을 유지하고 중심을 잃지 않으려고 노력하면서 분노 지수가 점점 높아지는 상사의 고함과 독설을 무시한다. 감정적 분리를 하는 데 심오한 깨달음이 필요하지는 않다. 의식적으로 깊고 규칙적인 호흡을 하며 자신의 몸이 어떻게 반응하는지 의식한다.

그 사람이 그렇게 행동하는 이유는 큰 위협을 느꼈기 때문이다. 그 자리에 있는 다른 동료들에게 그 사람이 어떻게 비쳐질지 생각해보라. 지금은 그가 우위에 있는 것처럼 보이지만, 격한 감정을 표출한 후에는 초라한 모습만 남는다. 무례함은 단지 강함을 흉내 내는 것일 뿐이다.

그의 말을 듣고 있다는 것을 보여주면 폭언을 누그러뜨릴 수 있다. "저한테 소리 지르지 마세요"라고 강하면서도 예의를 갖춘 태도로 대응한다. 그리고 대화가 끝날 때까지 절대 그 자리를 벗어나지 마라. 그렇지 않으면 다음번에 그 사람과 어색하게 마주할 것이다.

자신을 깎아내리는 말을 듣고도 참기는 어렵겠지만 감정적으로 분리하고 상대와 똑같이 감정적으로 대응하지 않으면, 당신만의 안전지대를 만들 수 있다. 자신을 그 어떤 공격도 뚫고 들어올 수 없는 난공불락의 요새라고 생각해라. 당신은 다른 사람의 행동을 바꿀 수는 없지만, 그 사람에 대한 당신의 대응 방식은 바꿀 수 있다.

근무가 끝나고 집으로 돌아가면 그 일을 잊어버려라. 불쾌한 대화와 상사의 기분 나쁜 표정을 시간 날 때마다 곱씹는다면, 당신은 점점 더 비참해질 것이다. 그런 상사에게 휘둘리지 마라. 밖으로 나가 운동하거나, 친구들을 만나 수다 떨면서 웃거나, 좋아하는 영화를 봐라. 다음 날까지 직장에서 일어난 일을 잊을 수 있는 일이라면 뭐든지 해라. 그 일을 곱씹으면서 불평을 늘어놓아 가족이나 연인을 지치게 만들지 마라. 이때 균형 잡힌 시각이 필요하다. 직장은 삶의 일부일 뿐 전부가 되어서는 안 된다.

상대가 저급해도, 나는 품위 있게

● ● ●

아무리 감정적 분리가 중요하다 해도, 모든 상황에서 효과적일 수는 없다. 불합리한 일을 바로잡기 위해서가 아니라 당신의 자존감을 지키기 위해 뭔가 조치를 취해야 할 때도 있다.

JEREMY

2012년 12월, 충성도 높은 지지자들을 위한 홀리데이 만찬은 나의 또 다른 시험대였다. 만찬이 끝나갈 때, 대통령이 테이블에서 일어나 한 사람 한 사람에게 고마움을 표현하기 시작했다. 그러다 대통령께서 손님들과 담소를 나누던 테이블로 나를 불렀다. 내가 아무리 노력했어도 대통령이 메노라(유대교 전통 의식에 쓰이는 7~9개의 여러 갈래로 나뉜 큰 촛대-옮긴이)의 초에 대해 물어보리라고는 결코 예상할 수 없었을 것이다. "이 초들이 엄격한 유대교 율법 코셔를 따른 것인가요?" 내가 일찍이 대화를 나눴던 손님이 대통령에게 직접 물어본 것이었다. 그녀는 그 초들이 코셔가 아니라고 생각했고, 그렇다면 그것은 대단한 결례였다.

심장이 두근거리기 시작했지만 나는 굉장히 침착한 태도로 미소를 유지했다. 나는 그 초들이 코셔임을 확인했다고 답하고 대외협력실의 유대인 지원활동팀장인 재러드 번스타인이 그런 디테일을 놓쳤을 리 없다고 확신했다.

대통령도 당연히 걱정하기 시작했고 나도 마찬가지였다. 잠시 후 재러드는 그 초들이 코셔라는 것을 재확인해주었다. 나는 이 사실을 대통령께 전달했을 뿐 아니라 그 손님에게도 알렸다. 그런데 그녀의 반응이 뜻밖이었다. 그녀는 그 초들이 코셔가 아니라고 생각했던 것이 아니라, 그저 대화를 시작하기에 좋은 소재라고 생각했을 뿐이라고 말했다. 나는 공손하게 그 손님에게 이야기했다. 대통령에게 무언가 '의미 있는' 말을 하고 싶은 마음은 알겠지만, 불필요한 스트레스를 유발했다고 말이다. 쓸데없이 도발적인 질문을 하기 전에 신중하게 생각해보기를 바란다.

LEA

분란이나 문제가 될 만한 상황을 미리 방지해야 할 때가 있다. 2004년 대통령 선거운동 기간에, 훗날 멜라니아 트럼프 영부인의 비서실장이 된 린지 레이놀즈는 로라 부시 여사와 함께 선거 행사를 준비하기 위해 중요한 모금 후원자의 남부 대저택으로 갔다. 행사의 주최자는 부시 여사와 사진을 찍기에 완벽한 장소가 거실의 대리석 벽난로 앞이라고 생각했다. 하지만 그 벽난로 바로 위에는 주최자의 아내가 곰가죽 러그 위에서 완전히 누드로 누워 있는 실물 크기의 초상화가 걸려 있었다. 손님들과 영부인의 머리 위에 바로 그 그림이 위치한 셈이었다.

그 초상화를 치워달라고 요청하면 실례가 될 수 있었고, 지지자의 집에서 열리는 정치 행사의 대원칙은 최대한 자기 집 같은 편안한 분위기를 연출하는 것이다. 재빨리 판단한 린지는 새로운 선거운동 정책에 따라 모든 사진은 단색의 파란 배경 앞에서만 찍어야 한다고 설명했고, 주최자도 별다른 이의를 제기하지 않았다. 손님이나 영부인을 난처하게 하지 않으면서 대안을 제시하는 것으로, 모두에게 곤란할 뻔한 상황을 미리 막을 수 있었다.

우리가 모신 두 영부인 모두 각계각층으로부터 비판을 받았다.

그들은 자신들을 공격하는 사람에 대해 앞에서 언급한 모든 전략을 사용했다. 그런 비난의 중심에 서기를 바라는 사람은 없을 것이다. 그러나 두 분은 그 비난을 견디고 극복하는 법을 배웠다. 2016년 대선 기간에 미셸 오바마는 "그들이 저급하게 가도 우리는 품위 있게 가자"는 유명한 말을 했다. 그런 마음가짐을 가질 수 있었던 것은 두 여성이 오랜 기간 수련했기 때문이다. 그러기 위해서는 강인함과 균형 잡힌 시각이 필요하며, 우리는 그들을 보면서 많은 교훈을 얻었다.

미셸 오바마는 대통령 퇴임이 다가오던 어느 날 오프라 윈프리와의 인터뷰에서 "매일매일 끊임없이, 우리를 향해 쏟아지는 무수한 비판을 들었어요. 그걸 그대로 다 받아들이면 영혼이 산산조각 날 수 있죠. 그러니 털어버려야 해요."[25]

로라 부시는 조지 H. 부시 내외가 정치적 조롱을 견디는 모습을 지켜보면서, 자신에게 어떤 일이 벌어질지 예상했다고 말했다. "그렇다고 해서 상처를 덜 받는 건 아닙니다. 하지만 지도자의 자리에 있는 사람은 누구나 비판을 받게 마련이니, 그럴 준비가 돼 있어야 해요"라고 덧붙였다. 두 여성은 익명으로 퍼지는 증오가 자신들을 규정하도록 내버려두지 않았다.

굉장히 까다로운 사람이나 상황에 대처할 때는 인내심, 굳은 결의, 자제심이 필요하다. 좋은 관계를 맺으며 발전해나가는 일이 항상 순조로운 것은 아니다. 그러므로 다루기 힘든 사람에게 대처할 수 있는 전략을 세우고 필요한 기술을 익혀야 한다.

마지막으로 다루기 힘든 사람에 대해 2가지를 기억하라. 그들이 불러일으키는 다툼과 갈등은 그들의 문제이지 당신의 문제가 아니다. 그것을 기억하면 어느 정도의 연민을 가지고 그들을 바라볼 수 있다. 상대가 어떤 공격을 하더라도 침착함을 유지하고 대한다면 당신의 훌륭한 성품과 진정성이 빛을 발할 것이다.

어디에나 분란을 일으키는 사람들이 있다.
무례한 행동을 하는 것도 마찬가지다.
이런 사람들은 관심을 먹고살기 때문에,
가장 확실한 대처법은 애초에 관심을 주지 않는 것이다.
마치 젖은 담요가 불기를 잠재우듯
부정적인 에너지를 제압한다.
그런 트러블메이커는
지지직거리는 라디오 채널을 건너뛰듯이
무시하고 평정심을 유지하는 것이 좋다.

편리함이 태도를 가볍게 만들거나
무례함으로 흘러서는 안 된다.
우리가 누르는 버튼 하나에도
마음의 무게와 배려가 드러난다.
손끝은 가볍되 태도는 진중함을 지켜나갈 때
관계가 무너지지 않고 살아난다.

TREATING
PEOPLE
WELL

Part 11
편리한 기기는 있어도 편리한 태도는 없다

모두에게 예의 바르고, 다수에게 붙임성 있고, 소수에게 친밀하고,
한 명에게 친구가 되고, 아무에게도 적이 되지 말라.

-벤저민 프랭클린

리아가 백악관에 입성한 2004년과 제러미가 백악관을 떠난 2015년 사이 11년 동안, 기술과 소셜미디어의 발전은 우리가 하는 업무에 크나큰 변화를 몰고 왔다. 부시 행정부에서 초대장과 참석 확인은 이메일로 발송하고 참석 여부 회신은 전화로 이루어졌다. 관저에서 사람 간의 모든 소통은 전화를 걸거나 직접 방문해야 했다.

손님 대부분이 블랙베리를 소지했지만, 카메라가 장착된 휴대전화를 가진 사람은 거의 없었다. 페이스북 계정은 대학생들의 전유물이었고 트위터를 사용하는 경우도 거의 없었다. 스냅챗은 물론이거니와 인스타그램도 아직 세상에 나오지 않았다. 소셜미디어가 아직은 뉴스나 정치적 도구로 부상하지 않던 시대였다.

오바마 시대에는 초대장과 참석 여부 회신은 온라인으로 관리했으며, 캘리그래퍼들이 이메일 발송이 가능한 PDF 형식의 초대장을

만들었다(실제 초대장은 기념품으로 보내거나 직접 전달했다). 그리고 이제는 스마트폰 없이 백악관에 들어오는 것은 상상할 수도 없는 일이다. 손님들은 백악관 방문을 사진이나 동영상으로 담는 것이 실제 그곳에 있다는 사실보다 더 중요한 일이 됐다.

기술적인 발전이 없었다면 이처럼 업무를 생산적으로 수행할 수 없었을 것이다. 연예인에게 공연 요청을 할 때, 그들의 공식 웹사이트에서 정확한 연락처를 찾아 몇 분 내로 그들의 매니저와 연락할 수 있다. 중요한 방문객을 맞아야 할 경우 구글 이미지를 보고 이름을 불러서 그들을 환대할 수 있다. 스마트폰이 있으니 행사 도중 벌어지는 변화를 직원들에게 실시간으로 알리고 그에 맞춰 움직일 수 있다. 예를 들어 '국가원수와 영부인께서 대사를 동반해 저녁 식사에 도착하셨음. 캘리그래퍼들에게 메뉴와 명패를 하나 더 만들어달라고 요청하고, 수위장에게 연락해서 식탁에 자리 하나를 더 마련할 것' 등이다. 이런 기술의 발전은 실로 신의 축복이 아닐 수 없다.

하지만 새로운 기술 덕분에 편리한 반면 온라인상에서도 대면 소통과 마찬가지로 예의를 지키는 법을 익혀야 한다. 생산성만을 염두에 두고 업무를 서두르다 보면 직원 대다수가 하루 종일 전자기기에 붙어 있어야 하는데, 이메일이나 문자, 소셜미디어에서 적절한 예절에 관한 지침은 없다. 그렇기에 우리가 지금까지 배운 소통의 기술을 최대한 활용하여 오해를 줄이고 대면 접촉보다 온라인 소통에 더 많은 시간을 보내면서 생기는 고립감을 방지해야 한다. 디지털 공간에서 서로를 존중하는 데는 의식적인 노력이 필요하다.

LEA

내가 백악관에서 근무할 때, 행사 좌석 배정은 백악관 기술지원실에서 개발한 컴퓨터 소프트웨어를 통해서 이루어졌다. 우리는 100명이 참석하는 저녁 만찬의 좌석 배치를 1시간 만에 끝낼 수 있었고, 누구 하나 빠뜨리거나 중복되는 일도 없었다. 예전 같았으면 하루 종일 걸렸을 작업이었다.

중요한 상원의원 배우자 오찬 행사를 준비할 때 좌석 배치도에 그려진 작은 원들을 들여다보며 열심히 이름을 프로그램에 입력했던 기억이 난다. 나름대로 효율적으로 작업했다고 만족하며 좌석 배치를 부시 여사께 전달했다. 그런데 여사는 내가 린다 롭과 수전 앨런을 나란히 앉혔다는 사실을 잡아냈다. 린다 롭의 남편인 민주당 상원의원 척 롭은 2000년 치열한 선거에서 공화당의 조지 앨런에게 의석을 빼앗겼다. 수전 앨런은 조지 앨런의 부인으로 당시 현직 상원의원의 배우자였다. 부시 여사의 지적 덕분에 나는 즉시 좌석을 재배치했고, 두 여성에게 불쾌한 오찬이 될 뻔한 일을 막을 수 있었다. '디지털보다 중요한 것은 결국 사람의 감정'이라는 점을 깨닫게 해준 에피소드다.

상대가 말할 때는 휴대전화를 확인하지 마라

• • •

휴대전화는 이제 없어서는 안 되는 기기이지만, 휴대전화를 향한 우리의 집착은 점차 강박에 가까워지고 있다. 제러미는 백악관 행사에서 귀빈으로 초청된 사람이 이스트룸 무대에서 오바마 대통령의 소개를 받는 순간에도 휴대전화 문자를 확인하는 모습을 본 적이 있다. 이처럼 휴대전화에 빠져 있는 동안 삶의 중요한 순간이 사라져버릴 수 있다는 것을 기억하라.

LEA

대통령 선거 기간에 자금 모금을 하던 친구가 영향력 있는 포춘 50에 선정된 CEO와 만날 기회를 얻고 굉장히 기대에 부풀어 있었다. 이 CEO는 예측 불가능한 행동을 하는 것으로 유명했다. 그래서 내 친구는 아주 신중하게 발표 준비를 했다. 하지만 발표 도중 하필 그 CEO가 말을 하고 있을 때 내 친구는 자신의 블랙베리를 쳐다보지 않을 수 없었다.

그 CEO는 말을 멈추고 친구의 블랙베리를 가리키면서 "혹시 내가 그걸 좀 봐도 될까요?"라고 말했다. CEO가 자신의 휴대전화에 관심이 있어서 그런가 보다 하고 전화기를 건네주면서 친구는 새로운 기능에 대해 열정적으로 설명했다. 그런데 CEO는 블랙베리를 받더니 조용히 방 반대편으로 집어던졌다. 전화기는 그대로 벽에 부딪혀 산산조각이 났다. 그런데 CEO는 마치 아무 일도 없었다는 듯 대화를 이어나갔다.

넋이 나간 친구는 중요한 비즈니스 미팅 중에 이메일을 확인하는 무례한 행동을 저질러서는 안 된다는 귀중한 교훈을 얻었고, 부서진 전화기 외에는 아무것도 얻지 못한 채 회의장을 떠났다.

이 이야기는 세대 차이가 어느 정도 영향을 미쳤을 수 있다. 나이가 많을수록 기술 장비가 대화에 끼어드는 것을 불쾌하게 받아들일 가능성이 더 높다. 밀레니얼 세대는 다른 사람들 앞에서 끊임없이 휴대전화를 쳐다보는 게 별문제가 되지 않는다고 생각할 수 있다. 하지만 그런 행동이 타인에게 어떤 인상을 주는지는 생각해볼 필요가 있다. 이왕이면 좋은 인상을 남기는 것이 좋지 않겠는가.

우리는 전화기보다 사람에게 더 관심을 주어야 한다. "우리가 마주한 사람이 전화기 속의 사람보다 더 중요하다." 그러므로 누군가와 이야기를 나눌 때는 휴대전화를 눈에 보이지 않게 치우는 것이 좋다. 대화를 나누고 있을 때 정말 중요한 전화가 왔다면 먼저 양해를 구하고 조용한 곳으로 가서 전화를 받는다. 많은 사람들이 관련된 중요한 결과를 기다리는 상황이 아니라면, 회의 중에 이메일을 확인하는 것은 함께 있는 사람들을 배려하지 않는 무례한 행동이다.

휴대전화에 집착하는 모습은 굉장히 바쁘고 중요한 사람처럼 보일 수는 있어도, 대화에 집중하지 않는 모습은 상대를 존중하지 않는다는 인상을 줄 수 있다. 동네에서 볼일을 볼 때도 마찬가지다. 누군가와 대화를 나눌 때는 이어폰을 빼고 상대에게 온전히 집중한다. 약국에서 뭔가를 살 경우, 미식축구 경기 결과를 확인하는 대신 약사와 눈을 마주치는 것이 예의다. 눈 한번 마주치지 않는 누군가와 대화를 나눈다면 어떤 기분이 들겠는가?

공공장소에서 휴대전화로 통화할 때는 비즈니스 관련 기밀이나 연애와 같이 지극히 사적인 정보를 절대 언급해서는 안 된다. 기차나 버스 안에서 당신이 보낸 화끈한 주말 이야기를 친구에게 상세하게 설명하는 것은 자제해야 한다. 다른 승객들이 듣고 민망해할 수 있다. 진행 중인 사업에 대해 거리낌 없이 말하는 것은 당신의 전략을 주변 사람들에게 노출하는 것이나 다름없다. 사적인 이야기나 업무 관련 내용은 좀 더 조용하고 사람들이 없는 장소에서 나누는 것이 좋다. 공공장소에서 통화할 때는 목소리를 높여서도 안 된다. 병원 대기실이나 다른 공동 공간에서 스피커폰을 사용하는 것도 자제해야 한다. 일대일 대화 중에 스피커폰을 사용하고 싶다면, 장소가 어디든 상대방에게 동의를 구하는 것이 먼저다.

휴대전화 사용을 삼가야 하는 장소가 몇 군데 있다. 교회, 모스크, 사찰, 장례식과 결혼식, 그리고 운전 중일 때다. 극장, 영화관, 박물관은 로비에 나가서 전화를 받는 것은 괜찮을 수 있다.

식당에서 밥을 먹거나 친구들과 만찬 파티 중일 때는 휴대전화를 식탁이나 무릎 위에 올려두지 마라. 중요한 전화를 받아야 할 때는 양해를 구한다. 식사 영수증이 식탁 위에 전달되었을 때도 전화기를 꺼내 들어서는 안 된다. 모든 사람이 식탁에서 일어날 때까지 기다려라.

우리는 전화의 영향력과 효능을 잘 알고 있다. 출근할 수 없다고 상관에게 보고할 때, 누군가에게 안 좋은 소식을 전달해야 할 때, 누군가를 설득해야 할 때는 전화를 거는 것이 낫다. 전화로 거절 의사를 밝히는 것이 이메일이나 문자 메시지로 하는 것보다 훨씬 더 어렵다. 그러므로 정말 중요한 뭔가를 원한다면 전화기를 들고 확신, 매력, 그리고 갈등 해결 능력을 동원해서 설득해라.

편리한 기기의 역습

• • •

백악관 신입 직원들이 전원 참석하는 윤리 강령 설명회에서 논의되는 주제 중 하나는 "〈워싱턴포스트〉 1면에 실리면 안 될 내용은 절대 이메일로 써서는 안 된다"이다. 지금처럼 이메일 해킹이 경쟁적 스포츠처럼 된 상황에서 귀담아들어야 하는 조언이다. 감정을 조절하지 못하고, 부적절하며 악의적으로 쓴 글은 언제 어디로든 전달되거나 발췌될 수 있으니, 스스로 조절해야 한다. 받은 이메일을 다른 사람에게 전달하는 데는 시간이 들지 않는다. 하지만 비밀 사항이나 부적절한 내용은 공유하지 않도록 주의한다. 당신만 보라고 보낸 개인적인 의견이 담긴 이메일을 다른 사람에게 전달하는 것은 적절하지 못하다.

거의 대부분의 소통이 온라인상에서 이루어진다. 문자 메시지나 이메일의 내용으로는 상대의 표정, 몸짓, 어조를 온전히 읽을 수 없으므로 오해하기 쉽다. 휴가를 다녀온 동료 직원을 아주 환한 미소로 맞으면서 "드디어 돌아왔네. 난 자네가 회사로 돌아오지 않는

줄 알았어"라고 말할 때와 똑같은 내용을 이메일로 보낼 때는 완전히 다른 메시지가 전달된다. 이메일은 마치 화가 난 것처럼 읽힐 수 있다.

몇몇 대통령 부인과 부통령 부인들은 간결하고 친근하게 이메일을 쓴다. 그들은 따뜻한 인사말로 시작해서, 곧바로 본론을 이야기하고, "건승을 바랍니다" 혹은 "마음은 늘 당신과 함께할게요"와 같은 애정 어린 인사말로 마무리한다. 영부인들은 바쁘기도 하고 그들의 계정을 해킹하려는 사람들이 있기 때문에 최대한 간결하게 작성한다. 그리고 전 세계 사람들이 알아도 상관없는 내용 외에는 절대 이메일에 쓰지 않는다.

직장에서 문자 메시지와 이메일을 주고받을 때 오해의 소지를 줄일 수 있는 몇 가지 제안이 있다.

<u>솔직하게 말한다.</u> 목소리 톤이나 미소, 눈동자를 굴리는 모습을 보지 않으면 빈정거리는 투를 알아차리기 어렵다. 친구와 메시지를 주고받을 때 이모티콘과 구두점을 지나치게 사용하지 마라. 메시지 전체를 대문자로 쓰는 것은 분노를 의미한다.

<u>신속하게 답한다.</u> 그 순간 적절한 답을 하기 어렵더라도, 다시 연락하겠다는 말 외에 할 말이 없더라도 신속하게 답하는 것이 좋다. 곧바로 답을 하지 않으면 무관심이나 무례함으로 오해할 수 있다.

<u>예의를 지킨다.</u> 제목에 이메일을 쓴 이유를 밝힌다. 잘 모르는 사람에게 이메일을 쓴다면, '스미스 님'과 같이 적절한 호칭과 인사말을 쓴다. 비즈니스 이메일은 실제 편지를 쓸 때와 같은 형식을 사용한다. 지나치게 바쁜 티를 내거나 가벼워 보이지 않으려면 줄임말을 쓰지 않는다. 실시간으로 이메일을 주고받는 상황이 아니라면, 이메일 맨 마지막에 '행운을 빕니다' 혹은 '안부를 전합니다'와 같은 마무리 인사와 함께 이름을 적는 것이 좋다. 이름, 직함, 직장 주소, 전화번호를 넣은 표준 서명을 추가하는 것도 추후 연락을 원하는 사람에게 도움이 된다.

<u>술을 마신 상태에서 쓰지 마라.</u> 술 한두 잔을 마신 상태에서는 비즈니스 이메일에 답하지 않는다. 자칫 일관성이 없고 배려가 부족할 수 있다. 다음 날 답변을 철회해야 하는 일은 없어야 한다.

<u>지나치게 대응하지 않는다.</u> 기분이 상하는 메시지를 받았을 때는 시간을 가진 다음에 답한다. '이메일은 영원하다'는 것을 기억해야 한다. 지나치게 감정적으로 분노의 답장을 보냈다가 후회해본 경험이 있을 것이다. 갈등을 해결할 때와 마찬가지로 즉각적인 반응보다 신중한 대응이 더 낫다. 침착함을 유지하고 논리적으로 사실을 정리할 때 더 좋은 인상을 줄 수 있다.

<u>'전체 답장' 기능은 신중하게 사용한다.</u> 의도하지 않은 사람이 이

메일을 받거나 굳이 내용을 알 필요 없는 사람들을 짜증 나게 만들지 마라.

모든 내용을 이중 체크한다. 자동 수정, 자동 완성, 자동 회신 기능은 위험할 수 있다. 예를 들어 리아는 회계사와 성이 비슷하다는 이유로 워싱턴의 한 고위 인사에게 공동 세금 신고서를 첨부해서 보내는 실수를 저지른 적이 있다. 이메일을 너무 성급하게 보내지 않으려면 마지막까지 '수신인' 칸을 비워두는 것도 좋은 방법이다. 이렇게 하면 생각이 다 정리되기 전에 초안을 보내는 일을 방지할 수 있다.

감사의 마음을 표현한다. 이메일로 정중하게 감사의 인사를 전하는 것은 괜찮다. 손으로 쓴 편지만큼은 아니지만, 아무런 표현도 하지 않는 것보다 훨씬 낫다.

LEA

한번은 내가 원했던 러그를 찾는 데 도움을 준 판매사원에게 감사의 인사를 하기 위해 이메일을 보낸 적이 있다. 특별히 애써준 그에게 고마움을 표현하고 싶었다. 이메일 끝부분에 "당신은 정말 친절한 분이세요(You're a peach)!"라고 썼는데, 내 컴퓨터의 자동 완성 기능이 글자를 바꿔 "당신은 정말 재수 없어요(You're a douche)!"가 되어버렸다. 물론 나는 미처 알아차리지 못했다. 얼마

후 그 판매사원에게 전화가 왔다.

"혹시 저 때문에 기분 상하신 일이 있었나요?"

"아뇨, 뭣 때문에 그러시죠?"

"방금 제게 보내신 이메일을 한번 확인해주세요."

나는 민망해서 몸 둘 바를 몰랐다. 인간의 실수를 줄이고자 고안된 기능이 어떻게 이런 엉뚱한 결과를 낳을 수 있을까?

문자 메시지에 감정을 싣지 마라

● ● ●

문자 메시지를 보낼 때는 상대가 명확하게 이해할 수 있도록 충분한 문장기호와 정확한 문법, 그리고 잘 모르는 사람에게 연락할 경우 당신의 이름을 적는다. 문제를 해결하기 위해 문자 메시지를 세 번 이상 써야 한다면 차라리 전화를 거는 것이 훨씬 낫다.

아무리 강조해도 지나치지 않는 진실이 하나 있다. 그것은 술을 마신 상태에서는 이메일이나 문자 메시지를 절대 보내서는 안 된다는 것이다. 술에 취한 밤 헤어진 애인에게 진심 어린 문자 메시지 하나를 보내고 싶을 수 있다. 하지만 다음 날 아침 전 애인이 그것을 다른 사람들과 공유했다면 당신은 민망한 상황을 끝도 없이 겪어야 한다.

모임과 관련해서 문자를 주고받는 중이라면 참석하지 못하는 사람은 대화에서 제외한다. 관련 없는 사람들은 어디에서 저녁을 먹을 것인지를 두고 긴 논의를 하는 과정을 굳이 알고 싶어 하지는 않는다.

아주 친한 친구라면 사소한 일에 대해 감사의 인사를 문자로 전하는 것도 괜찮다(하지만 너무 길지 않도록 한다). 조의, 사과, 복잡한 계획 등은 절대 문자로 해서는 안 된다. "장례식은 언제야?"와 같은 것을 문자로 물어보는 것은 적절하지 못하다. 그리고 기밀이나 부적절한 정보를 문자로 보내는 것도 삼가야 한다.

이런 경우에도 경계선을 긋는 시점이 중요하다. 기술적 발전과 대인관계의 발전에 발맞춰서 경계선들을 지속적으로 조정하고 감시해야 한다. 당신의 경계선이 지켜지기를 바라는 것처럼, 다른 사람의 시간, 감정, 사생활을 존중해야 한다.

트위터, 페이스북, 인스타그램, 그리고 스냅챗은 상호작용과 참여를 위한 플랫폼이므로, 유용하고 흥미로운 정보를 공유하는 선에서 트윗을 보내고 게시물을 올려라. 계속해서 리트윗이나 '좋아요'를 요청하는 것은 조급해 보일 수 있다. 하루에 너무 많은 해시태그를 사용하고 혹은 여러 차례 게시물을 올리는 것도 마찬가지다. 다른 사람들이 당신에게 트윗을 보내면 가능한 답하는 것이 좋다. 이역시 관계를 만들어가는 하나의 방식이다.

JEREMY

나는 휴대용 기기의 사용이 급증하기 시작했을 때 미셸 여사와 나눈 대화가 떠오른다. "대체 누가 자신이 어디에서 무엇에 돈을 쓰는지 온 세상에 대고 이야기하고 싶겠어요?"라고 그녀가 물었다. "누구나 사생활을 보호하고 싶지 않을까요?" 일거수일투족을 감시 당하는 영부인이 사생활을 존중받고 싶은 것은 이해할 만하다. 하 지만 그녀의 질문은 우리 모두가 생각해볼 가치가 있다.

스마트폰의 보급과 셀카 촬영이 폭발적으로 늘어나면서 백악관 의 일부 행사에서는 새로운 스마트폰 정책이 필요했다. 기술이 문 화에 더 깊숙이 자리 잡으면서 영부인은 사람들이 사진이나 영상을 찍는 데 몰두하는 것보다 그 순간을 즐기는 것이 더 중요하다고 생 각했다. 그녀는 또한 모든 사람의 사생활이 존중받기를 원했다. 마 지막으로 그녀는 행사의 사진이 온라인에 게시되면, 초대받지 못한 사람들이 소외감을 느낄 수 있다는 점도 인식하고 있었다.

우리는 사적인 행사의 경우 SNS에 관련 사진이나 영상을 게시하 는 것을 금지했다. 손님들은 자신들의 휴대전화를 아래층에 맡겨놔 야 한다. 그들은 아래층에 내려가 메시지를 확인할 수 있지만, 위층 으로 다시 올라가려면 전화기를 맡겨야 한다. 간혹 규칙을 위반하 는 사람들이 있다. 게시물이 온라인에 게시되면 백악관은 신속하게 사진을 내려달라고 요청한다. 그리고 다음 행사에 손님 목록을 작 성할 때 누가 규칙을 위반했는지를 따져본다.

미국의 대통령 내외가 개최한 행사가 아니더라도, SNS에 게시물 을 올릴 때는 예의를 지켜야 하고 개최자들이 요구하는 것들을 존 중해야 한다. SNS에 삶의 모든 부분을 공유하는 사람들이 있는 반면, 온라인 활동을 제한하거나 아예 피하는 사람도 있다. 신랑 신부보다 먼저 결혼식 사진을 게시하는 것은 부적절하다. 게시하기 전에 허락을 먼저 받아야 한다.

직장생활과 사생활을 구분하는 것도 필요하다. 가족 소풍에는 정장을 입지 않는 것처럼, 각기 다른 목적에 맞게 SNS를 사용해야 한다. 비즈니스 용도로 사용할 계정을 따로 만드는 것이 좋다. 스냅챗이나 인스타그램은 친구들과의 교류에 적합하지만, 직장 동료와는 링크드인이 좋다. 친구와 가족을 위한 비공개 페이스북 계정과 업무용으로 활용할 공개 계정을 분리해서 사용한다(이렇게 하면 상사와 친구를 맺을 공간이 따로 마련되는 셈이다).

개인 계정이라도 직장이나 학교에서 난처해질 수 있는 사진들은 포스팅하지 않는 게 좋다. 온라인에서 보여주는 얼굴이 상사나 엄마에게 보여주고 싶은 얼굴과 다를 수 있다. 비공개 계정이라고 해서 다른 사람이 접근할 방법이 없는 것은 아니다.

리아의 친구 중에 고등학교 럭비팀 코치가 있다. 그는 몇몇 선수들이 연습 때부터 지쳐 있고, 실제 경기도 제대로 뛰지 못하는 것을 보고 선수들의 페이스북을 보았다. 그들은 주말에 파티를 열어 먹고 마시는 데 체력을 다 써버린 상태였다. 그는 해당 선수들에게 팀의 규칙을 따르든지 아니면 팀을 떠나라고 경고했다.

아이비리그 대학에 합격한 학생들이 사적인 단체 채팅방에 올린 부적절한 메시지가 발각되어 입학이 취소된 사례도 있다. SNS는 학생이나 직장인 모두에게 위험한 공간이 될 수 있다. 사적인 공간은 어디에도 없다. 스크린 캡처 단 한 장이면 잠깐 올린 게시물조차 영원히 남는다. 부적절한 농담을 친구들끼리만 주고받았든 단순히 반어적으로 내뱉은 농담이든, 그것은 중요하지 않다. 아무런 해가 없다고 판단한 농담도 쉽게 오해를 불러일으킬 수 있다. 불쾌감을 줄 수 있는 게시물은 올리지 않는 것이 좋다. 그 게시물이 당신을 평생 따라다니는 것을 원하지 않는다면 말이다.

JEREMY

사회활동 비서실이 인터뷰하고 고용하고 싶어 했던 지원자들이 과거에 페이스북에 올린 콘텐츠 때문에 백악관 법무팀에 의해 채용되지 못하는 경우가 생각보다 많다. 미셸 오바마 여사는 2012년 〈투데이쇼〉에 출연해서 그녀의 딸들이 휴대전화가 모든 사람의 필수품이 된 후 백악관에서 성장한 최초의 대통령 자녀라고 말했다. 그래서 그녀는 딸들에게 경고했다.

"모든 사람들이 휴대전화를 갖고 있다는 것은 결국 모두가 너희를 지켜보고 있다는 것, 그래서 너희는 누구에게 화를 낼 수도 없다는 것을 의미해. 왜냐하면 화를 낼 수 있지만, 누군가 그 순간만을 가지고 너희를 영원히 규정할 수 있기 때문이지. 그러니 너희가 인터넷에 올리는 게시물, 그리고 너희가 하는 말이 영원히 너희를 따라다닐 수 있다는 말이야."

페이스북, 인스타그램, 트위터, 스냅챗, 그리고 앞으로 도래할 새로운 플랫폼에 대해 충분한 지침이 마련되기는 어렵지만, 몇 가지 기본적인 기준을 제안한다.

먼저 물어본다. 친구의 사진, 집, 자녀, 혹은 그들의 파티에서 찍은 사진을 올리기 전에 허락을 받는다.

친절해야 한다. 당신도 같은 대우를 받고 싶은 게 아니라면 타인과 관련된 비호의적인 사진들은 게시하지 마라.

삭제하라. 오래된 사진들은 주기적으로 삭제해서 당신의 SNS 페이지를 깔끔하게 유지한다. 또한 지극히 개인적인 콘텐츠는 비공개로 유지될 수 있도록 개인정보 설정도 잘 관리한다.

타인의 이미지나 아이디어를 도용하지 않는다. 타인의 콘텐츠를 리트윗하거나 리그램할 때는 반드시 출처를 밝힌다.

신중해야 한다. 업무적인 환경에서 특히 조심해야 한다. 예를 들어 건물 설계도, 재무제표, 진행 중인 법적인 사안에 관해서는 온라인에 게재하면 안 된다.

자랑을 위한 포스팅은 삼간다. 부러움을 사기 위한 자랑은 우정이나 영향력을 발휘하는 데 전혀 도움이 되지 않는다. 물건을 판매하는 블로거가 아닌 한 당신이 가지고 있는 것, 먹는 음식, 여행지 등을 자랑하지 마라.

<u>'좋아요'에 집착하지 않는다.</u> 누군가에게 당신을 증명하려고 애쓰지 마라. 당신이 어떤 사람인지는 이미 스스로 알고 있으니 그것으로 충분하다. 다른 이들이 그 사실을 확인해줄 필요는 없다.

우리 모두가 열다섯 살짜리 청소년만큼 디지털 기기 사용에 능숙한 것은 아니다. 온라인 쇼핑, 손주들의 학교생활이 담긴 사진, 음식 레시피 등 복잡한 온라인 환경에 익숙하지 않은 나이 든 어른들에게 도움을 주는 것은 하나의 친절이다. 더 많은 사람들이 디지털 기기를 능숙하게 다루고 그들이 시대에 뒤처지지 않게 도와주는 것은 좋은 일이다. 마찬가지로 나이 든 사람들은 젊은 세대가 지나치게 휴대전화에 집착한다는 불평을 삼가야 한다. 나이 든 세대와 젊은 세대 모두 서로를 비하하는 대신 기술 격차를 극복하고 서로를 이해하려는 노력을 기울여야 한다.

스마트폰이 관계를 방해한다

● ● ●

디지털 기기를 마음껏 사용하되 통제하는 것이 중요하다. 몇 분마다 휴대전화를 쳐다보지 않도록 자제해야 한다. 전화기를 보지 않는 시간을 조금씩 늘려가라. 그래야 좀 더 생산적으로 행동하고 당신 앞에 있는 사람과 업무에 좀 더 집중할 수 있다.

중요한 프로젝트를 진행 중일 때는 업무와 관련 없는 문자 메시지나 이메일의 방해를 받지 않아야 한다(자동 회신 기능을 활용해서 현재 마감 때문에 바쁘다고 알려라). 방해 금지 모드를 활용하는 것도 좋다.

휴대전화를 보이지 않는 곳에 두고, 한두 시간 전화기 없이 지내보자. 그 순간에는 해방감을 느낄 것이고, 당신이 타인을 존중하듯이 똑같이 자신을 존중하게 될 것이다.

LEA

진정 배려심이 깊은 사람은 휴대전화가 없는 것처럼 행동한다. 나는 2년 동안 부시 대통령 내외가 휴대전화를 쥐고 있는 모습을 두 번 정도밖에 보지 못했다. 그들은 대중들 앞에서 혹은 백악관 직원들 앞에서조차 절대 자신들의 휴대전화를 꺼내서 보지 않았다. 그들은 자신들 앞에 있는 사람에게 온전히 집중했다. 그들에게 개인비서가 있어서 그런 게 아니다. 그들은 방문객 앞에서 절대 전화를 받지 않았다. 자신의 사생활과 다른 사람의 사생활을 보호하는 것은 존중의 문제다. 디지털 기기가 당신을 구속하는 것보다 당신이 그 기기들을 통제하는 것이 건강한 방법이다.

현실에서 방해되거나 까다로운 사람을 무시하거나 피하는 것처럼 온라인에서도 마찬가지다. 인터넷의 익명성으로 인해 사람들은 상대의 기분을 상하게 하는 글을 쉽게 올리고, 아무런 제재도 받지 않는다. 우리는 개인적인 대화나 국가적인 담론에서 부적절한 글을 올리고 싶은 유혹을 뿌리쳐야 한다.

온라인 네트워크 덕분에 절대 만날 수 없는 사람들이 한자리에 모일 수 있는 것은 멋진 일이다. 하지만 온라인에서도 여전히 감정을 가진 사람들과 소통하고 있다는 것을 절대 잊지 마라. 그러므로 디지털 환경에서도 상식적인 예절과 존중하는 태도를 가져야 한다.

작은 차이가 큰 차이를 만든다.
훌륭한 직관을 지닌 사람들은
사소해 보이는 디테일 속에서
진짜 중요한 것을 알아본다.
하지만 디테일을 포착하는 감각은
타고나는 것만이 아니다.
누구든 작은 것에 주의를 기울이고
그 가치를 드러내는 법을 배울 수 있다.

TREATING PEOPLE WELL

Part 12
디테일의 승리

아무리 사소한 일이라도
모든 일에 최선을 다해야 한다.
문제에 대해 가장 많이 배우는 것은
맨 밑에 있는 사람이다.

– 산드라 데이 오코너

경력이 쌓일수록 세부적인 일은 신입들에게 맡겨야 한다고 생각할 수 있다. 하지만 진정한 책임감이 무엇인지 아는 사람은 세심한 관심이 리더십의 핵심이라는 것을 잘 안다.

윈스턴 처칠은 제2차세계대전 기간에 영국 사회의 모든 측면에 깊이 관여했다. 그는 영국 군대 내의 계급 차별 사례를 직접 조사했고, 병사들에게 가장 적합한 식단에 대한 조사도 실시했다(그는 영국 국민에게 차(tea)가 없으면 사기가 떨어질 수 있다는 것을 알고, 비용이 들더라도 최대한 오랫동안 차를 계속 수입했다). 그는 군인들을 좀 더 잘 보호하기 위해 영국 전차에 추가 장갑을 어디에 설치하는 것이 좋은지를 제안할 정도로 무기 연구도 많이 했다. 그는 모든 사안에 관심을 기울였다.

충성심, 매력, 그리고 유머와 마찬가지로 아주 작은 부분까지 파악하고 살피는 것 또한 다른 사람들을 존중하는 방법이다.

부통령 부인으로 지내던 시절에 질 바이든 여사의 세심함은 놀라울 정도였다. 소탈하고 똑똑하며 겸손했던 그녀는 항상 배려 깊은 메모를 남겼고, 어떤 공간에 들어설 때마다 반드시 그 자리에 있는 모든 사람에게 인사를 건넸다. 그녀는 또한 자신에게 깊은 의미가 있는 여러 가지 활동에 꾸준히 참여했다. 커뮤니티 칼리지에서 직업으로 이어지는 경로 지원, 군 가족에 대한 지원과 참여, 암 연구 등이다.

그녀의 진심 어린 헌신을 보고 직원들도 깊은 충성심을 보여줬다. 제러미는 백악관에 처음 출근한 날, 그녀가 자신을 핫요가 수업에 초대했던 일을 절대 잊지 못할 것이다. 그리고 마지막 날, 그녀는 아들 보(Bo)가 중태에 빠져 병원에 입원한 상황에서도 그에게 정성스럽고 따뜻한 편지를 써서 건넸다.

제러미는 어느 날 오후, 어떤 디테일이든 중요하지 않은 것이 없다는 사실을 한 번 더 깨달았다. 그는 이스트윙의 방문객 안내 사무소 근처에서 비밀경호국 직원과 이야기를 나누던 중, 빈 휠체어를 발견하고 테스트를 위해 잠시 그 휠체어에 앉았다. 그는 휠체어가 너무 좁다는 사실에 놀랐고, 체격이 큰 손님이 사용하기에 불편하지 않은지 의문이 생겼다. 그로 인해 발생할 수 있는 불편하고 굴욕적인 상황을 상상하고는 즉시 더 큰 휠체어를 주문했다.

몇 개월 후, 그는 새로 구입한 휠체어에 앉은 손님과 함께 엘리베이터를 탔다. 그 손님은 그에게 '백악관 휠체어가 그녀가 자주 타는 항공기 좌석처럼 작고 불편한 의자가 아니라서 정말 다행'이라고 말했다.

사소하지만 중요한 것에 집중할 줄 아는 훌륭한 직관력을 가진 사람들이 있다. 하지만 누구든 사소한 것에 관심을 가지는 법을 배울 수 있다. 우리는 사소하지만 중요한 것을 감지해서 그것에 신경 쓰고 있다는 것을 분명하게 전달하는 6가지 방법을 제안한다.

오늘 할 일을 정하고, 이름을 기억하며, 개인 맞춤형 파티를 기획하고, 감사의 인사를 자주 그리고 신속하게 전달하며, 받은 만큼 돌려주고, 뒤에서 도움을 준 사람들을 인정하는 것이다.

당신의 시간, 책상, 그리고 마음가짐을 정리하면 생산성은 극대화되고 스트레스는 최소화된다. 당신의 기분이 최상일 때는 사람을 대하기가 훨씬 쉽다. 당신의 일과 삶을 구성하는 작지만 중요한 일들을 정리하는 간단한 방법이 있다.

<u>하루를 일찍 시작한다.</u> 아침에 일찍 출근하면 조용히 앉아서 하루의 계획을 세울 수 있다. 또한 다른 동료들이 각자 회의로 바빠지기 전에 잠시 대화를 나누기도 좋다.

<u>메모한다.</u> 메모의 중요성은 아무리 강조해도 지나치지 않는다. 메모를 하지 않으면, 회의실을 나서는 순간 대부분의 내용을 잊어버린다. 리아는 어딜 가든 가로 13cm 세로 18cm 크기의 수첩을 갖고 다니면서 거기에 모든 걸 기록했다. 그녀는 또한 침대 옆에 노트패드를 두고 잔다. 밤에 무의식중에 떠오른 생각들이 가장 창의

적이기 때문이다.

일정을 기록한다. 종이나 전자기기에 하루 일정표를 작성하고 회의나 약속이 추가될 때마다 그날의 일정을 업데이트한다. 노트와 일정표를 한눈에 볼 수 있다면 전체적인 그림을 그리는 데 도움이 된다.

파일을 정리한다. 온라인이든 마닐라 폴더가 담긴 파일 캐비닛이든, 프로젝트 파일과 연락처 정보를 최신 상태로 유지하고 쉽게 찾을 수 있도록 정리해둔다. 리아는 다가올 행사 파일을 책상 위에 이름과 날짜순으로 정리했다. 이러면 비슷한 종류의 프로젝트를 반복해서 진행할 때 특히 도움이 된다. 매번 처음부터 계획을 세울 필요가 없기 때문이다. 로라 부시 여사가 행사에 관해 물어보려고 전화를 걸었을 때, 그녀는 파일을 열어서 곧바로 답변할 수 있었다. 제러미는 모든 행사의 디지털 파일과 종이 파일을 날짜별로 정리해두었다. 종이 파일로도 정리한 이유는 컴퓨터에 문제가 생겼을 때를 대비한 것이다. 그는 누구나 향후 넉 달치 일정을 한눈에 볼 수 있도록 자신의 사무실 밖 벽면에 대형 포스터 크기의 월간 일정표를 붙여뒀다.

꼼꼼하게 교정한다. 오타는 중요하다. 잘못된 철자 하나가 신뢰를 떨어뜨리고 대충 일하는 사람으로 비쳐질 수 있다. 백악관 연말 장식 소책자는 휴가철 투어를 온 방문객들에게 제공되는 것이므로, 제러미는 최종 원고를 샌안토니오에 사는 완벽주의자 마사 이모에 게 보냈다. 그녀는 오랫동안 알라모에서 연구 업무를 해왔기에 문법이나 애매한 문장을 바로잡는 데 능숙했다. 그녀는 몇 가지 실수를 찾아냈고, 덕분에 최종 인쇄물에 그런 오류들이 실리는 일이 없었다.

시간을 잘 지킨다. 하루 동안 해야 할 일들이 각각 얼마나 걸릴지 예측하고 시간을 철저하게 지킨다. 행사 준비를 할 때 만들었던 '순서별 일정표'처럼 일과를 종이에 적는 것은 정부 내에서 지켜온 오랜 전통이다. 업무 시간을 분 단위로 세세하게 계획하고 모든 업무를 시간에 맞춰 진행하는 데 도움을 준다. 스트레스를 해소하고 시간이 지연되었을 때를 대비해서 짧은 휴식 시간을 일정표에 포함하면 좋다.

회의는 꼭 필요할 때만 짧게 한다. 정기적으로 직원회의를 하는 것은 중요하지만, 새로 논의하거나 보고할 사안이 없다면 직원들의 시간을 낭비하지 마라. 회의 참석자들에게는 시간을 엄수하라고 말한다. 안건을 미리 준비하고, 회의에서 누구나 관련된 의견을 낼 기회를 준다. 의미 있는 회의를 진행하면, 직원들은 더 적극적으로 참석할 것이다.

미리 생각한다. 매주 시간을 할애해서 다음 달, 다음 분기, 다음 해에 대한 전략을 세우고, 곧 있을 대형 프로젝트 목록을 만든다. 그런 행사에 대해 생각하는 것만으로도 당신은 추진력을 얻게 된다. 그리고 다음 날 해야 할 일의 목록을 작성하면, 모든 것이 정리된 상태에서 퇴근할 수 있고, 내일도 한 발 앞서서 시작할 수 있다.

내 이름을 불러주는 사람을
한 번 더 쳐다본다

• • •

우리는 백악관을 방문한 손님들의 이름을 불러서 환영하기 위해 행사 전에 명단을 훑어보곤 했다. 손님들에게 그것이 얼마나 의미 있는 일인지를 눈으로 확인할 수 있기 때문이다. 자기 이름이 불리면서 환영받는 것은 확실하게 기쁜 일이며, 특별한 배려다.

파티나 행사에서는 새로운 사람들과 원을 이루고 서 있을 때, 주최자가 마치 카지노의 블랙잭 딜러처럼 거기 모인 사람들의 이름과 직업을 쏟아내듯 소개한다. 대화가 다시 시작될 즈음에는 누가 누구인지, 무슨 일을 하는 사람인지 전혀 기억나지 않아 관계를 맺기가 어렵다. 하지만 조금 뒤에 그 원 안에서 어렴풋이 본 얼굴 중 하나가 다가와 당신의 이름을 부르며 말을 건넨다면 굉장히 기쁘고 반가울 것이다.

디테일에 주목하는 능력을 길러라. 그러면 당신은 파티에서 뜻밖의 이름을 기억해내고 강한 인상을 남길 수 있다.

베테랑 사회활동 비서관들이 사람들의 이름을 기억하는 방법이 있다. 제러미는 특히 이름을 기억하는 데 어려움을 겪었다. 그래서 사람들을 처음 소개받으면 이름을 큰 소리로 반복한다. 여유 있게 상대를 쳐다보면서 그 사람의 이름을 생각하고, 그 이름과 얼굴을 머릿속으로 매칭해본다.

기억을 도와줄 연상 기호를 만들어보는 것도 좋다. 예를 들어 곰을 닮은 시카고 출신 밥은 시카고 베어스 밥 같은 식으로 이름과 관련된 연결고리를 만드는 것이다. 이런 노력을 기울일 가치는 충분하다. 그 사람이 언제 다시 당신의 삶에 나타날지 모르기 때문이다.

기억해야 할 것은 이름만이 아니다. 어떤 사람의 취향이나 선호는 백악관 파티에 참석할지 말지를 결정짓는 중요한 요소다. 어떤 하원의원의 아내는 군중 공포증이 있었다. 그녀가 용기를 내어 백악관 행사에 참석할 때마다, 우리는 그녀가 편안함을 느낄 수 있도록 특별히 신경 썼다. 그녀의 자녀, 정원, 여름휴가 계획처럼 익숙한 주제로 이야기를 나누었고, 그녀의 남편은 늘 아내를 배려해줘서 고맙다고 인사했다.

상대도 미처 몰랐던 상대의 취향 찾기

● ● ●

정장 차림으로 참석하는 행사든 뒷마당에서 열리는 바비큐 파티든, 성공은 예산이 아니라 얼마나 정성을 들였느냐에 따라 결정된다. 도시에서 가장 비싼 플로리스트의 꽃장식과 호화로운 음식으로 차려낸 격식 있는 행사도 무미건조하게 느껴질 수 있다. 세부 사항에 더 많은 관심을 기울일수록 더 따뜻하고 기억에 남는 파티가 된다.

상사를 위한 행사를 계획하고 있다면, 가장 좋은 방법은 팀 전체가 협력해서 다 함께 준비하는 것이다. 여기서도 중요한 것은 당신들이 그 상사를 얼마나 잘 알고 아끼는지를 보여주는 세심함이다.

클린턴 행정부 시절 백악관 직원들은 매년 힐러리 클린턴의 생일 축하 행사에서 그녀에 대한 애정을 드러냈다. 클린턴 부부의 사회활동 비서관으로 4년간 일한 앤 스톡은 1993년 힐러리 여사를 위한 깜짝 코스튬 생일 파티를 처음으로 기획했다. 앤은 백악관의 조명을 끄게 한 뒤, 힐러리 여사와 함께 엘리베이터를 타고 침실로 가서 19세기 돌리 매디슨 스타일의 옷을 보여줬다. 옷을 갈아입은 그녀는 뒤쪽 계단을 통해 어둠 속에서 아래층으로 내려갔고, 이스트룸에서 코스튬을 입은 친구들과 직원들, 그리고 제임스 매디슨 스타일의 옷을 입은 빌 클린턴 대통령의 깜짝 환영을 받았다.

앤은 또 다른 해 생일에는 힐러리 여사를 위한 삭홉(sock hop, 양말만 신고 춤을 추는 허물없는 형식의 파티-옮긴이) 스타일의 파티를 기획하고 그녀가 입을 핑크색 푸들 스커트를 주문 제작했다. 그녀는 유명 DJ 케이시 카셈을 초대해 음악을 맡겼고, 파티 장소를 힐러리가 어린 시절에 살았던 일리노이주 파크리지의 집 거실처럼 꾸몄다. 힐러리 여사는 크게 감동했다. 직원들의 세심한 준비를 보면 그녀가 얼마나 존중받고 있는지를 알 수 있다.

훌륭한 호스트들은 드와이트 아이젠하워가 노르망디 상륙작전을 언급하며 말한 원칙 "계획 자체는 쓸모없게 될 수 있지만, 계획하는 과정은 필수다"에 따라 움직인다. 미리 충분히 예상하고 준비할수록 걱정거리가 줄어든다. 여기에 당신도 손님들과 함께 잔을 들고 파티를 즐길 수 있는 몇 가지 팁을 제안한다.

테마를 선택한다. 테마는 뭔가를 기획할 때 훌륭한 도구가 된다. 당신이 가장 좋아하는 골퍼에게 녹색과 흰색이 조합된 컵케이크를, 제임스 본드의 열혈 팬에게는 (젓지 않고 흔들어서 만든) 마티니를 제공하거나, 서핑을 좋아하는 친구를 위해 테이블 위를 푸카 조개 목걸이와 바닷소금 양초로 장식해보라. 결혼기념일 파티라면 참석한 손님들이 부부의 삶을 떠올릴 수 있는 장소, 스토리, 그리고 오락거리를 생각해보고, 그러한 요소들을 장식, 메뉴, 파티 기념품 등에 자연스럽게 녹여낸다.

참석 여부 회신을 요청한다. 초대장을 어떤 형식으로 보내든, 파티가 얼마나 격의 없든, 손님들에게 참석 여부를 알려달라고 요청한다. 참석 인원을 파악하지 못하면 파티 준비를 하기 어렵다. 아직 회신을 받지 못한 사람에게는 다시 연락해서 확인한다. 조금 어색할 수 있지만 음식이나 음료가 부족한 것보다 훨씬 낫다.

미리 준비한다. 세심한 부분까지 하나하나 신경 쓸수록(얼음을 충분히 확보하고, 여분의 의자도 준비하고, 스포티파이에서 음악도 미리 준비한다), 파티 준비가 덜 힘들어진다. 행사의 각 단계를 마음속으로 하나씩 떠올리며 칵테일 냅킨부터 옷걸이까지 필요한 모든 것이 준비돼 있는지 확인한다. 하지만 파티에서 새로운 레시피를 시험해보지는 마라.

따뜻하게 환영한다. 손님이 도착하면 하나하나 이름을 불러서 인사하고, 다른 사람들에게 즉시 소개해주며, 외투나 가방을 어디에 둘지 안내한다. 특별한 날을 위해 만든 축하 칵테일을 제공하면 좋고, 손님들이 자유롭게 마실 물과 와인이 담긴 쟁반도 근처에 비치한다. 술을 마시지 않는 사람들을 위해 무알코올 모히토나 탄산, 과일 주스, 레모네이드를 준비해두면 센스 있다는 인상을 심어줄 수 있다.

무엇을 가져오면 될까요? 손님이 무언가 가져가도 되냐고 물어본다면, 필수품이 아닌 항목을 제안한다. 디저트가 부족하면 안 되니, 식후에 먹을 초콜릿이나 와인처럼 무난한 간식거리를 요청하는 것도 괜찮다.

어린이 손님을 위한 파티. 다섯 살짜리 아이의 야외 생일 파티를 계획 중이라면, 비가 올 경우 어떻게 할 것인지를 생각해두는 것이 좋다(어린이 생일파티의 일반적인 지침으로는 생일을 맞은 주인공의 나이와 같은 수의 아이들을 초대해야 상황을 관리하기가 수월하다는 것이다). 적정하다고 생각하는 놀이의 수보다 3가지 정도를 더 준비한다. 그리고 파티는 절대 1시간 30분을 넘기지 않도록 한다(그 시간도 3시간처럼 느껴질 것이다).

<u>웃으면서 파티장을 떠나게 한다.</u> 손님들이 떠날 때 그날 저녁을 기념할 수 있는 작은 선물을 제공한다. 파티가 꼭두새벽까지 이어진다면, 다음 날 아침에 먹을 홈메이드 머핀이나 그래놀라를 선물로 주는 것도 좋다. 파티 다음 날 혹은 그다음 날, 파티 때 사용한 음악 파일이나 선별한 파티 사진을 보내는 것도 좋다.

LEA

로라 부시 여사는 매년 여러 차례, 직원들을 백악관 관저로 초대해 점심을 다 함께 먹는 전통을 만들었다. 그때마다 그녀는 내게 아름다운 중앙 장식, 백악관 도자기, 격식을 갖춘 좌석 배치, 그리고 캘리그래피로 쓴 메뉴 카드를 준비해달라고 부탁했다. 마치 국가원수를 위한 만찬 행사처럼 정성을 쏟은 것이다.

그녀는 또한 매주 여러 차례 가족 관저에서 상·하원의원들과 배우자를 위한 리셉션을 열었고, 손님들이 관저를 자유롭게 둘러볼 수 있도록 했다. 그녀는 손님들에게 3층으로 이어지는 비밀 계단(가족의 사생활을 침해하지 않고 관저 직원들이 층간을 오갈 수 있는 통로)을 보여주며, 링컨 침실이나 트루먼 발코니에서 기념사진을 찍어보라고 권유하기도 했다.

로라 부시 여사의 세심한 배려가 돋보이는 가장 대표적인 사례는 과거에 소외되었던 사람들을 백악관에 초대하는 것이었다. 그녀는 그들이 백악관에서 단순히 즐거운 시간을 보내는 것으로 만족하지 않았다. 그들이 백악관에서 인생의 가장 짜릿한 행복을 느끼기를 바랐다.

2006년 그녀는 재향군인의 날 기념행사에 자기 아버지의 부대에서 제2차세계대전 중 근무했던 부대원들을 백악관으로 초대했다. 대부분 은퇴해서 조용히 살고 있던 사람들을 찾아내는 데는 꽤 많은 노력이 필요했으며, 그들은 백악관의 초대를 전혀 예상하지 못했다. 그것은 우리가 주최한 것 중 가장 즐거운 행사였다.

2008년에는 그녀의 고등학교 동기들(텍사스주 미들랜드의 로버트 E. 리 고등학교 1964년도 졸업생)을 백악관으로 초대해 동창회를 열었다. 이와 함께 당시 분리 교육을 시행 중이던 미들랜드 고등학교와 조지 워싱턴 카버 고등학교의 동창생들도 함께 초대했다. 이 행사는 언론에 공개되지 않았지만, 그녀는 가능한 많은 사람들에게 백악관을 경험할 기회를 선사하고 싶었다. 그것이 디테일에 신경 쓰는 그녀만의 조용한 방식이었다.

손 편지의 효과는 영원하다

• • •

친절을 베푸는 데는 시간과 노력이 들어가는 만큼 감사의 인사를 전달하는 것은 중요하다. 감사함을 표현하는 가장 좋은 방법은 편지를 쓰는 것이다. 어떤 사람들은 편지를 보낼 것까지는 없다고 여기거나, 이디스 워튼의 소설에서나 나올 법한 고리타분한 방식이라고 생각할 수 있다.

그러나 감사의 편지는 존중을 표현하는 데 매우 효과적이다. 진정한 공감과 감사한 마음을 느낄 수 있는 순간이며, 많은 사람들이 오래도록 간직할 수 있는 소중한 추억이 된다. 바쁜 생활 속에서 잠시 시간을 내어 감사의 편지를 정성껏 써보라. 우리 두 사람은 지금도 가장 인상 깊었던 감사의 카드를 따로 보관하고 있다.

리아는 친구의 생일에 오래된 나무로 만든 딸기 바구니를 선물로 보냈다. 그러자 친구는 아주 특별한 감사의 편지를 보냈다. 그 친구는 어린 시절 매년 생일마다 어머니와 함께 딸기를 딴 기억이 있었기 때문에 그 선물이 아주 특별한 의미가 있다고 말했다. 친구의 편지는 리아에게 큰 기쁨을 안겨줬다.

감사의 편지가 그렇게 중요한데도 우리는 왜 쓰는 것을 꺼릴까? 감사의 편지를 쓰는 일이 귀찮은 의무처럼 느껴지기 때문이다. 하지만 세상에는 두 부류의 사람이 있다. 감사할 줄 아는 사람과 그렇지 못한 사람이다. 다음은 진심이 담긴 멋진 감사의 편지를 쓰는 몇 가지 방법을 소개한다.

<u>인상적인 말로 시작한다.</u> 절대 "~해줘서 고마워"라는 말로 시작하지 마라. 그러한 시작은 상상력이 부족할 뿐만 아니라 그다음에 무슨 말을 해야 할지도 떠오르지 않는다. 재클린 케네디 여사는 감사의 편지를 늘 아름다운 표현으로 시작했다.

그녀가 인테리어 디자이너 리처드 키스 랭헴에게 보낸 편지는 이렇게 시작한다. "당신의 눈은 정말 예술입니다. 그리고 그 눈의 수혜자인 저는 무슨 복을 타고난 걸까요?" 편지를 쓸 때는 지나치게 격식을 차리기보다 평소 말하듯 자연스럽게 쓰는 것이 가장 좋다. 여기 인상적인 문장 몇 가지를 소개한다.

"크리스마스에 나를 생각해주다니 당신은 정말 좋은 사람이에요."

"그 아름다운 ~를 내가 얼마나 고마워하는지 말로 다할 수 없습니다."

"지난밤 파티는 내 인생 최고로 즐거웠던 잊을 수 없는 시간이었어요."

<u>열정을 보여줘라.</u> 인사말을 한 다음에는 당신이 그 파티 혹은 선물이 마음에 든 이유를 한두 줄 정도 쓴다. 그런 다음에 그러한 선물과 주제를 생각해낸 주최자의 배려심과 기발함을 칭찬한다. 관련 에피소드가 있다면 적는 것이 좋다.

"선물로 준 넥타이를 지난주 두 번이나 맸고, 이 글을 쓰는 지금도 매고 있어요."

"당신이 주방에서 그 커다란 체리 주빌레를 갖고 나오는 모습을 나는 평생 잊지 못할 겁니다. 그것은 멋진 식사를 마무리하는 가장 환상적인 방법이었습니다."

<u>상냥하게 마무리한다.</u> 곧 다시 만나기를 바란다는 말은 친근함의 표현으로, 상대와 보내는 시간이 즐겁다는 뜻이다. 그리고 마지막으로 감사의 인사를 전한다. '애정을 담아서' 혹은 '따뜻한 안부를 전하며'와 같이 따뜻하고 의미가 담긴 표현을 사용하는 것이 좋다.

<u>감사의 편지는 꼭 쓴다.</u> 감사의 편지는 반드시 보내야 한다. 감사의 편지를 보내지 않으면 선물을 건넨 사람의 마음을 불편하게 만들 수 있다. 선물을 준 사람은 당신이 선물을 받았는지 확인하고 싶은데, 그러다 보면 자칫 감사의 인사를 받으려고 떠보는 듯한 인상을 주지 않을까 고민에 빠진다. 감사의 편지를 보내면 상대가 이런 어색한 상황에 놓이지 않는다.

<u>고맙다고 말하는 것이 최선이다.</u> 멘토나 상관에게 감사하는 마음을 표현하고 싶은데, 선뜻 하기는 쉽지 않은 일이다. 상사에게 아부하는 것처럼 보이지 않으면서 감사하는 마음을 전할 수 있는 도구가 바로 편지다. 편지를 받는 사람에게 아무것도 요구하지 않기 때

문이다. 좀 더 공개적으로 감사의 인사를 전해야 할 때는, 곧 연설을 앞둔 아들 제임스에게 프랭클린 루스벨트 대통령이 했던 조언을 기억하라.

"진심을 담아, 간결하게 말하고, 길게 끌지 말고 마무리하라."

JEREMY

감사의 편지가 얼마나 중요한지를 깨닫게 된 것은 나의 할머니와 데이비드 믹스너 덕분이다. 행사를 치른 후 사무실로 돌아오자마자 믹스너는 책상에 앉아 감사의 편지를 쓰기 시작했다. 그는 감사의 편지를 곧바로 쓰는 것이 얼마나 중요한지를 내게 일깨워줬다. 감사의 편지는 머릿속에 기억이 생생히 남아 있을 때 써야 한다. 시간을 지체할수록 그때의 기억과 감정이 희미해져서 마음을 온전히 전하기가 쉽지 않다.

백악관에서 일을 시작했을 무렵 이미 나는 감사의 편지를 보내는 데 익숙해져 있었다. 고위 비서관들에게는 유명 문구 브랜드 크레인의 백악관 공식 카드가 무한정 제공되었기 때문에, 나는 미친듯이 감사의 편지를 써댔다(사무용품 지원 부서에서 내가 얼마나 자주 재주문을 하는지에 대해 한마디 할 정도였다).

나는 감사의 편지가 받는 사람에게 더 중요하다는 것을 알았다. 내가 가장 소중하게 여기는 편지는 부시 대통령의 초상화가 공개된 후 로라 부시 여사에게 받은 친필 편지다. 오바마 대통령 부부는 공식 행사와 리셉션 전에 부시 가족을 위한 점심 식사 자리를 마련했다. 로라 부시 여사는 세세한 부분까지 모두 편지에 적었다. 그녀가 썼던 도자기 식기를 사용했다는 것, 부시 대통령이 좋아하는 엔칠라다를 대접했다는 것, 그리고 부시 가족이 얼마나 환대받았는지를 상세하게 적었다. 나는 그녀의 사려 깊은 편지에 큰 감동을 받았다.

유명인이 아닌 평범한 이들에게 따뜻하고 기억에 남는 편지를 받은 적도 있다. 휴일 장식을 담당했던 자원봉사자들이 보내온 편지는 참으로 감동적이었고, 백악관에서 열린 행사에 참석한 학생들이 보내준 편지도 마찬가지였다. 그 편지들은 내가 그곳에서 일하는 것이 얼마나 행운인지 다시 한 번 일깨워줬고, 바쁜 일상에서 잠시 벗어날 수 있는 훌륭한 위안거리가 되어주었다.

너무 사소해서 눈물 나는 친절

• • •

어떤 상황을 관찰한 후 보상을 기대하지 않고 몇 가지 작은 부분을 개선하는 것은 오랫동안 기억에 남는 사려 깊은 행동이다.

뜻하지 않은 상황에서 베푸는 친절은 두고두고 상대의 가슴에 남는다. 리아의 남편 웨인은 어느 가을 폭우가 쏟아지는 날 택시를 잡으려고 애쓰는 나이 많은 남자를 우연히 만났다. 당황한 그를 위해 웨인은 우버를 불러서 그를 태워 보냈다. 그날 이후 그 남자는 웨인을 볼 때마다 고마움을 표현했다.

사무실 칸막이 안에 파묻혀서 업무에 집중하느라 점심도 거르는 동료를 보면, 별다른 말 없이 책상 위에 샌드위치 하나와 커피 한 잔을 올려둬라. 그 작은 응원 덕에 계속 힘을 낼 수 있다. 비행기 옆 자리에 수다쟁이가 앉게 되더라도(어쩌면 너무 긴장해서 말이 많은 것일지 모른다), 이어폰을 귀에 꽂고 무시해서는 안 된다. 친척을 만나러 가는 길이라는 그의 이야기를 5분만 시간을 내어 들어보자. 이런 대화들이 우리를 인간답게 만들어준다.

LEA

하루 종일 폭설이 내린 어느 날 저녁 나는 이스트 이그제큐티브(동쪽 전용) 주차장으로 걸어갔다. 그런데 누군가 내 차에 쌓인 눈을 치우고 차량 유리창에서 얼음까지 긁어낸 것이 아닌가. 하이힐에 치마를 입고 있었던 나는 차에 쌓인 눈을 치울 엄두가 나지 않던 터였다. 누가 그랬는지 알 수 없었지만 얼마나 고마웠던지 눈을 맞으며 그 자리에 서서 울음을 터뜨렸다. 별다른 기대를 하지 않고 친절을 베풀 때마다 우리 자체가 선행의 도구가 된다. 이 작은 행동들이 우리 내면의 가장 좋은 모습을 이끌어낸다.

꼭 거창한 선행을 베풀 필요는 없다. 조지 W. 부시 대통령은 크로퍼드 목장에 각국 정상들을 초대했을 때, 행사가 끝나고 나면 백악관 집사들에게 낚시하러 가자고 제안했다. 그들은 그와 함께 낚시했던 일을 지금도 신나게 이야기한다. 그것은 선의에서 비롯된 사려 깊은 행동이다. 선한 행동을 실천하는 방법은 굉장히 간단하다. 당신이 할 수 있는 일 중 누군가 정말로 고마워할 만한 일이 무엇인지 생각해보고, 그대로 실천에 옮기면 된다.

JEREMY

열렬한 럭비 팬인 한 비밀경호국 요원이 백악관 경비 업무를 그만두게 됐을 때(그들은 순환근무를 한다), 미셸 여사는 가족의 안전을 위해 헌신해준 그의 노력에 대해 감사의 인사를 하고 봉투 하나를 건넸다. 그 속에는 슈퍼볼 티켓 2장이 들어 있었다.

데이비드 캐머런 영국 총리 내외를 환영하는 국빈만찬 직전, 나는 미셸 여사와 자기 그릇에 관해 이야기하면서 사우스 드라이브를 걷고 있었다. 사실 2년 전만 해도 내가 영부인과 그릇에 관해 이야기를 나누게 될 것이라고는 상상도 하지 못했다. 나는 레이건 부부의 식기를 얼마나 좋아하는지, 그리고 내가 레이건을 반대하는 집안에서 성장했다는 점에서 얼마나 아이러니한 일인지를 이야기했다(나는 레이건 부부의 사회활동 비서관인 갈 호지스 버트에게 만찬에서 레이건 부부의 도자기 식기를 사용했다고 말했고, 그녀는 낸시 여사가 그 이야기를 듣고 무척 기뻐했다고 전해주었다).

미셸 여사는 웃으면서 자기도 비슷한 가족 분위기에서 성장했다고 이야기했다. 하지만 그녀는 낸시 여사가 영부인의 역할을 얼마나 품위 있게 수행했는지 새삼 존경심을 갖게 됐다고 말했다. 나는 미셸 여사에게 최근 갈 호지스로부터 낸시 여사가 갈비뼈가 부러지는 부상을 당했는데 회복이 잘되지 않는다는 이야기를 들었다고 전했다. 미셸 여사는 그녀의 주소를 알려달라고 했고, 그날 바로 쾌유를 기원하는 손 편지를 썼다. 몇 주 후, 나는 갈 호지스에게 전화를 받았다. 그녀는 낸시 여사가 그 편지를 받고 굉장히 감동하셨다고 전해주었다.

고마워할 줄 아는 사람이 되어라

● ● ●

일에서든 삶의 다른 영역에서든 믿음직한 행동을 당연하게 여기는 경우가 있다. 늘 변함없이 행동하다 보니 소중함을 모른 채 원래 그러려니 하는 것이다. 시간과 에너지를 쏟아부은 직원들의 노력을 공개적으로 인정하는 것은 절대 간과해서는 안 되는 일이다. 그것은 사기를 진작하고 그날의 분위기를 결정한다.

대통령 비서실장 데니스 맥도너는 매일 아침 직원회의에서 직원들에게 항상 감사의 말을 잊지 않았다. 그러한 긍정적 강화는 직원들에게 백악관의 힘든 업무를 충실히 완수하는 데 필요한 에너지를 불어넣었다.

특별히 힘든 하루를 보낸 다음 날 아침 출근했을 때 우리의 노력에 감사하다는 영부인의 편지를 발견하면 직원들의 마음가짐은 완전히 달라진다. 사려 깊고 세심한 배려 덕분에 피로와 좌절감이 일순간 사라지고, 우리가 정말 중요한 일을 하고 있다는 기분이 든다.

JEREMY

2011년 처음 맞은 수석보좌관 홀리데이 만찬 때 나는 스테이트 다이닝룸을 둘러보면서 별다른 문제가 없는지 점검하고 있었다. 이 저녁 만찬은 한 해 동안 우리의 노고를 치하하기 위해 오바마 대통령 내외가 수석보좌관들에게 베푸는 연말 선물 같은 것이었다. 특히 연휴 둘째 주였고 사회활동 비서실은 거의 아드레날린 하나로 버티고 있던 터라 더욱 사려 깊은 조치였다.

K. D. 랭의 공연이 끝나고, 미셸 여사가 모든 보좌관의 헌신에 감사의 말을 전했다. 그러고 나서 대통령에게 마이크를 넘기기 전에 이렇게 말했다.

"그리고 제러미, 고마워요. 백악관이 이렇게 아름다웠던 적은 없었습니다. 당신이 사무실과 백악관 관저에 퍼뜨린 유머와 즐거움은 전염성이 엄청나더군요. 고마워요. 우리는 당신을 사랑합니다!"

대통령도 내게 감사의 말을 전했고 나는 살짝 고개를 끄덕이는 것으로 답했다. 나는 다이닝룸을 가득 채운 박수 소리에 마음이 뭉클했다. 미셸 여사가 마음을 전달하는 데 걸린 시간은 길어야 20초 정도였지만, 나는 실로 묵직한 감동을 느꼈다. 전혀 예상하지 못했기에 내 마음에 더 깊이 다가왔다.

LEA

부시 대통령 부부는 퇴임하는 백악관 직원들에게 사적인 공간에서 작별 만찬을 열어주는 것을 하나의 관례로 삼았다. 내가 백악관을 떠날 때도 그들은 만찬을 열어주었고, 내 가족은 물론 다른 손님들도 함께 초대해주었다. 그날 밤 백악관에 도착했을 때, 군사회활동 보좌관들로 이루어진 의장대가 나를 기다리고 있는 모습을 보고 큰 감동을 받았다.

그들은 군사회활동 보좌관 전원이 서명한 백악관 그림을 선물로 주었고, 나는 정식 의장대의 호위를 받으며 백악관을 지나 만찬이 열리는 옐로 오벌룸으로 갔다. 의장대 사열과 작별 의식은 이전에 한 번도 경험해보지 못한 것이어서 그 감동은 더욱 컸다. 눈물을 흘리며 대통령 관저에 도착하니, 부시 대통령 내외가 나를 맞이해주었다.

일견 사소해 보이는 부분까지 신경 쓰는 일은 매일 할 수 있을 뿐 아니라 누구나 잘할 수 있다. 그것은 당신을 바라보는 다른 사람들의 시선뿐만 아니라 자신을 바라보는 시선까지 완전히 바꿔놓는다. 사소한 차이가 큰 변화를 만든다는 것을 잊지 마라.

세상은 내가 외치는 만큼
응답해준다

누구든 세상을 바꿀 수 있다.
그러므로 우리 모두 노력해야 한다.

-존 F. 케네디

백악관에서 근무하는 동안 가장 멋진 기억 중 하나는 대통령과 영부인에게 정기적으로 전해지는 호화로운 선물을 보는 것이었다. 열렬한 지지자들로부터 진심 어린 선물이 끊임없이 들어왔다. 리아는 딕 체니 부통령이 맥주캔 조각으로 만든 실물 크기의 초상화를 받았던 것을 기억한다. 제러미는 폭풍 속에서 배를 조종하고 있는 오바마 대통령을 예수그리스도로 묘사한 그림을 보내온 열렬한 지지자를 기억한다.

그다음은 백악관의 오랜 전통인 귀빈들로부터 받은 선물들이다. 존 애덤스가 라파예트 후작에게 받은 악어부터, 아제르바이잔 대표단이 클린턴 내외에게 그들의 얼굴이 중앙에 자리한 카펫을 선물한 것까지 다양하다. 1990년 국빈 방문 중 인도네시아 수하르토 대통령이 조지 H. 부시 대통령에게 2.8미터에 이르는 도마뱀인 코모도드래곤을 선물했을 때, 부시 대통령은 열정적으로 감사를 표현했다. 부시 대통령은 이 코모도드래곤이 인도네시아에서 가장 큰 도마뱀이자 국가적 보물이며, 인도네시아인들이 부시 대통령에 대한 깊은 존경의 표시로 선물한 것임을 알고 있었다(코모도드래곤은 신시내티 동물원에 기증되었고, 그곳에서 32마리의 새끼를 낳았다. 이것은 그야말로 '끊임없이 주는 선물'이라 할 수 있다).

리아는 2006년 일본의 고이즈미 준이치로 총리가 조지 W. 부시 대통령을 방문했을 때를 결코 잊지 못한다. 고이즈미 총리는 대통령에게 반짝이는 첨단 접이식 자전거를 선물했다. 열렬한 산악자전거 애호가였던 부시 대통령은 크게 기뻐하면서 자전거를 펼쳐 올라타고 스테이트 플로어의 빨간 카펫이 깔린 복도를 달리기 시작했다. 하지만 자전거는 대통령에게 너무 작았고, 그는 위태롭게 지그재그로 움직이다가 당시 리아가 서 있던 구석으로 돌진했다. 자전거는 마지막 순간에 방향을 틀어 아슬아슬하게 리아를 비켜 충돌을 피했다. 리아는 흔들거리는 자전거를 타고 가까이 다가오던 대통령을 결코 잊지 못할 것이다. 장난기와 즐거움으로 가득하면서도 상황을 완전히 장악하고 있는 듯한 그의 표정을 말이다.

물론 우리가 백악관에서 받은 가장 훌륭한 선물은 바로 여러분과 공유하고 싶은 것이다. 그것은 사람을 친절하게 대하는 마음이다. 우리는 부시 대통령 내외와 오바마 대통령 내외를 우리의 친구라고 생각하며, 그들과 함께 보낸 시간을 진심으로 즐겼고 행복했다.

우리는 또한 전임 백악관 사회활동 비서관들과의 우정도 소중히 여긴다. 우리 모두는 미국의 30대 대통령 캘빈 쿨리지의 아내 그레이스 쿨리지 여사의 사회활동 비서관이었던 메리 랜돌프가 남긴 말처럼 '코뿔소 가죽 같은 단단함, 강한 인내심, 그리고 유머 감각'을 갖추게 됐다.

우리는 서로 긴밀하게 연결되어 1년에도 여러 차례 모임을 갖고 수다를 떨면서 추억과 농담을 나눈다. 이들은 주변 사람들을 친절과 존중으로 대하는 법을 알고 있으며, 그들을 알게 되어 우리의 삶이 더욱 풍요로워졌다.

앞서 우리가 논의했던 모든 행동의 근간은 열린 마음을 갖고 시작하는 것이다. 꼭 디즈니 영화의 숲속 동물처럼 환희에 가득 차서 인생을 살아야 하는 것은 아니다. 하지만 세상을 부정적으로 바라본다면 긍정적인 결과를 기대하기 어렵다. 두려움과 분노는 우리의 행동을 제한하고, 다른 사람들이 우리를 어떻게 인식하는지에 영향을 미치며, 삶을 바꿀 수 있는 능력을 떨어뜨린다.

에이브러햄 링컨은 "대부분의 사람은 자신이 마음먹은 만큼 행복하다"고 말했다. 사람들에게 친절과 존중을 베풀면, 그들도 당신에게 똑같이 대해줄 거라고 믿고 세상을 긍정적으로 바라본다면, 이미 올바른 길을 가고 있는 것이다.

이런 능력을 익히고 나면, 당신은 마치 슈퍼 히어로처럼 세상에 선한 힘을 발휘할 수 있다. 예의와 매너를 넘어서는 것이 품격 있는 태도의 힘이다.

LEA

나는 수년 전 사회활동 비서실에서 행사 참석 여부 회신을 담당했던 젊은 여성에게 편지 한 장을 받았다. 그녀는 사회활동 비서실 직원들이 손님들을 대하는 태도를 지켜보면서 많은 것을 배웠다고 말했다. 당시에는 자신이 무엇을 배우고 있는지 잘 알지 못했지만, 백악관을 나와 런던과 뉴욕의 사무실에서 일하면서 사회활동 비서실에서 얼마나 귀중한 경험을 했는지 깨닫게 되었고, 백악관에서 배운 직업윤리에 대해서도 감사의 마음을 표현하고 싶다고 말했다.

그녀의 편지를 받고 나는 단지 멋진 파티를 많이 열었다는 것 이상의 무언가를 성취했다고 느꼈다. 내가 누군가의 삶에 영향을 미칠 수 있다고 생각해본 적이 없었는데, 그 편지는 내가 실제로 긍정적인 영향을 주는 사람이라는 것을 확인시켜주었다. 그것은 매우 보람 있는 일이다.

나는 내게 중요한 것을 가르쳐준 많은 이들(친척들, 선생님, 동료, 상관 그리고 친구들)에게 감사한다. 그들의 가르침이 없었다면 나의 삶은 지금보다 훨씬 더 형편없었을 것이다. 린 체니 여사와 로라 부시 여사와 함께 일하면서 보낸 시간이 나를 바꿔놨다. 그 시간을 거치면서 나는 좀 더 현명하고, 자신감 넘치며, 참을성 있는 사람으로 성장했다. 무엇보다 나는 더 좋은 사람이 되었다.

JEREMY

나는 백악관 사회활동 비서관으로 일할 수 있었던 것에 대해 늘 감사하게 생각했다. 하지만 2014년 근무 시간이 너무 많은 데다 가족, 친구들과 멀리 떨어져 지내는 것이 점점 부담으로 다가오기 시작했다. 사회활동 비서관으로 4년간 근무했고, 선거 캠페인 때부터 오바마 행정부와 함께했으며, 대통령의 두 번째 임기는 아직 2년이 남아 있었다. 하지만 나는 변화가 필요했다.

2015년 1월, 나는 떠날 때가 되었다고 판단했다. 오바마 대통령 내외께 직접 말씀드리는 것이 예의라고 생각했기 때문에 다른 기회를 찾아보지 않았다. 직장을 잃을 수도 있다는 불안감에도 말이다. 아이러니하게도 이 대화를 준비하는 시간이 몇 년 전 면접을 기다릴 때보다 훨씬 더 스트레스였다. 나는 미셸 여사가 내가 그들을 버리고 떠나는 것처럼 느낄까 봐 걱정되었다.

우리는 그녀의 사무실에서 만났다. 거기에서 비서관직 면접을 봤고 무수히 많은 회의를 가졌다. 나는 이렇게 말문을 열었다.

"제 부모님께서는 항상 '너무 오래 머물러서 폐를 끼치지 말라'고 가르쳐주셨습니다."

내가 떠나겠다고 말씀드리자 미셸 여사는 매우 다정하게 나를 안심시켜주었다.

"우리가 백악관에 있는 동안 당신 자리는 늘 남아 있어요. 당신은 우리 가족입니다."

나는 안도의 한숨을 쉬고, 그다음부터는 상사와 직원이 아닌 친구로서 대화를 나눴다. 나는 아직 새 직장이 정해지지 않았고, 이 결정을 다른 누구와도 상의하지 않았다고 말했다. 그녀는 자신들도 백악관을 떠나면 어떻게 살 계획인지 이야기해주었다. 감정이 복받쳤다. 우리는 포옹을 나누고 함께 이스트윙 복도를 걸어 나왔다. 나는 사무실로 돌아가 직원들에게 소식을 전했다. 그들의 눈물 섞인 반응은 마음이 아프면서도 따뜻한 위로가 됐다.

다음 날 나는 맵룸에서 회의를 마치고 나오는 대통령을 우연히 만났다. 그는 내 어깨에 손을 얹고 말했다.

"자네가 우리를 버리고 떠나는 걸 이해하네."

그는 내게 특유의 포옹을 해주었고, 내가 그들을 위해 일하는 한 '부자가 될 수 없다는 것'을 이해한다고 말했다. 그리고 영부인이 말했던 것처럼 내가 그들의 가족이라는 것을 다시 한 번 확인시켜주었다.

우리가 오벌 오피스에 도착했을 때, 대통령은 내게 무엇을 도와줄 수 있을지, 누구에게 전화를 걸어주면 좋을지 물었다. 그리고 이렇게 덧붙였다.

"이건 진심이네. 이런 제안을 자주 하는 게 아니거든. 내가 아직 대통령일 때 하게. 지금은 사람들이 내 전화를 빨리 받아준다니까."

나는 울음을 참느라 안간힘을 써야 했다. 그때만큼 존중받고 있다는 느낌을 강하게 받아본 적이 없었다.

행복은 세상과의 긴밀한 관계 속에서 느끼는 것이다. 그러니 행복해지기 위해 부자가 되거나, 아름다워지거나, 유명해질 필요 없다. 하지만 우리는 의미 있는 일을 해야 하고, 그것은 다른 사람들과 가치 있게 소통하는 것이다.

다른 사람들을 친절하게 대하는 것은 멋진 선순환을 일으킨다. 존중과 행복이라는 파도가 모든 배를 띄우듯이 시간이 지나면서 세상을 더 나은 곳으로 만든다. 우리가 이야기하는 성품은 수천 년 동안 다양한 문화에서 존중받아온 것들이다. 지금은 이 보편적인 가치의 힘을 다시금 상기시켜야 할 시점이다.

백악관은 다양한 문화로 이루어진 하나의 용광로다. 그곳은 우리에게 위대한 교훈을 주었다. 세상을 평화롭게 살아가는 첫걸음은 우리 모두가 똑같은 시각으로 사물을 보지 않는다는 것을 깨닫는 것이다. 다양한 배경, 종교, 풍습을 가진 사람들과 마주쳤을 때 자신의 정체성을 포기하지 않으면서 우리의 기대치와 행동을 조정할 줄 알아야 한다.

아시아와 태평양 국가 사람들을 위한 리셉션이든 라마단 금식의 종료를 기념하는 이프타르 만찬이든, 백악관은 손님들의 전통을 존중하고, 낯선 문화를 미국 대중에게 소개하며, 다양한 풍습을 백악관이 있는 그대로 포용하면서 그들을 편안하게 해준다. 그것이야말로 미국의 이상을 잘 보여주는 훌륭한 사례다.

당신은 다른 사람의 관점에 동의하지 않더라도 그것을 존중하고 예우할 수 있다. 그것이 품격과 자유의 본질이다.

감 사 의 말

Acknowledgments

우리가 백악관에서 쌓은 경험이 없었다면, 이 책은 세상에 나올 수 없었을 것입니다. 우리는 로라 부시 여사와 미셸 오바마 여사께 깊은 감사의 말을 전합니다. 그분들이 직접적으로, 또 본보기로 가르쳐주신 모든 것들, 더 나은 세상을 만들기 위한 지속적인 노력, 그리고 그분들의 우정과 조언에 진심으로 감사드립니다. 우리는 버락 오바마 대통령과 조지 W. 부시 대통령을 모실 수 있었던 것을 영광으로 생각하며, 그분들의 따뜻한 마음과 격려를 결코 잊지 않을 것입니다.

특별한 감사를 전하고 싶은 분은 우리의 친구이자 존경받는 저널리스트 록산 로버츠입니다. 그녀는 우리에게 공동으로 책을 집필해보자고 처음 제안해준 사람입니다. 또한 우리의 에이전트 토드 슈스터에게도 깊이 감사드립니다. 그의 흔들림 없는 자신감과 풍부한 경험 덕분에 우리가 출판 세계에 순조롭고 생산적으로 첫발을

태 도 가
관 계 를
살 린 다

내딛을 수 있었습니다.

수많은 수정과 귀중한 조언을 아끼지 않은 많은 분들께도 감사드립니다. 스크리브너의 낸 그레이엄, 카라 왓슨, 그리고 발레리 스타이커에게는 몇 번이나 감사의 말을 전해도 부족합니다. 또한 집필 과정 내내 우리가 계속 전진할 수 있도록 도와준 잰시 딘, 섀넌 오닐, 앤드루 영, 엘리어스 앨트먼에게도 깊은 감사의 말을 전하며, 출간을 지원해준 케이트 로이드, 로즈 리펠, 애슐리 길리엄, 자야 미첼리, 샐리 하우, 에밀리 그린월드에게도 고마움을 전합니다. 연구를 도와준 애덤 와이스로도 감사합니다.

크리스 코머퍼드, 빌 요세스, 수전 모리슨, 대니얼 샌크스, 버디 카터, 론 가이, 맥스 도블러는 물론 함께 근무했던 시크릿 서비스 요원들과 이스트윙 직원들에게도 깊은 감사의 인사를 드립니다.

그리고 마지막으로, 우리의 동료였던 전직 백악관 사회활동 비서관 여러분께 감사의 마음을 전합니다. 디샤 다이어, 줄리아나 스무트, 데지레 로저스, 에이미 잔징어, 캐서린 펜튼, 카프리시아 마샬, 앤 스탁, 로리 파이어스톤, 린다 포크너, 갈 호지스 버트, 머피 브랜든, 마리아 다운스, 루시 브레시트, 베스 아벨, 그리고 레티시아 볼드리지를 비롯한 여러분이 아낌없이 나눠주신 이야기들은 이 책 안에서 살아 숨 쉬고 있습니다. 그와 함께 몸소 보여주신 예의, 신중함, 그리고 강인함도 고스란히 전해지고 있습니다. 그들은 친절과 배려의 전형이자 본보기입니다.

제러미는 제럴드 핀시스와 루이스 팔브, 제인과 마크 네이선슨, 코트니 채펀과 피트 라우스, 프레드 호크버그와 톰 힐리, 마크 깁슨, 데이비드 와일드먼, 스티브 누스키위츠, 리처드 제이콥스, 데이비드 믹스너, 에스더 무르기아, 존 게일러드, 캐피 맥가르, 필립 그린버그, 빌 캐릭, 빌 허긴스, 태미 해드대드, 콘스턴스 밀슈타인, 피트 수자, 조너선 밴 미터, 브라이언 라파넬리와 마크 월시, 스티브 타일러와 마사 우터백에게 감사를 전합니다. 또한 사회활동 비서실에서 그를 잘 이끌어주고 시간 관리에 큰 도움을 준 시메나 곤잘레스, 스테이시 쿠, 판테아 파에드, 나탈리 부키-베이커, 클레비스 자르다에게도 특별한 감사의 마음을 전합니다.

리아는 리디와 앨리스 버먼, 미시 디캠프, 앤 스튜어트, 제시카 라이트번, 캐롤라인 허들스턴 헤일리, 그리고 함께 근무했던 이스트윙 직원들, 에릭 드레이퍼에게 감사를 전합니다. 또한 클레어 포크너, 에이미 올먼 딘, 린지 레이놀즈, 론 카우프먼, 캐시 하그레이브스, 톰 디프랭크, 조지 W. 부시 대통령 센터의 브라이언 코시붐에게도 고마운 마음을 전합니다.

주

서문

01 White House Historical Association, "The White House Social Secretary," retrieved from https://www.whitehousehistory.org/the-white-house-socialsecretary.

1장

02 "Remarks of Gerald R. Ford After Taking the Oath of Office as Vice President." Gerald R. Ford Presidential Library & Museum, December 6, 1973, retrieved September 12, 2016, from http://www.ford.utexas.edu/library/speeches/731206.htm.

03 Gary Walters, transcript of an oral history conducted November 14, 2009, by Richard Norton Smith, Gerald R. Ford Oral History Project, 19 – 20. https://geraldrfordfoundation.org/centennial/oralhistory/gary-walters/.

2장

04 "Dwight D. Eisenhower Quotes," retrieved September 22, 2016, from http://www.quotes.net/quote/289.

05 James Humes, The Wit and Wisdom of Ronald Reagan (Washington, D.C. : Regnery Publishing, 2007), 150.

06 Jimmy Carter, "Baltimore, Maryland, Remarks at a Fundraising Dinner for Harry Hughes," American Presidency Project, October 10, 1978, http://www.presidency.ucsb.edu/ws/?pid=30008.

07 Saul Sigelschiffer, The American Conscience : The Drama of the Lincoln-Douglas Debates (New York : Horizon Press, 1973), 144.

08 Edward Wagenknecht, The Seven Worlds of Theodore Roosevelt (New York : Lyons Press, 2010), 126.

09 Ibid., 127.

10 Ibid.

3장

11 Julie Nixon Eisenhower, Pat Nixon : The Untold Story (New York : Simon & Schuster, 1986), 162.

12 Lynne Cheney, "This Is Where Many Vice Presidents Have Lived," Architectural Digest, December 2001, http://architecturaldigest.com/story/dick-and-lynne-cheneys-historic-washington-dc-house.

4장

13 Bill Clinton, My Life (New York : Knopf, 2004), 19.

14 Peter Wehner, "Friendship in the Age of Trump," New York Times, April 23, 2016, http://www.nytimes.com/2016/04/24/opinion/campaign-stops/friendship-in-the-age-of-trump.html?_r=0.

5장

15 Richard Brookhiser, The Rules of Civility : The 110 Precepts That Guided Our First President in War and Peace(Charlottesville : University of Virginia Press, 2003).

16 Natalie Gott, "First Lady to Champion Literacy, Early Education, Arts," Associated Press, December 16, 2000.

17 Evan Thomas, Ike's Bluff : President Eisenhower's Secret Battle to Save the World (New York : Little, Brown, 2012), 24.

6장

18 Kenneth T. Walsh, "Bringing Down the Walls, 25 Years Later," U.S. News and World Report, November 7, 2014.

7장

19 H. Paul Jeffers, An Honest President : The Life and Presidencies of Grover Cleveland (New York : Harper Perennial, 2002), 368.

9장

20 Jeff Haden, "7 Inspiring Steve Jobs Quotes That Just Might Change Your Life," Inc.com, March 19, 2015, http://www.inc.com/jeff-haden/7-inspirational-steve-jobs-quotes-that-will-change-your-life.html.

21 Monica Hesse, "Dinner at America's Table : How a White House Rite Evolved," Washington Post, October 12, 2011, https://www.washingtonpost.com/lifestyle/style/dinner-at-americas-table-how-a-white-

house-rite-evolved/2011/10/11/gIQAlVZDgL_story.html?utm_
term=.0ab527229d8a.

10장

22 Victor Lipman, "People Leave Managers, Not Companies," Forbes.com,
    August 4, 2015, http://www.forbes.com/sites/victorlipman/2015/08/04/
    people-leave-managers-not-companies/#2bcad39216f3.

23 Dan Schawbel, "Hire for Attitude," Forbes.com, January 23, 2012,
    http://www.forbes.com/sites/danschawbel/2012/01/23/89-of-new-
    hires-fail-because-of-their-attitude/#15e0f6ac6742.

24 Steven Weisman, ed., Daniel Patrick Moynihan : A Portrait in Letters
    of an American Visionary (New York : PublicAffairs, 2010).

25 Peter Baker, "2 First Ladies Share Tales of Budding Partnership and
    Life in the Spotlight," New York Times, August 6, 2014, https://www.
    nytimes.com/2014/08/07/us/politics/2-first-ladies-michelle-obama-
    laura-bush-share-tales-of-budding-partnership-and-life-in-the-
    spotlight.html.

**TREATING
PEOPLE WELL**

태도가 관계를 살린다

1판 1쇄 인쇄 2025년 11월 10일
1판 1쇄 발행 2025년 11월 15일

지은이 리아 버먼, 제러미 버나드
옮긴이 한미선

편　집 추지영
디자인 정태성
마케팅 신용천
물　류 책글터
펴낸곳 밀리언서재
등　록 제2020-000064호
주　소 서울시 마포구 망원동 385-33
전　화 02-332-3130
팩　스 0504-313-6757

전자우편 million0313@naver.com
블로그 https://blog.naver.com/millionbook03
인스타그램 https://www.instagram.com/millionpublisher_/

ISBN 979-11-993153-5-8　03190
정가 22,000원

※ 저작권법에 의해 보호를 받는 저작물이므로 무단 전재와 복제를 금합니다.